주식, 심리기법을 알면 이긴다

이가출판사

언제나 기본원칙을 지켜라

주식, 심리기법을 알면 이긴다

정홍기 지음

주식투자는
언제나 기본원칙을 지켜라 !

Follow your basic rules !

트레이딩(trading)은 많은 사람들에게 참으로 어려운 일이라 생각된다. 그러나 부(富)를 축적할 수 있고 성공의 보상이 주어진다면 도전하여 정복(기술 숙달)할 만한 가치가 있다.

필자는 트레이딩을 마스터하기 위하여 험난한 가시밭길(사실은 누구나 겪는 과정일 뿐)을 걸어왔다. 오랜 기간의 세월이 흐른 현재 트레이딩을 완전히 정복했다고 말할 수는 없을지라도 그 실체가 무엇이고 어떻게 정복해야 하는지를 시장에서 직접 훈련과 경험 그리고 많은 독서와 내면적 통찰을 통하여 알게 되었다고 감히 말하고 싶다.

트레이딩이나 투자행위는 시간(time), 자금(money) 그리고 열정(energy)을 요구한다. 물론 이 세 가지 필수 요소를 투입하고 나서도 정체를 잡을 수 없는 것이기도 하다. 잡힐 듯 다가왔다가 다시 멀리 달아나고 '이젠 됐구나!' 하고 생각할 때쯤 여지없이 와르르 무너져 내리는 것이 누구나 초반기에 겪게 되는 것이 트레이딩의 현실이다.

누구나 그러하듯 필자가 무수한 시행착오 끝에 깨달은 한 가지 사실은 바로 트레이딩 정복에는 자신의 규칙(rule), 기법(technique)을 개발해 내는 것이다. 즉, 자신에게 맞는 원칙과 거래기법을 설정하고 이것을 지키고 따르는 것이다. 그리고 이러한 원칙을 형성하는 두 가지 요소는 매매시점 파악을 바탕으로 형성된 기술적 거래기법, 더 나아가 외부의 시장 정보를 해석하여 내면의 심리요소가 결합하는 마음의 조절 능력인 심리행동기법이다. 특히 심리적 요소는 이 책에서 누누이 강조하는 중요한 내용이다.

사회적인 법과 질서는 어릴 때부터 학습되어 습관화되어 있기 때문에 이를 지키는 것은 비교적 쉬울 것이다. 그러나 트레이딩의 규칙은 사회적 규범과는 달라서 자신이 스스로의 규칙을 새로운 각도로 만들어야 하고, 그 새로운 규칙에 대한 실천적 경험을 통해서 프로(pro)의 반열에 들어서게 되는 것이다.

이는 자신만의 새로운 방식이나 기준에 따라 지켜져야 하고 새로운 습관과 방식으로 실천해야 하므로 쉬운 것이 아닐 수도 있다. 바로 이러한 점이 트레이딩을 어렵게 하곤 한다.

기본을 어긴 거래는 손실로 직결된다는 것을 겪어본 트레이더라면 누구나 공감할 것이다. 필자 또한 잘못된 트레이딩을 한 날이면 자신에게 언제나 외치곤 했던 말이 바로 〈기본원칙으로 돌아가라!〉였다. 이 마음가짐으로 다시 시작하면 정상궤도로 돌아오곤 했다. 여기서 기본이란 바로 알고 행해야 할 철학, 원칙, 법칙, 규칙, 기법과 이에 대한 이론체계, 심리

요인, 심리조절의 능력 등을 말하며 이는 트레이딩의 정복에 필수 불가결한 기본적 사항들이다.

단언하건대 이러한 기본적 요소들을 무시하고는 트레이딩을 궁극적으로 정복할 수 없다. 이는 또한 기본을 충실히 익히고 행한다면 성공에 이르는 좁은 문을 통과하여 트레이딩의 정복이 가능하다는 뜻이기도 하다. 성공 목적을 빨리 달성하고자 많은 사람들이 거래방법에 대한 특별한 거래비법(trading secrets)을 찾고 익히려고 시간과 돈을 외부에 투자한다. 그러나 거래비법의 진정한 핵심요소는 자기 자신을 알고 자신을 관리하는 능력으로부터 출발한다.

많은 사람들이 트레이딩에 도전하지만 대부분 실패하고 만다는 안타까운 사실을 필자는 또한 잘 알고 있다. 이는 겉으로는 쉽게 보이는 듯한 트레이딩의 내면적 본질, 즉 손실의 위험, 유혹과 배반, 자유와 책임, 불확정성 원리 등을 너무 만만하게 보았기 때문이다. 대부분의 경우 트레이딩은 분명 단시간에 성공의 반열에 올라갈 수 없다. 이점은 매우 중요한 냉정한 현실이다. 불행하게도 거의 대부분의 사람들은 1~2년 이내에 자신이 갖고 있는 금전적 · 심리적 자산의 상당한 손실과 파산을 피하기 어렵다.

트레이딩은 수개월에서 1~2년 이내의 단기간에 성공 목적을 달성할 수도 있을 것이다. 만일 이와 같은 일이 가능하다면 누구나 부자가 될 것이다. 그러나 대부분의 현실은 그와 반대이다. 대략 전업활동자의 90% 정도가 자신의 생각이나 의도와는 달리 지속적 실패자이거나 승리의 문턱에서 헤매고 있는 사람들이다.

왜 그럴까? 그것은 지속적 승리자가 되지 못했기 때문이다. 연속적이고 일관된 승리자가 되려면 승리자의 태도, 올바른 마음의 틀, 긍정적 정서, 확률적 사고의 무형적 구조물을 갖추어야 한다. 이것이 없이는 트레이딩에서 단기간에 성공 목적을 달성할 수 있을지라도 궁극적인 프로트레이더로서 인생의 승리자가 될 수 없다. 바로 이러한 보이지 않는 정신 심리 구조물을 형성시키고 지속적 승리자에 이르게 하기 위한 마음의 기틀이 필자의 관심이며, 이 책의 중심 내용이고 대부분의 트레이더가 해결해야할 숙제이기도 하다.

따라서 필자는 많은 개인들이 트레이딩을 하는데 주로 문제가 되는 트레이더 자신의 여러 요소들의 기본적 특성과 구성원리를 소개하는 관점에 토대를 두고 있다.

첫째, 예비 트레이더가 트레이딩의 기본을 모르거나 익히지 못하는 경우, 둘째 현재 트레이딩을 하면서 심리적으로 흔들리고 좌절하고 실패하는 경우 이 책을 통하여 보다 한 차원 높은 발전된 수준에 이를 수 있을 것이다.

트레이딩은 현대문명의 주류인 자본주의 경제가 낳은 위대한 작품이라 할 수 있다. 이 경외스러운 걸작품에 도전장을 내어 승리한다는 것은 경제적 자유(financial freedom)를 얻는 것은 물론 더 나아가 자기 자신의 내면의 이기적·감정적 자아와의 치열한 싸움에서 승리하여 정신적 자유(spiritual freedom)를 얻는 것을 의미하기도 한다. 이때 트레이더는 진정한 의미의 창조적 자유인이 된다. 본서를 읽는 독자는 창조적 자유인이 되기를 희망한다.

이 책을 쓰게 해주신 신께 감사드린다.

뉴욕 ITC사무실에서

정홍기

contents

트레이딩이란?

1. 트레이딩의 의미와 전망 _19

2. 트레이딩에 관한 환상과 오인 _22

3. 트레이더의 유형과 특성 _27
    1) 시간에 따른 유형과 특성
    2) 개성에 따른 유형과 특성
    3) 거래능력에 따른 유형과 특성

4. 트레이딩의 장점과 단점 _35
    1) 트레이딩의 장점
    2) 트레이딩의 단점

5. 트레이딩의 실패 원인 _48
    1) 자본의 고갈
    2) 거래기법과 철학의 미 확립
    3) 일관된 훈련의 부족

6. 증권시장의 구성과 특성 _53
    1) 트레이더와 시장 주체자
    2) 시장의 여러 주변인
    3) 증권시장의 특성

7. 트레이딩, 도박, 사업 _60
    1) 트레이딩과 도박
    2) 트레이딩과 사업

8. 트레이더가 되기 위한 자질 _68

트레이더의 심리

1. 성공적 트레이더의 기본조건과 심리행동 _75
    1) 긍정적 사고와 마음
    2) 성공에 대한 확고한 신념
    3) 훈련과 인내
    4) 트레이더의 심리행동

2. 성공적 트레이더의 긍정적 심리행동 _85
    1) 자신감
    2) 결단력
    3) 일관성
    4) 초연함
    5) 과감성
    6) 역발상 자세
    7) 자제력
    8) 적응력(융통성)
    9) 집중력
    10) 직관력
    11) 겸손함
    12) 책임감

3. 트레이더가 버려야 할 부정적 심리 _102
    1) 탐욕과 희망
    2) 불안과 두려움
    3) 성급함과 흥분
    4) 망설임(우유부단)
    5) 기타 부정적 사고와 감정

4. 트레이더가 거래시 극복해야 할 사항 _122
    1) 손실의 감수 (손절매)
    2) 오버트레이딩 극복능력
    3) 전문화
    4) 강세와 약세의 구별
    5) 올바른 추세의 인식

　　　6) 이상적 진입과 퇴출 타이밍
　　　7) 이상적 거래주문 실행
　　　8) 위험회피와 거래전략

　5. 5가지 거래심리장애와 극복방법 _133
　　　1) 기회를 집중 관찰하지 않고 방심하는 것
　　　2) 약세시장이나 시세분출에 성급히 진입하는 것
　　　3) 강세시장에 망설이고 진입을 하지 않는 것
　　　4) 포지션을 유지하거나 이상적 퇴출을 하지 않는 것
　　　5) 잘못 진입한 거래에서 즉시 빠져나가지 않는 것

　6. 성공적 트레이더의 발전과정 _144
　　　1) 성공적 트레이더가 되기 위한 기본 2과정
　　　2) 성공적 트레이더의 시장접근 3단계
　　　3) 성공적 트레이더의 심리발전 4단계

　7. 성공적 트레이더의 사고방식/태도 _157
　　　1) 트레이딩의 본질
　　　2) 시장의 본질적 특성
　　　3) 불확정성의 원리
　　　4) 확률적 사고

　8. 트레이더의 심리기술 _167
　　　1) 심리기법(기술)의 의의
　　　2) 정신심리분석
　　　3) 심리기술 분야와 점검 그리고 대책

3장 트레이딩과 나

1. 자기 자신 알기 _181

2. 재물과 정신 _185

3. 사고와 정서 _188
　　1) 긍정적 사고
　　2) 긍정적 정서

4. 정신 구성 _196
  1)뇌의 역할, 뇌파, 의식
  2)정신구성요소와 특징
  3)정신에너지의 성질
  4)기억과 연상
  5)인지와 식별
  6)믿음

5. 감정의 조절 _217

6. 자신의 한계를 이해하기 _221
  1) 변화시킬 수 있는 것과 없는 것
  2) 통제와 완벽과 안전에 대한 욕구

7. 현재의식 _229

8. 철학적 · 과학적 지식 _232
  1) 만물의 존재와 작용
  2) 질서에 관한 법칙
  3) 무질서에 관한 이론
  4) 수와 심리

4장 주가의 속성, 거래원칙과 거래전략

1. 주가(가격)의 속성 _245
  1) 일반적 속성
  2) 상승속성
  3) 하락속성

2. 거래원칙 _254

3. 종목선정 _260
  1) 종목개발의 의의
  2) 종목선정 기준

4. 거래전략 _265
  1) 거래의 준비
  2) 구체적 거래실행전략
  3) 거래의 평가와 개선

5장 위험관리와 자금관리

1. 위험관리 _275
  1) 위험인식의 중요성
  2) 위험의 특성
  3) 위험의 부류
  4) 시장선택의 위험
  5) 시간의 위험
  6) 감정적 거래의 위험
  7) 주문의 위험
  8) 거래비용증가의 위험
  9) 통신 시스템상의 위험
  10) 위험의 대처방안

2. 자금관리 _296
  1) 자금관리목표
  2) 기간별 자금관리
  3) 자금관리방법

6장 기술적 분석과 거래기법

1. 기술적 분석 _309
  1) 기술적 분석의 중요성
  2) 기술적 분석의 기본원리
  3) 기술적 분석과 다양한 거래기법

2. 기술적 분석의 중요 요소와 매매전략 _317
　1) 가격(주가)
　2) 지지와 저항
　3) 추세
　4) 이동평균
　5) 주가패턴
　6) 갭과 시가
　7) 거래량
　8) 시간과 주기
　9) 변동성과 일봉
　10) 엘리어트 파동이론과 거래 응용

3. 상승과 돌파 _348
　1) 상승의 여러 유형
　2) 돌파의 유형, 특성, 거래전략

4. 10가지 중요 과제 _358

부록. 거래관련 용어와 해설

Follow Your
Basic Rules!

1

트레이딩이란?

트레이딩은 그 자체가 사업이므로 기업가정신으로 무장해야 한다

1. 트레이딩의 의미와 전망

2. 트레이딩에 관한 환상과 오인

3. 트레이더의 유형과 특성

4. 트레이딩의 장점과 단점

5. 트레이딩의 실패 원인

6. 증권시장의 구성과 특성

7. 트레이딩, 도박, 사업

8. 트레이더가 되기 위한 자질

언·제·나· ·기·본·원·칙·을· · ·지·켜· 라!

1. 트레이딩의 의미와 전망

트레이딩(trading)이란 '거래 혹은 교환하다.'는 뜻으로 경제적 효율성을 달성하기 위한 상품이나 서비스를 매매, 즉 가치를 교환하는 인간의 경제적 행위를 말한다. 기본적으로 인간의 모든 경제활동은 트레이딩의 범주에 속하며, 따라서 트레이딩은 경제적 이익을 누리고자 하는 인간의 활동 중의 한 부분이다.

여기서 말하는 트레이딩은 증권상품(주식, 채권, 선물, 옵션, 외환 등)을 매개로 거래하는 것을 의미하며, 비록 거래의 특성이 투기적 성격이든 모험적 성격이든 도박적 성격이든 이들의 거래방식이나 성격은 다르지만 그 주요 목적은 경제적 이득을 얻고자 한다는 점에서 모든 트레이딩은 1차적으로 같은 목적을 갖고 있다.

이와 같이 경제적 이득을 목적으로 가지고 일하는 사람을 트레이더(trader) 혹은 딜러(dealer)라고 통상 일컬어진다. 트레이딩은 결국 생활을 영위하는 하나의 방편이며, 그것 자체가 업무이고 사업이고 천직인 것이다. 포괄적 의미에서 결국 트레이딩은 인생의 한 부분이다.

흔히 주식시장에서 정의되고 있는 데이트레이딩은 〈당일 중 매매행위를 완료하여 포지션을 정리하는 것〉으로 초단기 매매, 당일 매매, 단타 매매 등으로 번역되고 있다.

그러나 보다 본질적인 의미는 금융시장에서 경제적 이득을 목적으로 자신의 거래철학과 거래기법에 따라 당일 중에 증권 상품을 매매하는 행위이다. 즉, 트레이딩은 인생의 한 목표인 경제적 자유를 누리고자 하는 일련의 행위이고 중장기투자자 또한 같은 목적을 달성하고자 하는 점에서 트레이더인 것이다.

우리나라에서 일반인들에게 본격적으로 트레이딩이라는 사이버거래는 1999년 말경에 시작되었다.

수수료 인하 및 연속 재매매의 허용으로 데이트레이딩의 확산은 급속히 늘어났고, 시장의 유동성이 증대되어 양적인 성장을 거듭하면서 당위성에 대한 논란에도 불구하고 그 기법과 방식은 계속하여 발전되고 있다. 따라서 트레이딩은 21세기에도 새로운 직업의 한 축으로 형성되어 인터넷 트레이더(사이버 카우보이)로의 시대를 지속해 나아가게 될 것이다.

본서에서는 일반적으로 트레이딩(트레이더)이라 함은 많은 경우 데이트레이딩(데이트레이더)을 의미하지만, 스윙 혹은 포지션트레이딩(트레이더)을 지칭하는 포괄적 의미를 담고 있다는 것을 염두해 두기 바란다.

트레이딩의 경제적 범위와 특성			
	일반 트레이딩	**자본 트레이딩**		
구 분	제조, 도매, 소매업자, 유통업자 (merchant, dealer)	거래자, 투자자, 전문업자 (trader, investor, dealer, broker)	위험 자본 회피자 (hedger)	투기자, 도박자 (speculator, gambler)
거래대상	상품, 서비스	금융자산 – 외환, 주식, 선물, 채권	금융자본	상품, 서비스, 자금(돈)
거래방식	효율적 거래	분석적 계산적인 거래원칙에 따라	위험회피 분산투자	모험적, 투기적
목 적	가치의 교환	자본이익	위험회피	단기적 이득
성공요소	자신과 외부환경	자기자신		
개 성	합리적 영리추구자	일관된 이익추구자	위험회피 이익추구자	고위험 · 고수익의 한건주의자

2. 트레이딩에 관한 환상과 오인

트레이딩을 어떻게 볼 것인가?

트레이딩에 관한 일반인들의 잘못된 통념은 대략 다음과 같다.

(1) 머리가 좋아야 한다.

머리가 좋다는 것은 일반적으로 정보에 대한 기억력·식별력을 말하는데 이것이 거래에 도움이 되는 것은 분명한 사실이지만 시장에 대한 지식이나 학식이 많다고 해서 훌륭한 트레이더가 되는 것만은 아니다.

보다 중요한 것은 자신의 지식과 경험의 활용과 일관되고 효율적인 거래 기법과 자기계발이 요구된다. 총명함보다는 현명한 판단력, 민활한 두뇌의 계산보다는 원칙에 따르는 실천적 행동이 더욱 중요하다.

(2) 성격이 맞아야 한다.

자신의 성격과 직종이 부합된다면 가장 이상적일 것이다.

대부분의 사람들은 증권시장에 대한 자신의 성격이 부적합하다고 말한다. 그러나 시장에서는 성공할 수 있는 매우 다양한 방식이 있기 때문에 그 방식에 맞는 것을 자신의 성격에 맞추어서 선택할 수 있다. 트레이딩에서는 우선적으로 연구 노력이 문제이지 성격은 2차적인 것이며 성격의 부적합성은 하나의 구실에 불과하다.

(3) 돈이 많아야 한다.

트레이딩에서 충분한 자금은 매우 중요하다. 어느 정도의 손실에도 이를 감당할 만한 자금이 심리적으로 유리하다. 이것은 일반적으로 초보의 단계를 극복하는 과정에서 겪게 된다. 그렇다고 반드시 소자금이 어렵다는 것은 아니다. 고수라면 오히려 소자금으로 더욱 큰 수익(률)을 올릴 수도 있다.

트레이딩의 매력 중 하나가 자기사업을 소자본으로 해볼 수 있는 몇 안 되는 직업 중의 하나이고 손실을 보아도 일정 기간 동안 견딜 수 있는 적절한 자금이면 족할 것이다.

(4) 거래비법이 있어야 한다.

돈을 쉽게 버는 비결은 복권이나 카지노에서 한 건 터트리면 될 것이다. 그러나 이는 확률적으로 어렵고 실현 가능성도 거의 없다. 그러나 대부분의 사람들은 이를 알면서도 의도적으로 부정한다. 자신은 행여 운 좋은 일이 벌어질지도 모른다는 환상적 기대를 걸기 때문이다.

그러나 엄연한 현실은 어떠한 분야든지 많은 노력과 헌신 후에 그에 준하는 대가가 주어진다는 사실이다.

손쉽게 단기간에 얻은 기술은 쉽게 무너질 수 있지만 장기간에 많은 시행착오를 거친 기술은 언제나 빛을 발할 수 있다. 돈을 쉽게 벌 수 있다고 생각되는 특별한 방식의 거래기법은 오랫 동안 공을 들여 만든 진정한 경험(거래기법)이 되기 어려울 것이다.

(5) 시장 전문가(박사)에 의존해야 한다.

증권 전문가가 일반인들보다 시장 지식과 정보가 많고 보다 유리한 여건에 있다는 것은 사실이다. 이들의 좋은 견해나 올바른 정보에 대한 해석은 존중될 수 있을 것이다. 다만 만일 자신의 자금을 이들에게 위탁한다면 자금 투자에 대한 책임도 스스로 질 수 있어야 한다. 따라서 올바른 선택이 요구된다.

트레이딩을 직접 실행할 경우 처음에는 고수들의 매매기법에 관한 호기심이 많겠지만 결국은 자신의 독립적 사고와 기법이 필요하다. 전문가에게 배우면서 자신의 스타일을 기르는 것이 중요하다.

(6) 트레이딩은 투기적이고 도박이다.

트레이딩이 '많은 위험과 손실이 도사리고 있으니 도박과 같다.' 라고 말하는 것은 타당한 말일 수 있다. 또한 대부분의 트레이더들이 위험에 대한 인식과 회피방식을 모르고 거래행위를 지속하는 것도 사실이다. 이러한 습관적 행동을 계속한다면 매매중독에 빠져 마치 카지노에서 손실을 본 사람이 그것을 만회하려고 다시 카지노에 발을 들여 놓는 행동과도 같은 것이다. 자신의 행동방식이 투기적 방식이냐 확률적 사고를 바탕으로 한 이성적 판단인가를 스스로 선택해야 한다. 좋은 트레이딩은 보다 효율적인 거래방식에 대한 선택과정이며, 생산적 선택의 자유(좋은 수익을 올릴 수 있는 기회)는 시장에서 무한히 주어진다.

트레이딩을 하는데 있어서 수렁에 빠져서 자기 파괴적 행위를 한다면 그것은 도박에 가까우며, 자기계발을 지속한다면 그것은 사업적 역량을 기르는 것이 될 것이다.

(7) 큰손의 힘이 우세하여 승리하기 어렵다.

전쟁에 있어서 우세한 무기나 고급정보는 대단히 중요하다. 힘의 우위에 있을수록 지배적 영향력을 발휘할 수 있기 때문일 것이다. 한 개인이 이러한 거대세력에 대항한다는 것은 계란으로 바위를 깨려고 하는 격일 것이다.

큰손은 자신의 역량을 활용하여 가장 중요한 목적, 즉 수익 확대를 달성하려고 하는 것은 사실이지만 궁극적으로 다른 시장참여자를 격퇴시키기 위하여 시장에 참여하지는 않는다. 개인은 연합군으로 참여하여 전쟁에 나간다면 오히려 큰 세력들의 힘을 활용하여 보다 더 쉽게 전리품을 획득할 수 있을 것이다.

실제적으로 트레이딩의 성공은 상당부분 이들의 힘을 빌려 소기의 목적을 달성하는 경우가 많다. 보이지 않는 미지의 큰손에 대항하느냐 연합하느냐 하는 문제는 자신의 선택에 달려있다.

(8) 단기적 승부사가 되려고 한다.

우리의 마음속 저변에는 단기간에 일확천금을 얻고자 하는 욕구가 있다. 그것이 게임이나 도박의 경우에는 더욱 극명하게 드러난다. 어려움이나 역경을 받아들이지 않으려는 본능이 잠재하고 있기 때문이다.

일반적으로 사람들은 어렵고 힘든 일을 피하려 하고 쉽고 편한 일을 선택하려는 경향이 매우 강하다.

트레이딩의 성공은 지식과 기술을 습득하는 데 일정 기간의 시간이 반드시 필요하다. 이러한 바탕 위에 전문적 경험의 축적이 진정한 승부사로 거듭나게 해 줄 것이다.

(9) 증시(주식)에서는 성공하지 못하고 결국 망한다.

대부분의 사람들에게 이는 맞는 말이다. 트레이딩에서 성공하기가 그만큼 어렵기 때문이다. 따라서 자신의 주변에서 성공한 트레이더를 본다는 것은 드물고 그것도 소수의 프로트레이더를 만나 보기는 더욱 어렵다. 그리하여 성공한 트레이더의 성공담을 듣기는 쉽지 않고 오히려 패담을 많이 듣게 되는 것이 당연하다. 또한 자신의 트레이딩도 실제적으로 성공하기는 쉽지 않다.

그러나 분명한 것은 시장에는 지속적으로 수익을 창출하는 적은 수의 고수가 언제나 존재한다는 사실이다. 그들은 특별한 재주를 지닌 특이한 사람이 아니라 다만 일반인들처럼 쉽게 포기하지 않고 역경을 극복해낸 사람들이다.

성공이나 패배는 스스로의 선택에 대한 결과일 뿐이다. 올바른 선택을 연속적으로 한다면 직업이나 인생에서 성공에 이르게 될 확률은 높아지게 될 것이다.

3. 트레이더의 유형과 특성

나는 어떤 부류의 트레이더인가?

각각의 트레이더는 그 유형에 따라 장단점이 다르기 때문에 자신의 성격에 알맞은 거래유형을 찾는 것이 중요하다.

자신에게 알맞은 거래방식을 확립하기 위해서는 다음 사항을 고려하여야 한다. 즉, 자신의 성격, 보유시간, 거래횟수, 목표수익률, 위험부담 등이다.

❶ 시간에 따른 유형과 특성

포지션의 정리를 어떠한 시간의 틀(일일, 일주, 일개월 등)로 정할 것인가에 따른 분류이다.

(1) 데이트레이더와 포지션트레이더

트레이딩에서 하루 중 포지션(시장에 진입되어 있는 상태)을 정리하는 투자자를 데이트레이더(day trader)라 하고, 일주일 중 대략 2~5일 동안에 포지션을 정리하면 스윙트레이더(또는 week trader), 보다 긴 시간, 즉 수 주에서 수 개월 동안 포지션을 정리하면 포지션트레이더(position trader

또는 month trader)라고 한다.

그러나 본서에서는 6시간 동안 포지션을 정리하는 데이트레이더와 당일 시장에 진입 후 명일 바로 퇴출하는 오버나잇트레이더(overnight trader)를 포함하여 데이트레이더라 하고, 그 외의 모든 투자자들을 포지션트레이더(position trader)로 구분한다.

즉, 데이트레이더는 하루 동안 거래에서 손실이 발생하거나 수익이 발생하거나 장 종료 전에 거래를 마감하고, 2~3일 이상 포지션을 유지하면 모두 포지션트레이더인 것이다.

① 데이트레이더와 포지션트레이더의 특성

모든 포지션트레이더는 시장진입 후 향후 방향성을 보고 수익을 기대하지만, 데이트레이더는 시장의 변동성을 적극적으로 활용하여 단기적 수익을 얻고자 거래하는 투자자로 향후 주가나 시황의 큰 흐름이나 방향에는 비교적 관심이 적다.

단기적 이득의 목표를 달성하고자 데이트레이더는 시장의 움직임과 시장심리에 보다 민감하고 주로 기술적 분석과 거래원칙에 따라 거래하는 데 중점을 두지만, 포지션트레이더는 기업의 본질적 가치, 시황, 뉴스 등 재료에 중점을 둔다.

데이트레이딩은 근본적으로 시간의 위험을 회피하는 데 있다. 주식보유 시간은 곧 예상수익과 투자위험에 비례하기 때문이다.

데이트레이딩에서는 짧은 시간동안 주식을 보유하여 적은 기대수익을 예측하는 것이 보다 더 현실적으로 확실하다. 즉, 저위험 저수익의 연속을 목적으로 한다. 이는 1~3% 정도의 수익을 목표로 하지만 명확하고 연속적으로 수익을 달성하는 데 있다. 즉, 〈티끌 모아 태산〉의 방식을 선택한다.

반면 대부분의 포지션트레이더는 장기간 10~30%정도의 수익을 목표로 하고 경우에 따라 2~3배의 수익을 목표로 한다.

결국 데이트레이더는 시간의 위험을 싫어하고 그로 인한 손실을 줄이면서 안전하게 적은 수익을 연속해서 쌓아가는 것을 추구하는 투자자를 말하고, 포지션트레이더는 보다 장기간 포지션을 유지하여 시간예측의 불확실성, 즉 손실위험에 노출되어 있지만 그에 대한 많은 기대수익을 추구하는 투자자라 할 수 있다.

② 데이트레이더의 유형과 특성

데이트레이딩의 주요 목적은 꾸준히 수익을 발생시키고 증대시키는 데 있다. 하루에 조금씩 수십 회에 걸쳐 거래해서 수익을 발생시키든 단 몇 번의 거래에서 큰 수익을 올리든 각자 거래능력에 맞게 거래할 수 있다.

위험을 최소화하면서 적은 수익을 수십 회에 걸쳐 거래하는 데이트레이더인 초단기 거래자를 스캘퍼(scalper)라 한다. 이들은 일시적 가격변화에 따라 짧은 시간동안에 거래를 마무리한다.

그리고 추세에 따라 포지션을 길게 잡고 좀더 높은 수익률을 올리고자 하는 데이트레이더를 모멘텀트레이더(momentum trader)라 하고, 하루 중 추세가 완전히 전환될 때까지 보다 긴 시간 동안 포지션을 유지하며 몇 번만을 거래하는 데이트레이더를 트렌드트레이더(trend trader)라 한다.

다음 표는 시간에 따라 필자의 기준으로 트레이더의 유형과 특성을 나누어 본 것이며 자신이 어느 한 쪽에 집중되어 투자하고 있는지, 어떤 유형에 해당되는지를 판단해보자.

시간에 따른 트레이더의 유형					
구 분	**데이트레이더 (오버나이터)**			**포지션트레이더 (투자가)**	
	초단기 데이트레이더 스캘퍼 (scalper)	모멘텀 트레이더 (momentum trader)	트렌드 트레이더 (trend trader)	스윙 트레이더 (swing trader)	장기 트레이더 (long-term trader / invertor)
보유시간	1분~5분	5분~30분	30분~6시간	6시간~30시간 (2~5일)	5일 이상
기대수익	약 1~2%	약 2~5%	약 5~10%	약 10~20%	30% 이상
분석방법	주로 기술적 분석			기술적 분석에 기본적 분석 추가	기본적 분석에 기술적 분석 추가
	소추세	중추세	대추세		
위험관리	위험 회피(저위험 저수익)			위험 감수(고위험 고수익)	
	완전히	거의	상당히	어느 정도	상당히
수익축적	연속적, 추가적(복리식)			1회적, 단발적	
자금운용	집중식			분산적	
시장역할	유동성 증대로 가격 거품 제거			기업 자금조달, 공정가격 형성	
특 성	심리적, 정신적 게임			정보적, 규모의 게임	

2 개성에 따른 유형과 특성

자신의 성격적 특성에 따라서 거래하는 방식의 유형이다

(1) 직관적 트레이더

직관적 트레이더(intuitive trader)는 시장 진입과 퇴출의 결정을 주로 자신의 느낌(감각), 직감, 육감에 따라 거래하는 투자자들이다. 이들은 시장의 지표나 복잡한 분석기법을 사용하기보다 시장변화에 대한 대처방안이 매우 직감적이라 할 수 있다. 엄격한 거래기법도 중요하지만 결국은 시장의 흐름이나 변화에 대한 직관적 통찰력을 사용하여 의사결정을 한다.

그들은 시장의 소리를 마음으로 들으려고 하고 때로는 대중과 반대로 거래하기도 한다. 동물적 감각이니 본능적 매매니 하는 것은 곧 정보에 대한 반응이 매우 직관적이라는 의미이다. 시장의 본질과 움직임에 대한 이해를 느낌과 직관, 때로는 감정에 따라서 거래하는 우뇌적인 사람들이다.

(2) 기술적 트레이더

기술적 트레이더(technical trader)는 시장의 진입과 퇴출을 주로 기술적 지표와 자신의 거래기법(시스템)에 따라 의사결정을 하는 사람들이다. 시장지표가 매수신호를 보내면 매수하고 매도신호를 보내면 매도한다. 따라서 그러한 신호(매매타이밍)를 잡기 위해 여러 가지 기술적 분석에 대하여 많은 연구를 한다. 감이나 배짱보다는 객관적이고 논리적으로 계산된 접근방법을 사용하여 시장을 예측한다.

이들은 보통 차트분석을 통하여 시장의 움직임을 파악하기 때문에 차트

분석가(technician)입장에서 분석적, 수학적, 논리적 방식으로 거래를 하는 좌뇌적인 사람들이다.

(3) 통합적 트레이더

통합적 트레이더(integrated trader)는 기술적 트레이더의 분석적 특성과 감각적 트레이더의 직관적 특성의 장점을 모두 갖춘 사람이다. 시련과 역경을 극복한 훈련된 진정한 고수로 프로트레이더는 통합적 트레이더이고, 슈퍼트레이더(super trader)라 할 수 있다.

이들은 2차원적으로 해석하는 좌뇌적 사고와 3차원적으로 사고하는 우뇌적 기능의 전뇌적인 사람들로 균형적, 통일적, 체계적인 트레이더들이다.

개성에 따른 트레이더		
구 분	기술적 트레이더	직관적 트레이더
시장접근 방식	논리적·분석적 태도	감각적·직관적 통찰
장 점	• 기술지표를 사용하므로 의사결정이 분명하다. • 시장예측이 비교적 정확하다. • 일관성 있게 거래할 수 있다.	• 전체 시장과 개별 종목의 본질적 특성을 이해한다. • 시장의 움직임에 반사적으로 신속히 대처할 수 있다.
단 점	• 모든 기술적 지표가 완벽하지 않다. • 잦은 매매를 하기 쉽다.	• 감정에 의한 충동적 매매를 할 수 있다. • 일관성이 결여되기 쉽다.
개 성	2차원적, 좌뇌적 인간	3차원적, 우뇌적 인간
통합적 트레이더 = 기술적·직관적 트레이더의 장점과 개성을 동시에 갖춘 트레이더		

❸ 거래능력에 따른 유형과 특성

(1) 아마 트레이더

아마 트레이더(amateur trader, ama-trader)는 초보자, 하수, 신출내기이고 시장에 대한 지식, 경험, 거래기술의 정도가 매우 빈약하여 거래능력이 부족한 투자자들이다. 이들은 원칙이 부족하고, 비록 원칙이 있더라도 충동적이고 감정적으로 거래를 한다.

불행히도 시장의 80% 이상은 아마추어이거나 수익을 내기 어려운 트레이더들이다. 즉, 10명 중 8명은 시장의 봉사자인 셈이다.

경험으로 미루어 보아 처음 시작하는 트레이더는 일정기간 동안 아마 트레이더 수준에서 벗어나지 못하고 대부분의 시장에서 장기간 버티지 못하고 결국 시장을 떠나게 된다.

(2) 프로 트레이더

프로 트레이더(professional trader, pro-trader)는 고수, 상수, 전문가이고 통합적 트레이더이다.

이들은 지식과 경험이 풍부하고 거래철학과 기술을 갖추고 있으므로 거래 수익을 성공적으로 올리는 투자자이다. 이들은 전문적 지식과 기술을 이용하여 부를 창출하고, 지속적으로 자기계발을 통해 완벽을 추구하는 사람들이다. 시장에는 대략 20% 정도가 프로 그룹에 속하며(semi-pro 준프로 포함), 이들 20% 중에서 20%(전제 4%)만이 고수 중의 고수, 프로 중의 프로(master trader)의 대열에 있는 사람들이다.

아마에서 프로가 되기 위하여는 천부적 재능도 필요하지만 보다 더 중요한 것은 끊임없는 훈련과 노력 여하에 달려있다. 따라서 프로 트레이더가 되는 데는 수년간의 기간이 필요하다.

거래능력에 따른 트레이더의 유형과 특성		
구　분	아마 트레이더(ama-trader)	프로 트레이더(pro-trader)
명　칭	하수, 초보자	고수, 상급자
특　성	무원칙, 충동적, 감정적	원칙적, 체계적
수　익	손실, 미미한 수익	목표수익 실현
경　륜	수 주 ~ 수 개월	수 년 이상
시장분포	80% 이상	20% 이하

아마 트레이더와 프로 트레이더의 행동의 차이점		
구　분	아마 트레이더	프로 트레이더
동기목적	소극적, 의존적	강함, 목표 지향적, 독립적
사고정서방식	회의적, 부정적	적극적, 긍정적
행동특성	걱정, 감정적	자신감, 신념, 인내심
의사결정	망설이고 느림	확고하고 즉각적
거래기법	비효율적	일관성, 효율적
시장인지방식	손실기회 제공	수익기회 제공
자아계발	태만하고 정체됨	배우고 성장

4. 트레이딩의 장점과 단점

트레이딩을 왜 하는가?

1 트레이딩의 장점

(1) 특별한 자격제한이 없는 독립적 사업이다(트레이더는 자격증이 필요 없다).

트레이딩은 남녀노소 누구나 신분, 나이, 학력에 무관하고 자격증이나 면 허가 필요없고 마음만 있으면 독립적으로 큰 자본이 없이도 할 수 있는 사업이다.

(2) 언제, 어디서, 어느 시장에서든지 할 수 있다(트레이딩은 자유롭다).

트레이딩은 장이 열려있는 동안 집에서든, 직장이든, 사무실이든, 휴양지 든, 세계 어느 곳에서도 가능하며 또한 독립적 직업이기 때문에 언제든지 거래할 수 있다.

관심 종목 가운데 어느 특정 종목이 움직이고 변동성을 갖고 있다면 장세 가 낙관적이든지 비관적이든지 거래수익을 올릴 수 있다. 다만 거래하겠 다는 본인의 의지만 있으면 족하다.

또한 트레이딩의 기법(주로 분석적 측면)이 유사하기 때문에 외환시장, 선 물, 옵션, 채권 등의 여러 금융시장에서도 거래할 수 있다. 트레이더는 자신에게 맞는 분야의 특정한 종목(시장)을 선택하여 거래하면 되는 것이다.

(3) 소자본으로 시작할 수 있다(소규모 창업자로서 시작할 수 있다).

자신에게 1,000만 원이 있다면 어떠한 일(사업)을 할 수 있겠는가? 식당, 무역업, 정보통신, 벤처사업은 말할 것도 없이 구멍가게조차 내기 어려울 것이다.

트레이딩(거래하는 일)은 직업이고 그 자체 사업이다. 자신의 노력의 결과에 따라 성패가 좌우되지만 소자본으로 해볼 수 있는 몇 안 되는 사업일 수 있고, 누구나 의지만 있으면 도전해 볼 수 있는 기회를 제공해 준다. 이점이 트레이딩의 가장 큰 매력일 것이다. 초보자는 200~500만 원이면 족하고 거래기술의 성숙에 따라 늘려나가면 될 것이다.

그러나 성공한 트레이더가 되기 위해선 많은 시간과 시련이 필요하고, 그것을 극복할 수 있는 지식과 경험을 쌓아가야 한다. 이것은 모든 직업에서 공통적으로 요구되며 트레이딩이라고 해서 특별한 것은 아니다. 문제는 심리적 · 정신적 자본이다. 몇 백만 원의 적은 자본으로 1천만, 1억, 더 나아가 수십 억원의 이익을 창출할 수 있다면 그것은 바로 마법과도 같을 것이다.

따라서 트레이딩은 자본이 적게 들지만 커다란 정신적 자본이 필요하다. 이러한 정신적 자본이야 말로 다른 무엇과도 바꿀 수 없고 수억 만큼의 돈보다도 가치 있는 무형의 자산이다.

(4) 현금화가 빠르고 증거금을 활용할 수 있다(현금 유동성이 자유롭다).

A라는 주식에 1억을 투자하여 1,2개월 후에 20%인 2,000만 원을 벌 수 있

다면 적어도 자기목표 수익인 2,000만 원을 벌 때까지 1~2개월 동안 포지션을 유지해야 하므로 보유기간 동안 투입한 자금을 현금화할 수 없다. 그러나 데이트레이딩에서는 하루 동안 거래를 마감하므로 곧바로 현금화가 가능하다.

또한 데이트레이더는 매번 포지션 정리에 따른 증거금을 활용하여 거래자금을 계좌 원금의 2배 정도로 늘릴 수 있으므로 원금에 대한 수익을 2배로 증가시킬 수 있다. 이점은 집중적으로 거래하는 소액투자자에게 큰 혜택이 될 수 있다.

한 거래의 수익률이 3%라면 거래 금액을 2배로 하면 원금에 대한 수익은 거의 6% 가까이에 이르게 된다. 1,000만 원의 원금으로 2,000만 원을 거래하여 50만 원 이상의 수익을 단번에 올리는 것이다. 즉, 거래당 은행 연리에 가까운 이익을 낼 수 있는 것이다.

(5) 수익의 기회가 많고 수익이 크다(무수한 수익창출 기회가 주어진다).

트레이딩에서는 각 트레이더에게 많은 수익의 기회를 제공해 준다.

어제 있었던 기회, 오늘 있는 기회 그리고 내일 다가올 기회가 매일 어느 시장에서나 존재한다. 트레이더는 이러한 기회를 포착하고 수익을 올리면 되는 것이다. 특히 가격 변동성이 큰 종목과 유동성(풍부한 거래량)을 갖춘 종목일수록 기대 수익의 가능성은 많아진다.

트레이딩은 마음대로 포지션을 이동할 수 있고, 또 포지션을 정리한 후에 다시 동일 종목이나 다른 종목을 거래하여 발생되는 수익의 기회가 항상 기다리고 있는 기회의 보급 창고인 것이다.

따라서 트레이더는 성공 확률과 수익의 기회를 높이기 위해서 좀더 시장과 종목을 잘 선정해야 할 필요가 있다.

수익이 크다는 의미는 트레이딩에서 대단한 위력을 지닌 복리의 원리가 적용된다는 데 있다. 예를 들어 1,000만 원으로 하루 3번 1%씩 한달에 20일 동안 단리의 수익률만 계산해도 60%가 된다(1×3×20=60). 1개월에는 총 1,600만 원이 되고 다시 2개월부터 1,600만 원의 원금으로 한달 동안 단리 60%의 수익은 2,560만 원이 된다. 이렇게 월 복리만 해도 10개월 후에는 무려 10,000% 이상의 수익률이 발생하여 1억원 이상의 수익이 발생할 것이다. 만일 이것을 일 복리로 계산한다면 실로 엄청난 수익률이 발생할 것이다.

하루 3%씩 수익을 실현할 경우 일 복리로는 대략 거래일 24일 정도의 기간(5주간)이면 원금의 2배인 200%의 수익률이 발생하고 55일 째는 500%, 78일째는(약 4개월)는 1,000%의 수익이 기하급수적으로 발생한다. 만일 하루 5%의 수익이 가능하다면 15일째 200%, 33일째 500%, 48일째 1,000%, 62일째(약 3개월)이면 무려 2,000%의 수익이 발생한다. 이것이 복리의 위력이다.

신문지상에 보도되는 '어느 트레이더가 수 개월 동안 몇 천 퍼센트의 수익률을 발생시켰다.'고 보도된 것은 현실적으로 충분히 가능한 것을 입증해 주고 있다.

(6) 위험관리가 수월하다(시간이 짧으면 시장예측이 용이해진다).

'위험과 이익은 서로 비례하지만 시간과는 반비례한다.'

이 사실은 짧은 시간 동안의 시장예측이 장기적인 시간예측보다 수월하고 명확하여 거래 성공에 유리하기 때문에 거래수익을 확실하게 하여 안정적인 수익을 올릴 수 있다. 그리고 반대로 만일 자신의 시장예측(목표가격)이 빗나간다면 손절매(stop loss)를 즉시 시행하여 추가적인 손실위험으로부터 벗어날 수 있다.

특히 데이트레이딩은 하루 동안 포지션을 정리하여 차후에 추가적 이익을 얻지 못하기도 하지만 중요한 점은 큰 추가적 손실을 줄이는데 있다. 내일의 장세하락으로 인한 큰 잠재적 손실을 줄일 수 있는 것이다. 특히 하락장세가 지속될 때에 이 점은 매우 중요하다.

(7) 손익 결과에 대한 피드백이 빠르다(요인을 신속히 철저히 분석한다).

포지션트레이더는 투자전략을 세우고 수정하는데 많은 시간이 걸리지만, 데이트레이더는 성패를 당일 정리하고 반성하므로 그날그날 중요한 거래기법을 보다 세련되게 다듬고 교훈을 빨리 얻을 수 있다.

데이트레이딩은 매분 매초 싸워야 하는 고도의 집중력이 요구되는 게임이므로 스트레스를 받기도 하지만, 또한 그로부터 자신의 심리적 장·단점을 보다 강도 있고 빠르게 파악하는데 큰 도움이 된다. 이렇게 하여 자신의 독특한 거래기법을 개발할 수 있는 것이다.

(8) 정보, 뉴스, 타인의 의견에 태연할 수 있다(자신의 거래기법을 따른다).

포지션트레이더는 데이트레이더와는 달리 기업의 본질적 가치와 시황, 뉴스, 사건, 재료, 주가지수 등에 관심을 기울여야 하지만, 데이트레이더는 기술적 분석을 바탕으로 거래하므로 자신의 관심종목의 움직임이 주요 관찰대상이 된다. 물론 한 종목에 대하여 과거를 알면 거래에 좀더 도움되는 것은 당연한 일이다.

데이트레이더는 최소한의 정보를 갖고 빠른 판단과 의사를 결정하여 선택한 시장(종목)의 흐름과 변동성에 따라 자신의 거래원칙에 의하여 거래하므로 뉴스나 타인의 생각에 신경을 많이 쓸 필요가 없다.

다음은 트레이딩의 장점을 자금활용기능, 시장예측기능, 시장접근용이성과 시장대응측면에서 정리한 것이다.

트레이딩의 장점

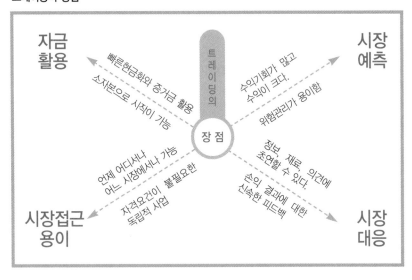

2 트레이딩의 단점

(1) 훈련이 어렵다.

① 트레이딩은 정신게임이다.

트레이더는 거래 중에는 자리를 한시도 떠날 수 없다. 이로 인하여 긴장 상태가 지속되고 스트레스와 심리적 고통을 받으므로 강인한 정신력이 요구된다.

강인한 정신력을 갖추는 것은 쉬운 일이 아니다. 훌륭한 거래기법(시스템)을 갖추었어도 거래 자체는 사람이 하는 일이므로 심리적인 불안, 초조, 흥분, 탐욕의 감정에서 벗어나기가 어렵다. 이를 극복하려면 이성적 판단과 냉철함이 유지되어야 한다. 이를 위해서는 끊임없는 노력과 강한 신념이 필요하다. 이것은 트레이더로서 살아 남을 수 있느냐를 결정하는 중요한 요소가 된다. 바로 이점 때문에 대부분의 많은 초보 트레이더가 1차 관문을 통과하지 못하고 좌절하게 되는 것이다.

자신의 심리적 장애나 단점을 하루아침에 좋은 것으로 고친다는 것은 쉽지 않을 뿐만 아니라 많은 시간이 요구된다. 트레이딩을 하면서 자신의 내적 심리적 장애나 부정적 요소들을 찾아내어 이를 시장에 적용할 수 있도록 변경하는 것이 필요하다.

② 트레이딩은 외로운 게임이다.

트레이더는 전투기 조종사처럼 빠르게 움직이면서 진로결정을 해야 한다. 이를 위해서는 많은 훈련을 쌓아가야 하고 경험을 축적해야 한다. 이러한 훈련과 경험은 스스로 모든 상황에 적응하면서 노력해야 한다. 즉, 혼자서 항해해야 하고 항해에 대한 결과도 스스로 책임져야 하는 것이다.

따라서 트레이딩은 외롭고 고독한 게임이며 자신을 도와줄 타인을 좀처럼 찾기 어렵다. 이를 극복하고 지속적인 훈련과 경험을 쌓는 사람만이 프로의 대열에 서게 될 것이다.

시장에 대한 정열, 성공의 확신을 마음에 언제나 간직하는 자세, 나와 시장에 묻고 경청하는 태도를 갖는다면 외로움이 자신의 내부에 스며들 틈이 없을 것이다.

(2) 많은 위험에 노출되어 있다.

트레이딩은 어느 측면에서 보면 수익으로 연결시킬 수 있는 기회이기도 하지만 다른 측면에서 보면 도박과 같이 매우 위험하기도 하다. 그래서 처음 배우고자 하는 사람은 언제 어디에서든지 위험이라는 함정에 빠질 수 있다.

① 기회의 유혹으로 오버트레이딩과 비용 증가

실제 거래에 있어서 시장의 진입·퇴출이 매우 용이한 반면 과신한 나머지 과다한 거래를 하기 쉽다. 누구나 쉽게 사이버 주식거래에 참여할 수 있지만, 초보자들은 고도의 훈련과 경험을 쌓지 못한 상태에서 너무 잦은 매매로 인한 손실과 세금 수수료의 비용으로 수익을 발생하지 못하는 것이다. 초보자의 경우 연속적인 거래는 손실이 늘어나는 경향으로 나타난다.

컴퓨터라는 도구를 사용하여 초단위로 쉽게 사고 팔 수 있기 때문에 트레이더 또한 쉽게 매매의 결정을 내릴 수 있다. 마치 마우스 클릭 한번으로 돈을 벌 수 있는 마법의 장처럼 느껴지는 것이다.

자제력을 갖춘 프로라면 문제가 없겠지만 초보자들은 이와 같은 쉬운 주문실행의 환경이 큰 손실의 함정이 될 수 있다는 것을 깨닫는 데는 그리 많은 시간이 걸리지 않을 것이다. 손실에도 불구하고 연속적인 거래로 손실이 늘어나고 이로 인한 거래세와 수수료의 증가는 결국 추가적 손실을 가져다 줄 것이다.

② 잘못된 거래에서의 손실확대 위험

흔히 트레이딩에서 가장 큰 손실은 추세에 역행하면서 거래할 때 일어난다. 이를테면 어떤 한 종목이 저점이라고 판단하여 매수했는데, 그 지점에서 다시 하향전환하여 가격이 하락할 때 손절매의 원칙에 따라 빠져나오지 않고 추가매입(물타기)하여 반등기회를 노리려 할 때 일어난다. 이 경우 반등에 대한 기대심리가 일어난다. 반등시 청산하지 못하면 기대심리가 더욱 강력해져서 매도를 하지 못하게 된다. 이때의 추가적 손실은 매우 치명적이어서 지금까지 조금씩 연속적으로 쌓아 온 수익을 단번에 날려버리게 된다. 이는 초보자가 오버트레이딩과 함께 흔히 경험하는 두 가지 고약한 일일 것이다.

③ 잘못된 시장 또는 시점의 선택 위험

• 활성 없는 시장 : 변동성이 없고 활력 없는 시장에 잘못 진입하면 부적절한 시간의 함정에 처할 수 있다. 이것은 다른 거래수익의 기회를 상실하게 한다.

• 부적절한 매매 타이밍 : 철저한 거래원칙과 심리적 안정이 이루어지지 않으면 강세종목이 상승추세에 있어도 적절한 매매타이밍을 잡기 어려워 수익보다도 오히려 손실로 연결될 수 있다.

예를 들면 비탄력적 약세시장, 비활동적 횡보시장, 역행하는 추세의 시장을 선택한다든가, 시세분출 끝부분에 진입한다든가 하는 것은 시장선택의 위험을 증가시킨다.

④ 감정적 거래의 위험

감정적 거래는 시장 선택의 잘못과 함께 매우 위험한 거래행동이다.

예를 들면 무원칙·무전략의 충동적 거래, 충동적 뇌동 매매하여 투매수와 투매, 과신과 소심의 거래로 인한 과도거래와 과소거래, 한탕적 거래, 복수 분노적 거래, 희망적 거래, 무책임 거래를 하는 행동들은 위험을 증가시킨다.

➔ 매매중독의 위험

초보자는 특히 연속적인 거래실패 이후 손실복구 심리가 작용하여 시장에 몰입하고 집착하게 되어 이성을 잃게 되는 상태가 지속되면 충동적 거래와 함께 매매 중독(어떤 일을 지속적으로 해야 한다고 생각하는 강박관념)에 빠질 수도 있다. 문제는 이러한 함정에 빠지면 수익의 기회는 감소하고 손실의 금액은 늘어나게 된다는 것이다.

끊임없이 마우스를 클릭하고 이 차트 저 차트를 살펴보고 시황을 보지 않으면 갑갑하게 느껴지고 심지어 식사도 거르면서 모니터를 지켜보는 사람들이 많다. 수익의 기회를 무리하게 찾아 다니는 것이다. 컴퓨터 앞에 없으면 마치 무엇인가 허전한 것이다.

⑤ 주문 실수

• 주문 미체결 : 결단력 부족으로 신속하고 확실하게 주문하지 못하여 주문이 체결되지 않을 수 있다.

• 잘못된 주문 : 거래시스템 숙지의 미숙으로 여러 가지의 주문실행 실수로 손실을 발생할 수 있다.

(3) 쉽게 자포자기할 수 있다.

우선적으로 트레이딩은 일정기간 동안 지속적으로 훈련을 요하는 일이 기 때문에 트레이딩에 대한 열의나 동기가 부족하면 의외로 쉽게 단념할 수도 있다. 트레이딩에서 성공하고자 하는 열망이 강해야 계속해서 시장 에서 머무를 수 있다.

트레이딩은 시장접근이 용이하며 자격제한 없이 언제 어디서든 쉽게 거 래할 수 있는 사업임에 틀림없다. 그러나 연속적인 손실과 장애물을 극복 하지 못하면 오히려 쉽게 시장에서 물러나와 자포자기 할 수도 있다.

현실적으로 보면 여기서도 사회의 한 현상인 파레토의 법칙(20:80)이 적 용 된다. 이를테면 전인구의 20%가 전체 부의 80%를 차지한다든지, 한 나라의 부가 20%의 가진 자와 80%의 없는 자로 양극화된다든가, 일매미 의 20%는 일하고 80%는 놀고 먹고 일하는 20%의 일매미 중에서도 다시 20%만 일하고 나머지는 놀고 먹는다는 이론이다.

자신이 20%에 들어갈 수 있느냐의 문제는 전적으로 자신의 의지와 마음 에 달려 있다. 지속적 훈련과 노력으로 목표달성에 대한 뚜렷한 신념이 있다면 언제든지 가능한 일이다.

트레이딩의 단점

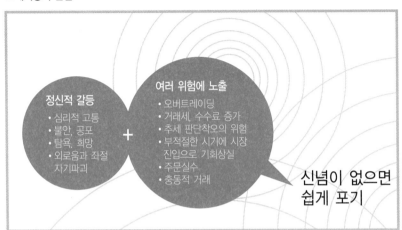

*파레토의 법칙

파레토 법칙 즉, 20 : 80 법칙은 약 100년 전에 이탈리아의 경제학자인 빌프레도 파레토 (Vilfredo Pareto, 1848~1923)에 의해 처음으로 발견된 것으로 이후 파레토의 법칙, 파레토의 원리, 20 : 80 규칙, 최소 노력의 원리, 불균형의 원리 등으로 불리워지고 있다. 이후 하버드 대학의 언어학자인 조지 K. 집프(George K. Zip) 박사가 1949년 최소 노력의 법칙(Priniple of Least Effort)을 발표하여 파레토 법칙을 더욱 발전시켰다.

20 : 80 법칙이란 노력, 투입량 등 원인의 작은 부분(20%)이 대부분의 성과, 산출량, 결과 (80%)를 이루어 낸다는 법칙이다.

▶ 경제사회

직장에서 이룬 성과의 80%는 그 일을 위해 투자한 전체 시간의 불과 20%에 의해 성취된다는 것을 의미한다. 따라서 노력의 대부분이라고 할 수 있는 5분의 4는 거의 성과 없이 소비하게 된다는 것을 의미한다. 비즈니스 측면에서도 20 : 80 법칙은 여러 가지 예를 통해 입증되고 있다. 전체 제품 중 20%의 품목이 전체 매출액의 80%를 차지하며 모든 품목의 20% 혹은 전 구매자의 20%로부터 그 기업의 전체 이익의 80%를 얻게 된다는 것이다. 사회적으로 보면 범죄자의 20%가 전체 범죄의 80%를 일으킨다는 것이다. 가정에서도 이 법칙을 적용할 수 있다. 예를 들면 우리가 옷을 입고 지내는 전체 시간동안에 가지고 있는 옷 중에서 20%의 옷만을 입고 있다는 것이다.

▶ 자연계

내연기관 엔진도 20 : 80 법칙을 설명하기에 적절한 예이다. 왜냐하면 전체 에너지의 80%는 연소되어 쓸모 없이 버려지고 20%의 에너지만이 자동차를 움직이는 동력으로 사용되기 때문이다. 즉, 전체 투입량의 20%가 산출량의 100%를 만들어 내는 것이다. 공기는 질소 78과 산소와 그 밖의 원소 22의 비율로 나눠져 있다는 것도 잘 알려진 사실이다. 인간의 몸도 수분이 78, 그 밖의 물질 22의 비율로 이루어져 있다.

5. 트레이딩의 실패 원인

🔼 자본의 고갈

트레이딩을 흔히 전투에 비유한다. 군인이 준비된 총과 총알이 없다면 어떻게 싸울 수 있겠는가? 마찬가지로 거래할 때에 자본이 없다면 아무것도 할 수 없는 것은 지극히 당연한 일이다. 그래서 많은 책에서 자금관리의 중요성을 지적하는 것이다. 초보자는 현실적으로 자본의 감소를 감안하지 않을 수 없다. 처음부터 성공적으로 거래수익을 쌓는 것은 좀처럼 쉽지 않다. 중요한 것은 가능하면 잃지 않는 게임을 하고 잃더라도 손실을 최소화해야 한다.

▶초보자가 트레이딩에서 실패하는 원인
첫째, 철저한 자본 관리 부족

대부분의 초보트레이더들은 파산상태에 처하게 된 다음에서야 비로소 자금관리의 현실적 중요성을 인식하게 된다. 따라서 거래시작부터 일정 기간동안 철저한 계획하에서 자금을 운용해야 한다.

이를테면 2,000만 원의 자금으로 6개월 내지 1년간의 거래할 자금계획을 세운다든지, 1,000만 원으로 3개월 정도 거래를 하면서 수익(손실)을 낼 수 있는지 등등 각자의 재정능력에 따라서 조정해 나갈 수 있어야 한다. 트레이더의 1차 관문은 살아남는 데 있다.

둘째, 정신적 · 심리적 자본의 부족

아무리 금전적 자산이 충분하더라도 강인한 정신력 없이는 트레이딩에서의 성공은 한낱 꿈에 불과할 것이다.

트레이딩은 정신 게임이고 심리전이기 때문에 스트레스를 받는 중압감을 피할 수 없으며 이로 인한 정신적 피로가 축적되고 심리적으로 불안하고 때로는 좌절을 겪지 않을 수 없다.

이렇게 되면 자신의 내면에 이성적 · 긍정적 생각보다는 감정적 · 부정적 생각에 빠져들고 급기야는 자포자기 상태에 이르게 된다. 그러므로 확고한 신념과 자신과의 싸움에서 이길 수 있다는 칠전팔기의 강인한 정신력이 필요하다. 이러한 정신적 자산이야말로 진정한 프로가 되는 가장 중요한 요소이며 금전적 자산보다 더욱더 필요하고 계발되어야 한다.

2 거래기법과 철학의 미 확립

트레이딩은 수없는 도전과 시련을 겪으면서 끊임없는 노력과 훈련을 기본 바탕으로 시작되어야 한다. 단 몇 번의 거래에서 수익이 발생하였다고 별 것 아니구나 하는 생각을 할 수 있다. 훈련이 안된 초보 트레이더들은 앞에서 열거한 여러 가지 함정이나 위험이 시시각각 어느 곳에서든지 찾아오게 된다.

시장에는 자본력과 지식과 경험으로 무장된 프로트레이더들이 다양하게 존재하고 이들은 시장의 한가운데서 수익을 올리고자 호시탐탐 기회를 노리고 있는 것이 현실이다. 이들과 싸워서 이기려면 자신만의 체계화된 거래기법과 거래철학(심리기법을 포함)이 반드시 확립되어야 하고, 또한 이를 반드시 실천으로 옮겨야 한다.

그리고 거래기법과 철학을 항상 가다듬고 더욱더 자신의 특성에 맞게 체계화시켜 나가야 한다. 게으른 투자자는 시장에서 수개월 내에 퇴출된다는 것은 자명하다.

거래기법과 철학은 타인에게 의존하지 말고 스스로 성공에 대한 해답을 찾는 것이 중요하다. 즉, 수많은 도전을 해야 하고, 시련을 겪어야 하고, 무수한 실수를 감수해야 한다. 이와 같은 역경을 싫어하는 트레이더는 시장에서 살아남지 못하는 것이다.

3 일관된 훈련의 부족

트레이딩은 하나의 직업이자 사업으로 간주해야 한다. 따라서 전문적이며 전업적으로 프로의 근성을 갖고 끊임없이 노력해야 한다. 트레이딩에서의 성공을 위해서는 장기적 관점에서 시장에 접근해야 한다. 1~2년 만에 고수의 반열에 오를 수 없다. 트레이딩을 진지하게 자신의 사업으로 생각한다면 적어도 3년 이상의 계획이 필요할 것이다.

트레이딩은 어떤 가정적 일이나 주변의 환경에서 일어나는 어떠한 일보다 우선적으로 이루어져야 한다. 가정사가 있으면 장 종료 이후에 하면 될 것이다. 오늘은 이런저런 이유에서 '하루 쉬고 내일로 하지' 라고 생각한다면 자신도 모르게 조금씩 시장에서 멀어지게 될 것이다.

하루의 거래가 잘못 시작될지라도 다시 거래에 임할 수 있는 마음의 자세와 비록 연속적으로 며칠간 심지어 몇 주간 손실이 나더라도 다시 거래할 수 있다는 마음의 자세는 자신을 시장과 함께 할 수 있게 하고 지속적인 지식과 경험을 쌓을 수 있는 계기가 된다. 물론 며칠 혹은 몇 주동안 연속적으로 손실이 난다면 일정기간 쉬는 것이 바람직할 수 있다. 그리고 다시 자신이 세운 거래철학과 신념, 자신의 거래기법 등을 철저히 지키면서 조금씩 거래수익을 늘려나가야 한다.

거래에서 멀어지면 훈련된 지식의 축적이 없을 것이고, 거래원칙이 없으면 무분별한 거래에 뛰어들게 되고, 자신에 대한 확고한 신념이 없으면 성공적 거래를 이끌 수 없어 궁극적으로 생존경쟁에서 자연도태되는 것이다.

트레이딩의 실패요인

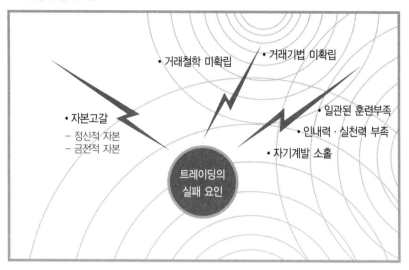

6. 증권시장의 구성과 특성

⬆️ 트레이더와 시장 주체자

트레이더는 자신의 구좌를 가지고 위험을 안고 수익을 얻고자 하는 직접 시장 참여자이다. 고객의 자금을 위탁 받아 관리해주는 펀드매니저도 아니다. 기업의 가치와 이를 기반으로 시장을 예측하는 기본적 분석가나 기술적 분석을 통하여 주가를 예측하는 기술적 분석가나 증권과 연관하여 경제활동을 분석하는 연구가(analyst/reseacher)들이 아니다.

트레이더는 이들의 예측기능을 가지고 전문시장 참여자와 함께 잠재수익을 놓고 경쟁하는, 즉 생사의 문제, 성패가 걸려있는 시장의 직접 참여자이자 사업가이다. 비유하자면 삶과 죽음이 교차하는 전장의 전사자이고, 미지의 세계에서 황금을 건지려는 모험가이고, 게임에서 보상을 노리는 게이머이다.

증권시장은 다양한 시장 참여자들이 각자 자신의 이익을 위해 자신의 목적을 달성하고자 하는 냉엄한 머니 게임의 현장이다.

기관(투신, 증권사, 은행, 보험, 정부기관) 등은 전문인력과 막대한 자금으로 주식을 운용하고, 외국인(외국계 기관, 법인, 개인)은 대규모 자금과 고도의 기법으로 주식을 관리하고, 이른바 큰손(Ax)이라 불리는 자금과 기술을 갖춘 작전세력 등은 모두 전문가 입장에 있고 소액자본과 능력이 미숙한 흔히 개미투자자라 불리는 일반 트레이더는 이들과 생존경쟁을 벌이는 사람들이다.

본서에서는 일반 시장 참여자(개미투자자)를 제외한 전문적 지식과 대규모 자금을 갖춘 모든 시장 참여자들을 주도세력이라고 표현한다.

트레이딩에 있어서 주도세력의 움직임을 파악하는 것은 대단히 중요하다. 주도세력이 외국인이든 기관이든 큰손이든 간에 한 시장의 흐름을 그들의 뜻대로 움직이고 실제로 상당 부분 시장은 그렇게 흘러가는 것이기 때문이다. 따라서 주도세력의 의도를 잘 해석하는 것은 시장의 흐름 속에서 트레이딩 성공의 중요한 단서를 얻는 것이다.

*주도세력

이들은 다양한 전문가 집단을 형성한다

▶프로(Pro)

프로페셔널 트레이더를 의미하는 프로는 개미 트레이더일 수도 있고, 혹은 기관 트레이더, 마켓 메이커, 스페셜리스트, 포트폴리오 매니저, 헤지펀드 등을 말한다. 이들은 지식과 경험 그리고 실력을 갖춘 소규모 집단의 트레이더들이며 대규모 물량공세를 펴며 주가에 강한 영향을 끼칠 수 있다.

▶큰손(Ax)

이들은 보통 개인이든 기관이든 큰 물량으로 시장을 주도하려는 사람들로 큰손(Ax: 마켓 메이커)이라 부른다. 시장의 가격 형성에 커다란 영향력을 행사하는 사람들이다. 이들 '큰손'과 함께 행동하는 것이 현명한 트레이딩 기법 중의 하나이다. 미국에서는 특별히 뉴욕 증권거래소(NYSE)의 스페셜리스트와 나스닥(NASDAQ)의 시장 조성자가 주도세력인 큰손의 입장에 서서 시장을 조성한다.

▶ 발행시장(primary market)과 유통시장(secondary market)

발행시장은 신주공모주식(IPO)이 처음 상장 거래되는 주식시장이고, 유통시장은 이미 상장된 주식들이 거래되는 주식시장으로 우리가 보통 주식시장이라고 말하는 것은 통상적으로 유통시장을 지칭하고 다음의 구성을 갖는다.

① 제 1 시장 : 증권거래소에 상장된 주식들이 거래되는 증권시장. 한국증권거래소(KSE), 뉴욕증권거래소(NYSE), 아메리칸증권거래소(AMEX)

② 제 2 시장(OTC market) : 증권거래소에 상장되지 못한 주식들이 장외에서 거래되는 증권시장·코스닥, 나스닥

③ 제 3 시장 : 거래소나 코스닥 이외에서 거래할 수 있는 증권시장

② 시장의 여러 주변인

시장에 직접 참여하지 않고 증시 환경에서 생활을 영위하는 사람들이다. 출판업자, 증권관련 학원, 증권 강사, 증권정보제공 사이트, 어드바이저 등으로 이들은 책과 비디오, 교육과 강의 등으로 트레이더에게 정보를 제공한다.

경우에 따라서는 이들의 도움이 상당히 필요하기도 하지만 시장 주변인의 도움은 자신의 현재 입장에서 취사선택이 요구된다.

❸ 증권시장의 특성

(1) 시장조성과 머니게임

증권시장은 개미의 입장에서 보면 주도세력은 대규모 자본과 분석능력, 고급정보를 가지고 시장의 주체로서 시장을 움직일 수 있다는 사실을 인정하지 않을 수 없다. 즉, 자금력, 분석능력, 정보력이 우세한 주도세력과 그와 반대의 입장에 있는 개미들과의 싸움에서 당연히 주도세력은 성공확률이 높고 개미들은 실패할 확률이 높은 것이다. 따라서 현실시장은 처음부터 불균등한 약육강식의 영리추구의 시장이다.

개미투자자들은 이와 같은 냉엄한 현실적 머니게임에서 주도세력의 편에서 그들과 함께하고 때로는 그들보다 한걸음 빠르게 움직여야 하고 자기만의 거래원칙을 갖고 이들과 경쟁하여 승리할 수 있는 무기체제를 갖추어야 한다. 주도세력의 몸집은 무겁고 느리지만 개미의 몸집은 가볍고 빠른 장점을 최대한 살려야 한다.

다시 말하면 주도세력의 의도와 거래방법을 면밀히 파악하고, 거래원칙을 지켜서 거래한다면 여러 열세에도 불구하고 개미투자자들도 얼마든지 수익을 달성할 수 있다. 주도세력의 의도와 움직임을 알아내는 것은 곧 훌륭한 트레이더의 시장에 대한 입장이고 중요한 거래 자세인 것이다.

일반적으로 선물옵션은 제로섬 게임이고, 주식시장은 마이너스섬 게임이라고 한다. 여기서 한 가지 고려할 점은 주식시장은 현실적으로 마이너스섬 게임이지만 현재의 순간적인 한 시점에서 보면 다양한 시장 참여자가 존재하므로 현재의 어느 한 시점에서 나의 돈이 누구 한 사람에게 돌아간다고 단정할 수 없기 때문에 복합적(멀티섬) 게임시장이라는 것이다. 즉,

윈-윈, 윈-루스, 루스-윈, 루스-루스 게임이다. 왜냐하면 각자의 목표에 따라 이익과 손실이 다른 것이고 보유기간에 따라 손익이 다르기 때문이다.

(2) 불리한 승산

거래에서의 성패와 관계없이 세금과 수수료 지불이 지속적으로 발생하여 결과적으로 손실을 보는 사람이 증가될 수 밖에 없는 점에서 마이너스 섬 게임이다.

특히 아마와 프로의 대결에서 승산은 당연히 소수의 프로에게 있고 다수의 개인적 트레이더들이 거래를 감정적으로 처리할 경우 시장에서의 성공 가능성은 매우 미약하다.

(3) 증권시장의 본질

또 한 가지 주식시장의 가장 중요한 본질적 특성은 다양성과 변화에 있다. 즉, 다양한 시장 참여자와 시장의견, 거래방식과 분석기법 등이 분분하다. 시장은 유기체와 같아 항상 움직이고 변화하며, 그 모습은 파동으로 나타나고 파동의 흐름은 추세를 결정한다. 변화를 일으키는 것, 즉 시장을 움직이는 힘은 수요와 공급의 경제원리이며 수급의 크기는 상당 부분 인간의 심리에서 비롯된다. 시장의 가격 움직임은 본질적 재료(시장의 여러 가치)보다는 시장의 흐름에 의하여 결정되어지는 것이다.

증권시장의 구성과 특성		
구 분	**일반 트레이더**	**전문 주도세력**
증권시장의 본질적 특성	**다양성** – 다양한 사장 참여자, 거래기법, 시장 예측방식 종류와 성질	
	변화 – 주가 시황의 움직임과 흐름, 거래량의 변동, 추세의 상승 하락	
현실 시장 / 불균형	승률 – 불리	승률 – 유리
마이너스섬 게임 복합적 게임	손실 가능성	이익 가능성
자금력	중소액	거액
영리추구	소규모	대규모
정보 분석력	열세	우세
행동특성	가볍고 민첩함	무겁고 느림
역할	유동성 증대	가격조정
대처방안	거래원칙확립	세력과시, 이익추구

7. 트레이딩, 도박, 사업

1️⃣ 트레이딩과 도박

(1) 트레이딩과 도박의 공통점

트레이딩과 도박은 게임이라는 동일한 속성을 갖고 있다. 승패가 분명히 갈리고 성공할 수 있는 여러 게임방식이 존재한다. 그리고 양자는 모두 자금 이득을 목적으로 한다. 프로갬블러는 자신이 하는 게임의 속성과 법칙을 파악하고 훈련되었으며 자제력을 갖추고 있다. 즉, 게임의 법칙 습득과 자제력 그리고 판단 및 결단력 이 3가지는 카지노(시장)에서 프로로 존재할 수 있게 해주는 핵심요소이다.

(2) 트레이더가 응용할 수 있는 프로갬블러의 행동법칙

① 이해할 수 없고 알지 못하는 게임은 하지 않는다.

의심이 나면 관망한다 : 시장 진입은 확실한 경우에만 한다.

② 승률이 없고 불리한 게임은 피한다.

수익이 불리하면 기다린다 : 승산이 없으면 손실이 증가한다.

③ 최고의 기회대상(게임장소나 시장)을 찾는다.

좋은 종목을 선정한다 : 그 중에서도 최고의 에이스를 찾는다.

④ 손실을 감당할 범위 내에서 베팅한다.

자금과 위험관리능력을 기른다 : 손실을 미리 한정하여 거래한다.

⑤ 유리한 게임에서는 공격적으로 한다.

이길 때는 크게 걸고 질 때는 줄인다 : 한 번의 큰 성공은 매우 중요하다.

⑥ 게임을 올바르게 하는데 집중한다.

좋은 거래기술을 기른다 : 게임을 잘하면 돈은 스스로 불어난다.

⑦ 베팅에 들어가 있는 돈은 실제 돈이라는 것을 명심한다.

컴퓨터게임이 아닌 실제 현금거래임을 피부로 인식해야 한다.

⑧ 돈을 걸기 전 행동방침을 정한다.

거래전 전략이 중요하다 : 진입 · 퇴출의 시점과 손익목표 등을 정한다.

⑨ 충동적이 아닌 직관적으로 의사결정을 한다.

공포나 탐욕을 버리고 좋은 직감과 올바른 판단을 하면서 이성적으로 거래한다.

⑩ 규칙적으로 휴식을 취한다.

정신적, 정서적, 심리적, 육체적 소진을 피하고 재충전을 한다.

⑪ 흐름에 따라 거래한다.

주가의 흐름은 상승과 하락의 시간적인 사이클이 있으므로 이에 적응한다.

⑫ 강한 정신력을 갖춘다.

거래 성패의 핵심은 신념, 인내, 열망 등의 정신력에 달려있다.

(3) 트레이딩과 도박의 차이점

① 트레이딩에서는 자유로운 선택이 주어진다.

도박은 한 게임이 진행되는 동안 순서에 의하여 필연적으로 의사결정을 해야 하지만, 트레이딩은 입출시점과 시장선택을 전적으로 자신의 의사에 따라 다양한 선택을 할 수 있다.

② 트레이딩에서는 인간의 행동패턴을 예측한다.

도박은 주로 우연의 확률을 예측하지만, 트레이딩은 본질적으로 인간의 행동패턴을 예측하는 것이 주요 관심사이다. 인간의 행동패턴은 비교적 일정하게 정형화되어 있으므로 예측이 보다 수월하다.

③ 트레이딩은 위험 수익이 보수적이다.

도박에 비하여 트레이딩의 위험이나 수익은 매우 보수적이고 그것도 베팅규모 여부에 따라 위험 수익비율을 신축적으로 조절할 수 있다.

트레이딩과 도박		
구 분	트레이딩(trading)	도박(gamble)
공통점	자금 획득을 목적으로 한다.	
	게임의 속성으로 승패가 분명하다.	
	불확실한 가능성에 자금을 투입한다.	
	성공할 수 있는 여러 방식이 있다.	
프로갬블러와 프로트레이더 의 유사점	목표	기대수익실현	
	원칙습득	전문적 지식기술, 게임의 법칙 터득	
	개성	자제력, 결단력	
	수련	일정 시간 동안 상당한 노력과 훈련 후 프로(pro)가 가능하다.	
	관리력	자금관리와 위험관리가 뛰어나다.	
	성패의 요건	심리적, 정신적 측면이 강하다.	
트레이딩과 도박의 일반적 차이점	확률	승률이 높다.	승률이 낮다.
	수익률	수익률 낮다(1~10%).	매우 높다(100%이상).
	위험율	비교적 낮다(3%).	매우크다(100%).
	위험범위	미확정됨 - 손절매 가능	확정됨-전체위험감수
	수익예측기준	인간의 행동 패턴	운, 우연의 확률
	손익관리	최대이익 최소손실	흑백논리
	거래와 시간관계	매우 중요	무관(순서)
	유희성	현실적, 흥미	오락적, 흥미
	거래방식 특징	신속, 정확성 요구됨	감각적, 판단력 요구됨
	시장대응	선택적, 능동적, 논리적	순서적, 수동적, 투기적
	사건특성	지속적으로 움직임(연속성)	단발적으로 종료됨(불연속성)

② 트레이딩과 사업

트레이더가 잘못 생각하거나 고려하지 않는 것 중 하나가 트레이딩을 사업(여기서는 소기업)으로 다루지 않는다는 점이다. 트레이딩은 사업이다. 따라서 트레이딩은 가게나 기업을 운영하는 기업가(경영자)처럼 기업가의 정신과 행동방식으로 이루어져야 한다.

트레이더는 피고용원이 아닌 고용주이므로 사업을 성실히 수행해야 하고, 그 결과에 대한 책임을 져야 한다. 유능한 인적자원이 사업자에게 필요하듯이 트레이딩에서는 스스로 훈련되고 능력 있는 트레이더가 되어야 한다. 트레이딩의 성패여부는 전적으로 트레이더 자신에 달려 있다.

여기서 중요한 것은 사업의 시작은 누구나 할 수 있지만 성공은 누구에게나 주어지지 않는다는 점이다.

한 업종에서 성공하려면 적정한 자금과 그 분야에 대한 전문지식과 기술 그리고 경험이 요구된다. 이를 위해서는 일정한 시간과 지속적인 노력이 반드시 투자되어야 한다.

일반적으로 모르는 업종을 시작한다면 1년간은 제품과 시장에 대한 감을 잡는 기간이고, 다음 1년은 원칙을 세우고 적응하는 기간일 것이고, 빠르면 3년이 지나서야 비로소 수익을 창출할 수 있을 것이다.

트레이딩도 초기에는 반드시 적정한 자금이 필요하다. 직업적으로 하기 위하여는 처음부터 자금계획을 세워야 한다. 이를테면 1억 원이면 적합할 수 있을 것이다. 그 중 반인 5,000만 원 정도는 1년간의 생활비로 나머지 5,000만 원 중 일부는 사업초기의 위험(손실)에 따른 비자금 그리고 1,000만 원 정도는 실제거래자금 등으로 세분화시키고 이를 또다시 기간별로, 예를 들면 3개월 등으로 나누어 손익상황에 따라 자금투입 여부와 거래당 운용자금의 증감을 결정한다.

프로트레이더들도 초기에는 원금 뿐만 아니라 부채로 심각한 상황을 경험해 보지 않은 트레이더는 없다. 초기 손실은 시장진입에의 교육비로 생각하고 다음에 일어나는 피할 수 없는 손실은 사업비용으로 간주하면 된다. 그리고 자금의 분배와 초기투자규모를 적절히 해야 한다.

따라서 트레이더는 종목(제품)을 발굴하여 시장에서 수익(영리)을 창출해야 한다. 그러기위해서는 이를 실행할 효율적 거래기법(경영 방침)이 필요한 것이다.

(1) 이익추구(영리와 수익)

사업의 근본 동기와 목적은 당연히 영리를 바탕으로 한다. 제반 비즈니스의 활동은 이를 토대로 이루어지고 이를 실천하지 않는다면 사업의 존재 자체가 무의미해진다.

마찬가지로 거래의 목적은 돈을 버는 것이다. 일관되고 효과적인 거래방식이 있어야 한다.

그리고 비용을 줄여야 한다. 멋진 사무실이나 최고의 컴퓨터를 갖지 않아도 될 것이다. 투자는 자신의 기술을 계발하고 트레이딩을 하는데 투입하고 트레이딩 이외의 비생산적인 활동은 삼가한다.

투자는 미래의 수익을 극대화하는 데 사용해야 할 것이다. 정보와 지식을 축적하기 위하여 책을 구입하고, 거래기술을 계발하기 위하여 시간과 정력을 시장에 투입하고, 정신자본을 갖추기 위하여 심리훈련과 아울러 종종 휴식을 취할 필요가 있다.

트레이딩에서 살아 남기 위해서는 지속적으로 수익을 발생시키는 것이고, 성공하기 위해서는 자신의 목표를 달성해야 하는 것이다.

(2) 대상 개발(제품과 품목)

트레이딩에서 성공하기 위해서는 일차적으로 좋은 종목을 발굴하는 데 시간과 노력을 기울여야 한다. 사업가는 그 제품을 생산하기 위하여 제품을 기획(design)하고, 생산(production)하고, 시장성(marketability)을 검토하는데 전력을 다한다. 사업의 영업이익과 직결되기 때문이다. 여러 사업 아이템을 구상하여 시장에서의 성공 가능성 있는 제품군을 만들어 집중적으로 판매함으로써 사업의 이익을 극대화한다. 마찬가지로 트레이딩에서 종목의 선택과 집중은 거래의 수익을 올리는 중요한 관문이다. 시장선정 기준을 마련하고 그 기준에 따라서 종목을 발굴하고 불필요한 종목은 제외시켜 효율적으로 시장을 공략해야 한다.

종목개발이 중요한 것은 그것이 트레이딩의 성패를 좌우하는 1차적 요소이기 때문이다. 좋은 시장의 선택은 거래를 용이하게 하여 수익창출의 기회를 많이 만들고 거래수익을 극대화시킬 가능성을 높여준다. 그리고 제품개발과 마찬가지로 좋은 시장의 선정은 많은 시간과 경험이 요구되지만 훈련된 경험있는 트레이더는 이를 효율적으로 단축시킬 줄 안다.

(3) 운용 방법(경영관리와 거래기법)

트레이딩의 거래시스템 혹은 거래기법이나 방식은 효율적이고 입증되어야 한다. 언제든지 여러 시장에 포괄적으로 적용될 수 있고, 테스트(검증) 과정에서 지속적인 수익을 낼 수 있는 거래시스템이어야 한다. 그리고 중요한 것은 이러한 거래시스템을 믿고 일관되게 거래할 수 있는 능력을 트레이더는 갖추어야 한다.

사업에서는 원칙과 정도경영을 함으로써 제반 비용을 최소화하고 이익을 극대화할 수 있을 것이다. 이는 제품관리, 인사관리, 재무 · 회계관리의 건전성과 효율성이 매우 중요하다. 어느 한 프로젝트를 성공적으로 달성하기 위해서는 그 사업의 계획과 세부적 지침과 실천요강 그리고 검토 작업이 지속적으로 이루어지고 피드백 되어야 한다.

트레이딩도 같은 원리가 적용된다. 이렇게 하여 개발된 원칙과 방법이 자신의 독특한 무기인 거래의 철학이며 매매기법이 되는 것이다. 거래철학을 바탕으로 거래기법을 세우고 그러한 거래기법에는 기술적 · 심리적 기법이 포함된다.

트레이딩과 사업			
	구　분	사업 / 장사	트레이딩
유사점	목적	영리 추구	거래 수익
	거래방식	저가 생산	저가 매수
	거래대상	품질 좋은 상품, 서비스 생산 개발	좋은 종목의 금융상품 발굴
	구성원	유능한 인적 자원(인사관리)	훈련된 개성(자기수양)
	관리기법	정도, 원칙 경영	거래철학과 기법
	자금관리	최소비용 최대영리	최소손실 최대이익
상이점	제품, 서비스	기존 혹은 신상품/ 서비스 개발	이미 존재하는 종목을 발굴
	인관 관계	밀접하고 중요함	밀접하지 않고 개인의 자질이 중요
	시장구성	현실 시장(가게, 사무실)	사이버 시장(컴퓨터)

8. 트레이더가 되기 위한 자질

누구나 마음만 먹으면 트레이더가 될 수 있지만 이것은 다음과 같은 기본적 조건 하에서 끊임없이 노력하고 훈련하는 사람만이 프로가 될 수 있고 성공할 수 있다.

(1) 성공에 대한 의지가 확고한가?

확고한 의지는 트레이더가 지녀야 할 가장 중요한 자질이다. 성공에 대한 확고한 신념, 자신이 프로트레이더로 성공할 수 있다는 자신에 대한 믿음, 목표달성을 하겠다는 열망, 훌륭한 트레이더가 되어 인생에 성공하겠다는 굳은 정신력이야말로 프로트레이더가 되기 위한 가장 근본적이고 핵심적인 요소이다.

자신이 트레이딩을 해야 하는 이유나 열망이 분명할수록 강한 동기를 갖게 된다. 그 동기가 돈을 벌고 수익을 쌓는 것이든, 성공목적을 달성하여 만족을 얻기 위한 것이든, 도전적인 일에 성공하여 좋은 평판을 듣고자 함이든 간에 성공목적 달성에 대한 강한 동기는 자신의 의지를 단련시켜 지속적인 노력을 하게 하여 결국에는 훌륭한 트레이더가 되게 한다.

트레이딩은 자신이 처음 생각했던 것보다 많은 시간과 돈 그리고 노력이 요구된다. 이것은 다른 일과 마찬가지로 독립적 사업이기도할 뿐더러 게임의 속성을 익히고 원칙을 개발하는데 시간이 걸리기 때문이다. 결코 단기적으로나 일시적 요행으로 성공 목적에 쉽게 도달할 수 없다는 것을 깨달아야 한다.

모름지기 인생에 있어서 어느 한 분야의 전문인이 되기 위해서는 1년 정도는 입문과정, 2~3년은 초급과정, 4~5년은 중급과정, 이후 10년까지는 프로의 진입과정, 그리고 비로서 20년쯤 되어야 상급의 진정한 통달자의 위치에 진입하게 되는 것이다.

(2) 유연한 사고와 긍정적 정서가 있는가?

트레이딩에서 성격은 매우 중요하다. 고집스럽고 변화에 적응하지 못하면 행동의 경직성으로 인하여 필요할 때에 아무런 의사결정을 내릴 수 없게 된다. 다양한 시장의 변화에 반응하고 적응할 수 있는 유연하고 긍정적인 사고와 성공적 프로가 될 수 있다는 자신감이 넘쳐있으면 이미 고수의 입장에 서 있는 것이다.

(3) 도전과 실패에 대한 각오가 되어 있는가?

트레이딩은 투자의 일부이므로 현실적으로 위험을 완전히 회피할 수는 없다. 즉, 위험을 안고 도전하는 것이다. 새로운 미지의 세계에 발을 딛는 것이다. 여기에는 많은 함정이 도사리고 있고 이러한 함정에 빠지면 심한 정신적 · 금전적 타격을 받을 수 있다. 이를 극복할 수 있는 마음의 준비가 되어 있어야 한다.

(4) 지속적인 연구와 노력을 할 수 있는가?

지식은 힘이다. 타고난 천재가 존재하기도 하지만 대부분의 천재는 노력에 의하여 만들어진다. 끊임없는 연구와 노력이야말로 자신을 독려하고 앞으로 나아갈 원동력을 제공해 주고 풍부한 지식과 경험을 축적할 수 있다. 그리고 이러한 지식과 경험을 바탕으로 정보를 취합하여 보다 정확한 판단과 신속한 결정을 내려야 한다.

(5) 훈련을 쌓고 거래기술을 개발할 수 있는가?

트레이딩에서는 훈련도 매우 중요한 부분이다. 자신의 성격개발에서부터 거래원칙을 개발하고, 원칙에 따라서 지속적인 훈련을 거쳐 자신의 원칙에 맞게 체계화시키는 것이다. 이러한 거래원칙개발과 개선 그리고 훈련이 없으면 트레이딩은 한 발자국도 앞으로 나아갈 수 없을 것이다.

(6) 직업적으로 전업할 수 있는가?

초보자에게는 많은 시간의 투자와 노력이 필요하다. 장이 열리는 6시간의 거래시간과 장이 열리기 전후의 정리시간 등을 감안하면 10시간도 부족할 것이다. 즉, 부업으로는 궁극적 목표에 도달하기 어렵다.

이는 지속적으로 시장의 변동성을 주시하고, 상황을 집중적으로 분석할 줄 알아야 수익률을 올릴 수 있고 그렇지 못하면 수익을 발생시키기가 어렵다.

(7) 주변의 장애를 극복할 수 있는가?

주변 장애물이란 자신의 트레이딩을 방해하는 인적·물리적 환경을 말한다. 때로는 가족과 마찰이 있기도 하고, 다른 트레이더 혹은 투자자에 의해 영향 받기도 한다. 철저한 트레이더라면 이러한 자신의 훈련에 나쁜 영향을 미치는 모든 요소를 차단해야 한다.

(8) 자기계발을 지속할 수 있는가?

프로패셔널이란 지식과 기술을 갈고 닦고 이를 이용하여 가치를 창출하는 사람이다. 또한 자신의 부족한 점을 지속적으로 갈고 닦아 목적을 달성하기 위하여 노력하는 자를 말한다. 프로트레이더가 되기 위해서는 끊임없는 자기계발이 필요하다.

Follow Your
Basic Rules!

2
트레이더의 심리

심리의 조절, 그것이 바로 부를 창조한다
거래의 성공은 80%가 심리의 요인, 20%가 거래기법에 달려있다

1. 성공적 트레이더의 기본조건과 심리행동

2. 성공적 트레이더의 긍정적 심리행동

3. 트레이더가 버려야 할 부정적 심리

4. 트레이더가 거래시 극복해야 할 사항

5. 5가지 거래심리장애와 극복방법

6. 성공적 트레이더의 발전과정

7. 성공적 트레이더의 사고방식/태도

8. 트레이더의 심리기술

언·제·나··기·본·원·칙·을···지·켜·라!

1. 성공적 트레이더의 기본조건과 심리행동

뿌리 깊은 나무는 바람에 넘어지지 않고, 튼튼하게 성장하여 열매를 선사하고, 또다른 생명의 씨를 잉태한다.

1️⃣ 긍정적 사고와 마음(시장에 대한 사랑과 열정)

시장에 대한 사랑과 애정, 열정을 가지고 있다면 다른 투자자들보다 시장 접근 방식에 대하여 분명 우위에 서게 될 것이다. 시장에 대한 열정과 사랑은 시장에 대한 관심과 폭넓은 관찰과 탐구를 하게 만드는 중요 동기이다. 시장을 사랑하지 못하면 시장에 대하여 무관심해지고 오히려 시장이 자신을 증오하고 있다고 느끼게 될 것이다. 그리하여 시장과의 관계는 소원해지고 외로움을 느끼게 될 것이다.

시장을 정말로 사랑한다면 자신이 시장을 대할 때 시장은 스승이며 존경할 대상이고 무한한 수익의 기회를 제공해 주는 보물선과 같은 것으로 생각의 태도를 바꾸어 준다. 만일 그렇지 못하면 시장은 나의 주머니를 털어가는 대도밖에 되지 않는 가증스러운 존재가 될 것이다.

사랑은 본질적으로 주는 것을 기반으로 한다. 따라서 시장에 대한 사랑은 열정, 관심, 시간과 물질적 자본을 주는 것으로부터 출발한다. 이러한 여러 요소들을 시장에 투입함으로써 비로서 시장에 대한 애정의 싹이 트기 시작한다. 시장과의 친밀한 관계가 지속되면 더 이상 시장은 두려움이나 공포의 대상이 아니다.

사랑은 수용과 이해로부터 시작된다. 시장에 대한 이해가 깊어질수록 시장의 본질적 흐름에 대하여 많은 지식과 정보를 얻게 된다. 트레이더가 시장을 두려워하고 소홀히 대한다면 시장은 토라지고 나를 위협하면서 시장에 오래 머무르는 것을 어렵게 만들어 결국 시장에 있을 이유가 없어진다. 트레이더로서 주체인 자신을 사랑하는 것과 함께 그 객체인 시장과 그 본질적 특성을 받아들이고 이해하고 사랑하는 것으로부터 성공의 씨앗을 뿌리는 것이다.

대부분의 투자자들이 시장을 떠나는 것은 바로 시장에 대한 관심과 열정이 부족하여 트레이딩에 대한 동기의욕을 상실하기 때문이라 할 수 있다. 반대로 성공적 트레이더는 시장을 존경하고 시장에 대하여 헌신을 함으로써 성공의 대가를 얻어가는 사람들이다. 이점은 매우 중요하고 의미 있는 진실이다. 시장을 욕하거나 증오하는 사람은 이미 실패자나 다름없는 사람들이다.

트레이더는 또한 자신이 하고 있는 일인 트레이딩이라는 행위 자체를 좋아하고 즐거워해야 할 필요가 있다. 만일 트레이딩에서 승리하는 것에 초점을 두지 않고 돈 자체에 초점을 맞추고 거래한다면 트레이딩은 어려워지기 쉽고 그렇게 되면 분명 성공보다는 실패의 확률이 높아진다. 트레이딩은 전문적 직업이고 이러한 작업을 사랑하고 좋아하지 않는다면 그 일의 결과는 당연히 바람직하지 못한 것이 될 수 있다.

이길 수 있는 확률이 높은 트레이딩을 멋있게 한다면 그에 대한 보수도 당연히 주어질 것이다. 이는 정말로 즐거운 일이 아니겠는가? 따라서 트레이더는 즐겁고 편안한 긍정적인 마음과 시장에 대한 열정을 갖고 거래한다면 자신은 다른 일반 트레이더보다 더 유익한 장점을 갖게 되는 것이다.

2 성공에 대한 확고한 신념(자신감과 의지)

어느 일에서나 자신이 승리할 수 있다는 믿음이 또한 매우 중요하다. 인간의 모든 행동, 결단, 의사결정은 자신의 믿음의 방식에 따라 영향을 받기 때문에 그 믿음의 상태가 어느 것이냐에 의하여 결국 행동의 양상이 달라진다. 트레이딩에서의 성공에 대한 신념은 매우 결정적인 거래성공의 요인이 된다. 즉, 성공할 수 있다고 믿으면 성공할 수 있는 행동을 하여 성공의 거래결과를 이끌어내게 된다.

여기서 중요한 것은 거래에 알맞게 적용되는 새로운 믿음의 방식이나 토대를 형성시키는 요인들을 개발하고 배합시켜 자신을 시장과 그 시장 상황에 맞게 적응할 수 있도록 해주는 것이다. 자신이 트레이딩에서 승리할 수 있고 궁극적으로 인생에서 성공할 수 있다는 확고한 믿음과 신념이 필요하다. 자신은 자신의 행동을 이끄는 주인공이며 성공의 내면적 주체이기 때문이다.

➜ 신념과 믿음의 작용

- 거래 성공에 대한 강한 믿음은 실패를 두려워하지 않는다.
- 자신의 능력에 대한 믿음은 트레이딩 수행에 있어서 자신감을 갖게 한다.
- 거래기법에 대한 신뢰는 원칙을 따르게 한다.
- 믿음은 인내력을 길러주고 거래 실행능력을 보강해 준다.
- 믿음은 의심이나 불안함을 차단시키고 흔들리지 않는 자제력을 생성시킨다.

3 훈련과 인내(헌신)

트레이딩을 하는 이유 또는 동기는 성공에 대한 도전과 부(富)를 이루고 그로부터 얻는 만족이나 명성을 얻고자 하는 것이다.

이러한 목적을 달성하기 위하여 필요한 필수적인 요소는 시장에 대한 지식, 충분한 자본, 검증된 거래기법, 기법을 적용하는 인내심, 매매신호를 따르는 훈련, 손실을 감당할 수 있는 능력 등을 갖추어야 한다.

많은 고수들이 언급하듯이 트레이딩을 잘하기 위한 가장 중요한 심리 행동의 기본 조건은 자기 훈련과 인내 그리고 열정이다. 트레이더의 심리적 특성과 밀접한 여러 근본 요소를 터득하지 않고서는 트레이딩에서 수익도 성공도 명성도 얻을 수 없다. 거래기법에 적용할 마음의 틀인 심리조절 능력을 개발하지 않고는 아무리 좋고 훌륭한 거래기법이라도 그것은 무용지물이며 이익을 창출하기 어렵다.

(1) 자기훈련

성공적 거래기법을 습득하기 위하여 심리 행동의 첫 번째 필요한 요소는 훈련이다. 여기서 훈련에 대한 진정한 의미를 이해하는 것은 매우 중요하며 이에는 여러 행동의 구성요소를 갖는다.

훈련은 노력의 과정으로 육체적·정신적·지적 에너지를 투자하는 것을 바탕으로 계획, 실행, 반성의 과정을 거친다.

→ 트레이딩에 있어서 훈련에는 다음 과정의 개발요인들이 포함된다.

- 훈련의 목적은 트레이딩에 유용한 지식과 기술을 개발하는 것이다.
- 훈련은 거래기법을 개발하고 유지하는 능력이며, 또한 자신의 거래기법이 효과적인지를 알아내어 취사선택을 하는 능력이다.
- 훈련은 시장진입시 거래가 유리할 때 보유시간을 충분히 갖는 능력이다.
- 훈련은 시장진입시 거래가 불리할 때 보유시간을 줄이는 능력이다.
- 훈련은 자신의 거래기법과 무관한 불필요한 정보를 차단하는 능력이다.
- 훈련은 적절하게 거래규모(bet size)를 조절하고 유지하는 능력이다.
- 훈련은 흥분이나 감정에 따른 오버트레이딩을 하지 않는 능력이다.
- 훈련은 이기든 지든 매일매일 거래장소에 나올 수 있는 일관된 자세이다.
- 훈련은 거래기법에 따라 거래가 잘못될 때 손실을 감당하는 수용능력이다.

(2) 인내심

끊임없는 훈련과 함께 트레이더가 갖추어야 할 중요한 자질 중의 하나는 인내심이다. 목표달성을 위한 계획실행의 행위적 입장이나 인내는 훈련과정에서 겪게 되는 역경을 극복하려는 긍정적 심리태도이다. 거래의 성패에 관계없이 거래를 지속할 수 있는 능력은 인내 없이는 개발되지 못할 것이다.

시장과 거래기법의 특성으로 인해 좋은 결과와 나쁜 결과가 번갈아 교차

될 수 있다. 연속적 손실 후에도 커다란 성공이 일어날 수 있다. 이러한 과정에서 바로 거래기법을 지키고 적용하는 데 인내심이 요구되는 것이다. 그리고 시장진입이 너무 빠른지 너무 늦는지를 아는 것도 중요하다. 인내하면서 때를 기다릴 줄 알아야 한다.

지속적인 훈련을 통하여 인내심을 기른다. 인내하는 길은 거래기법에 따라 자신이 할 수 있는 모든 상황을 경험해 보는 것이다. 다양한 시장에 진입해 보고 경험하면서 때로는 불안하기도 하고 욕심이 생길 수도 있다. 그러나 한번에 모든 성공을 달성할 수는 없다. 한걸음씩 목표를 향하여 전진해야 한다. 가능하면 일관성 있게 모든 거래를 수행하고, 매매원칙을 적용시킨다. 이렇게 거래를 한다면 거래는 효과적이고 노력에 대한 수익을 창출하게 될 것이다. 비록 거래 자체에 수익이 없더라도 많은 것을 배우게 된다. 훈련되고 절제된 방식으로 거래원칙과 기법을 따를 수 있는 점을 배우게 되고, 모든 거래규칙을 따름으로써 인내심을 기르는 것이다. 위험한 거래에서 일관성 없이 무지하게 거래를 하는 것은 거래의 원칙을 위반하는 것이다. 훈련 부족은 물질적으로나 심리적으로 참담한 결과를 가져온다. 훈련과 연습을 거듭하여 인내의 기술을 터득함으로써 멋진 결과를 만든다.

시장에서 인내심을 갖고 훈련하는 동안 자신이 시장에 대하여 경험하면서 자신의 심리적 장벽이나 단점을 발견할 수 있다. 여기에서 정신구성요소와 그 작용이 자신의 심리행동에 미치는 과정을 이해하는 것은 흥미로울 뿐만 아니라 보다 성숙한 거래를 이끌어내는데 도움이 된다. 자신을 잘 알면 알수록 심리적 장애를 극복하기 쉽고 한 단계 성숙된 자아가 되는데 도움이 될 것이다.

참을성과 인내심 없이는 어떠한 역경도 극복할 수 없으며 때를 기다리는 참을성이 없이는 어떠한 기회도 호기로 만들 수 없을 것이다.

트레이딩 성공의 기본 3요소

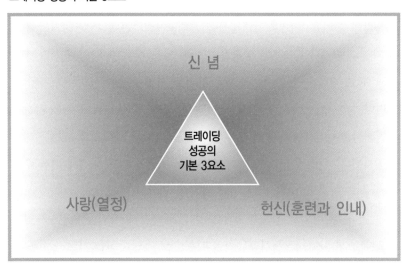

4 트레이더의 심리행동

(1) 개인심리와 사회심리(군중심리)

각 개인은 자유의지를 갖고 있다. 따라서 개인의 행동은 매우 복잡하고 예측하기 어렵다. 각 개인은 개성에 따라 다양한 특성을 보여준다. 때로는 매우 감정적 행동을 하기도 하고 반대로 이성적 행동을 하기도 한다. 그러나 어느 한 집단(사회)의 군중의 힘이나 심리의 특성은 매우 단순하고 야성적 경향을 갖고 그 집단 고유의 특성을 보여 준다. 각 개인은 자유의지가 강하고 다양하며 복잡한 행동을 보일지라도 군중은 단순하고 원시적 특성을 갖기 때문에 어리석을지 모른다.

시장 분석가나 전문가들이 연구하는 것은 바로 이러한 사회집단, 군중들의 심리경향과 심리 패턴을 정형화한 도표나 차트 등의 시장지표들을 사용하여 해석하고 이를 응용하려 하고자 한다. 이러한 의미에서 이들은 응용사회심리학자라 할 수 있을 것이다.

(2) 군중심리(집단적 사고)

평소에는 아무리 훌륭한 인격과 지식을 갖춘 사람일지라도 어느 한 특정 집단에 소속되었을 때 언행이 거칠고 마음대로 행동하는 등 전혀 다른 사람(집단의식의 특성에 동조된 사람)이 될 수 있다.

모든 사람들의 감정과 생각이 동일한 방향으로 움직이면(동조 : 집단의식화) 자신의 개성은 상실된다. 집단의식이 일시적이라 할지라도 각 개체와는 다른 어떤 특수한 성격을 이루게 된다. 즉, 개인이 군중으로 변할 경우 독립되고 고립된 상태에서 행동하고, 생각하는 방법과는 전혀 다른 행동인 집단적 사고의 상황에 빠지게 된다.

그 결과 자신의 정서는 격화되고 이성은 억제되며 비정상적이고 비합리적 행동을 하게 되는 것이다. 그리고 군중 속에 자신을 들여놓아 순종과 복종을 하는 것이다. 이때 개별 구성원은 그 소속집단에 구속되려는 강한 본능을 갖게 된다.

이러한 군중심리는 주가결정과 주가변동에 근원적 원동력을 제공한다. 예상치 못할 만큼 주가가 급등이나 급락을 지속적으로 거듭할 때 우리는 이러한 경향을 수없이 목격했을 것이다. 과거의 잘못된 행동에도 불구하고 인간이 같은 오류를 반복하는 것은 바로 일시적으로 집단의식이 작용하기 때문이다. 집단의 흥분이나 광기는 주가를 전혀 예상하지 못한 수준으로 올려 놓거나 내려 놓아 그 열광이 휩쓸고 지난 뒤에는 경우에 따라 참혹함이 기다릴 뿐이다.

이와 같이 군중의 힘이나 심리의 특성은 매우 단순하고 야성적 경향을 갖지만 군중은 분명 개별적 트레이더보다 강력한 힘을 갖고 있어 추세를 만드는 힘이 있다.

이전의 몇몇 종목의 시세분출을 기억해 보라! 얼마나 멋진 화려함의 극치였는가? 군중심리 행동은 트레이딩에서 자주 나타나는 하나의 현상이다. 상승이 마무리 된 줄 알았는데 비정상적이라 할 만큼 끝까지 상승하는 것이다. 즉, 이성적·합리적 자아가 한 펀치를 맞게 되는 것이다. 훌륭한 트레이더는 군중의 행동방식을 이해하고 때로는 이들과 같이 발을 맞추고 때로는 이들의 반대편에 서서 트레이딩의 결과를 만들어 내는 사람들이다.

2. 성공적 트레이더의 긍정적 심리행동

개성은 트레이더로서 성패를 좌우하는 주요 열쇠임에 틀림없다. 따라서 목표를 달성하고자 할 때 거래심리의 자질은 성공적 트레이더가 되는 데 밀접한 관련이 있고, 궁극적인 성공은 결국 좋은 심리 행동의 자질을 개발하는 데에 달려 있다.

1 자신감(자신을 신뢰하는 마음)

자신감(self-confidence)은 다른 모든 직업 분야에서도 공통적으로 적용되는 성공원칙과 거래의 성공을 위한 기본적이고 중요한 자질이다. 자신감의 뿌리는 확고한 신념에 있고 이는 트레이더에게 거래를 성공적으로 수행하게 하는 최고의 무기이자 심리적 기초 자산이다. 자신감은 거래를 어렵게 하는 부정적 요인인 두려움이나 망설임 등을 차단하고 없애준다.

자신감은 긍정적 에너지이고 자신이 경험해 보지 못한 미지의 세계를 호기심과 경외감으로 탐험하는 개방적인 특성을 갖는다. 두려움 없이 새로운 것을 배우고 정신적으로 성장하는 데 중요한 요인이 곧 자신감이다. 외부환경을 많이 경험할수록 그에 대한 특성을 더 많이 배우고 더 많이 배울 수록 성공 목적을 달성하기 위하여 보다 효율적으로 일을 처리할 수 있게 된다.

자신감은 모험적 트레이딩의 세계에 당당히 도전하는 마음의 자세이다. 트레이딩은 본질적으로 위험을 수반하므로 위험을 감수하고 언젠가는 성공에 이르겠다는 적극적 자세가 곧 자신감이다. 다시 말하면 모험에 대한 도전 정신이라 할 수 있다.

➜ 자신감을 갖기 위하여

- 자신에 대한 믿음이 있어야 한다 : 이는 자신의 능력에 대한 믿음이다. 그리고 부와 가치를 창출할 수 있다는 믿음이다. 이러한 믿음이 없으면 거래시 의심을 하고 망설이게 되어 의사결정을 미루게 된다. 자신은 성공적 거래자이며 프로이고 그렇게 될 수 있다는 것을 확신하는 것이다. 이러한 강한 믿음이 곧 자신감이다.

- 자신이 사용하는 거래기법을 신뢰하고 따라야 한다 : 자신의 거래기법이 효율적이고, 수익을 지속적으로 발생시키고, 이를 검증해 주고 있다면 이를 확고히 믿는 것이다. 자신의 거래기법은 수많은 시행착오를 거쳐 다듬어 왔고 앞으로도 더욱 더 효율적이고 세련되게 개선되어 돈을 만들어내는 강력한 돈 제조기와 같은 황금 손인 것이다.

그러나 자신감은 지나친 자만심이 되어서는 안된다. 오히려 여유 있고 느긋하고 겸손한 마음이어야 한다.

2 결단력(목적달성을 위한 실천 능력)

트레이더는 종종 초를 다투는 의사결정자이기 때문에 시장에 대한 신속하고 정확한 판단으로 즉각 결정을 내릴 수 있어야 한다. 의심이나 망설임 속에 즉시 결정을 내리지 못하면 기회를 잃고 결국에는 손실을 초래하게 될 것이다. 시장 진입이나 퇴출시 빠르고 확고한 결단으로 주문실행을 해야 한다.

결단력(decisiveness)을 기르기 위해서는 시장에 대한 분석과 종합적 관찰을 통하여 지식, 정보, 기술을 쌓아 시장에 대한 이해와 분별력 혹은 식별력을 갖추는 것이 우선적으로 중요하다.

➜ 식별력은
- 시장의 상대적 강도를 알아내고
- 추세의 방향을 읽어내고
- 변동성의 크기가 어떠한지
- 가격 움직임을 예측하여

올바른 판단을 내리게 할 수 있는 현재의 기회에 대한 인지 능력이다.

결단력을 강화시키기 위해서는 무엇보다도 자신감이 몸과 마음속에 넘쳐 흘러야 한다. 기회를 인식할 때에는 의심이나 두려움이나 망설임 없이 자신 있게 적절한 의사결정을 내리고 거래를 수행해야 한다. 자신감이 성공적 트레이더의 심리적 기초자산이라면 성공적 트레이딩의 실질적 최종 결과는 바로 결단력에서 비롯된다. 결단은 수익을 만들고 부를 축적하는 행위이고, 꿈이 아닌 현실적인 프로트레이더가 되는 것이다.

트레이더는 결단력을 갖춘 실천가가 되어야 한다. 성공적 수익을 얻기 위해서는 시장 진입을 하지 않으면 불가능하다. 자기자신과 시장접근방법에 대하여 많이 알면 알수록 거래기술은 장기적으로 향상된다. 중요한 사실은 실행을 해야 수익의 기회가 발생한다는 것이다.

➔ 결단력 강화방법

• 식별 능력을 배양시킨다.
• 거래기법의 매매 신호체계를 충실히 따르고 지킨다.
• 이기적 감정을 배제하고 경험된 직관력을 사용한다.
• 거래실행은 자동적이며 즉각적인 방식으로 수행한다.

3️⃣ 일관성(좋은 결과를 만들기 위한 한결같은 마음)

일관성(consistence)은 가능하면 언제나 승리를 만들어내는 변함 없이 흔들리지 않고 지속적으로 성공적 결과를 만들어 내고자하는 마음의 원칙이다. '일관된 성공적 트레이더' 이것이 트레이더의 가장 중요한 목적이다.

무작위적이지 않고 일관되게 자신의 거래기법을 향상시키고 적용시키면서 이를 검증함으로써 보다 효율적 거래기법과 심리기술을 개발하는 것이다. 일관성이 없고 원칙을 따르지 않는 거래는 일관된 수익의 결과를 창출하기 어려울 뿐만 아니라 트레이더로서 시장에 오래 머무르기 어렵다.

또한 이러한 일관성은 자신의 거래가 성공이냐 실패냐에 관계없이 매일 자신의 거래장소에 나와 시장과 함께하는 것이다. 사적인 문제로 거래를 거르거나 그만두는 것이 아니라 시장의 움직임과 그 흐름을 지켜보면서 시장과 대화하고 시장을 경청하면서 수익의 극대화방식을 개발시키는 것이다.

일관된 마음을 갖추기 위하여 인내심이 필요하다. 인내심은 성공적 트레이더가 일련의 손실에도 자신과 거래기법을 믿고 꾸준히 거래를 계속하여 지속시킬 수 있는 의지력이다. 인내심 없이는 재도전도 재기도 할 수 없다. 아마 트레이더는 우선 살아남아 시련과 좌절을 극복하고 성공의 계단을 꾸준히 올라야 한다. 자신의 심리적 장애물을 극복하는 것이 인내심이다.

➜ 인내심을 기르기 위해서는

• 확실한 거래의 기회가 다가올 때까지 참고 기다릴 줄 알아야 한다 : 조급히 시장에 잘못 진입하여 시간의 함정에 빠져 다른 좋은 기회를 잃을 수도 있다. 수익 창출의 기회는 언제나 어느 곳에서나 나타날 수 있으므로 인내하면서 확실한 때를 기다리는 것이 중요하다.

• 시장 진입이나 퇴출시 조심스럽고 무리하지 않게 접근한다 : 자신의 목적지에 도달할 때까지 참아야 하고 성급하거나 불안한 마음으로 진입이나 퇴출을 결정하지 않는다. 거래기법이나 원칙에 따라 인내심을 갖고 일관되게 거래를 해야 한다.

4 초연함(자신을 부정적 환경과 분리하는 능력)

트레이더의 마음은 섬세한 기계와 같다. 주변의 많은 정보, 즉 타인의 의견, 군중심리, 감정, 뉴스, 소문 등에 의하여 의사결정에 쉽게 영향 받을 수 있다. 대부분의 거래기법이나 방식은 완벽하거나 안전하지 못하며 이러한 거래기법에 나쁜 영향을 주는 외적인 요인은 거래를 더욱 어렵게 만든다.

트레이딩은 외로운 게임이다. 따라서 주변의 정보나 타인의 의견에 침착성을 잃을 수도 있다. 트레이딩은 자신의 거래원칙에 입각하여 자신의 책임하에 의사결정을 내리는 독립적 사업임을 인식해야 한다. 손익의 결과에 대하여 초연(imperviousness)해야 하며, 불필요한 다른 정보나 의견에 영향을 받아서는 안 된다.

트레이더는 가정이나 가까운 사람들로부터 감정적 영향을 받아서는 안 된다. 모든 개인적 업무는 부득이한 경우를 제외하고 시장 종료 후에 처리하면 된다. 사적인 일로부터 자신을 분리하여 초연하고 흔들림 없는 침착한 자세로 거래에 임해야 한다.

또한 성공적 트레이더가 되기 전까지 자신의 심리적 고통과 타인의 비난에 흔들림이 없는 부동심을 가져야 한다.

5 과감성(모험적 사업가 정신)

성공적 트레이더가 자신의 거래기법이 효율적이고 일관되게 수익을 올릴 수 있다고 믿는다면 유리한 거래상황에서는 적극적이고 공격적일 필요가 있다.

이기는 거래에서 수익을 극대화하기 위해서는 적극적으로 모험을 거는 것이 곧 과감성이다.

과감성(aggressiveness)은

첫째, 거래시에 증거금을 이용하여 거래규모를 확대할 수 있거나 추가적으로 자금을 투입할 수도 있다.

둘째, 변동성이 많은 시장에서는 필요하다면 거래횟수를 늘릴 수도 있다.

셋째, 여러 시장에 동시에 진입하여 여러 포지션을 취하는 포트폴리오를 구성할 수도 있을 것이다.

과감성은 시장접근에 대한 확실하고 단호함을 의미한다. 시장에 대하여 온순하거나 소심한 것이 아니라 수익이 분명한 시장에서 과감히 모험을 거는 것이다. 큰 수익의 발생은 적시에 한 번 크게 당김으로서 가능하다. 유리하지 않은 상황에서 과감히 거래하는 것은 막연한 희망이거나 만용이다. 성공적 트레이더는 확실한 시장에서 수익을 극대화할 수 있는 투자자를 말한다.

🔟 역발상 자세(군중심리와 반대편에서 거래하는 태도)

역발상 투자(contrary attitude)란 말이 있다. 트레이딩에서도 경우에 따라서는 대부분의 사람들이 가장 공포스럽거나 황홀한 순간을 맞이할 때 수익의 기회가 나타난다. 즉, 시장의 방향과 반대편에 서서 거래하는 것이다. 그들이 매수에 집중할 때 매도하고, 모든 사람들이 매도에 참여하여 폭락할 때 매수하는 것이다. 이는 자신의 거래기법이 시황급락으로 매매신호가 매수임을 나타낼 때 매수하고, 시황급등으로 매도신호를 나타낼 때 매도하는 것이다.

일반적으로 시장에 대하여 많은 사람들이 매도 견해나 현금보유 의견을 제시할 때 시장은 곧 반등하고, 매수 의견이나 시장 포지션의 유지를 말할 때 시장은 반락할 수 있다. 트레이더는 이러한 시장분석가나 다수 대중의 의견이 어떠하든 그들과 역으로 생각하고, 반대의 입장에 서서 의사결정을 내릴 수 있어야 한다.

시장의 심리가 매우 높거나 낮을 때 변동성의 증가로 인하여 큰 수익의 기회가 발생한다. 변동성이 크면 추세의 전환은 빈번히 일어난다. 역발상의 자세는 추세를 위반하는 것이 아니라 이를 적극적으로 이용하는 것이다.

7 자제력(자신을 조절하는 중용의 태도)

자제력(self-control)은 트레이더의 다른 여러 심리적 자질의 배합과 조절을 의미한다. 자제력은 충동이나 감정에 따르기 보다는 이성과 원칙에 따라 일관되게 거래를 이끄는 능력이다. 자제력은 또한 인내심을 갖고 시장진입 여부와 포지션의 진입과 퇴출의 적절한 타이밍을 결정하는 통제능력이다.

자제력을 갖춘 트레이더는 충동적 거래를 제어하고 손실의 확대를 차단하며 과도한 매매를 줄이고 원칙에 따라 타이밍과 거래규모를 조절하는 분별력을 갖춘 사람이다.

자제력은 나약한 소극적 거래와 과분하고 과도한 거래의 양 극단에 서서 자신과 거래를 제어하고 조절하는 중용의 태도이다.

➡ 자신에게 다음 사항을 질문하여 보자

- 거래 원칙과 기법에 따라 거래하는가?
- 실제 매매신호에 따라 거래하는가?
- 매매신호를 기대하면서 거래하는가?
- 거래 규모는 적당한가? 과도하거나 적지 않은가?
- 시장(종목)선택을 하나만 할 것인가?
- 여러 시장에 동시에 진입할 것인가?
- 시장에 대한 심리적 반응이 충동적인가? 절제되어 있는가?
- 기대수익과 손실범위를 정하고 거래하는가?

🏠 적응력(융통성, 변화에 대한 대처능력)

시장의 본질적 특성이 다양성과 변화에 있고 시장은 살아있는 유기체와 같다. 시장의 움직임은 개별적 특성과 방향성을 갖는다. 트레이더가 이러한 다양한 시장의 변화에 적절히 대응하는 능력이 융통성이며 이러한 융통성을 갖고 시장에 잘 적응해야 생존할 수 있다.

융통성(flexibility)은 자신의 생각과 거래기법을 자주 변경하거나 시장에 좌우되어 일관성 없이 대응하는 것이 아니라, 변화하는 시장에 효율적이고 능률적으로 반응하여 생산성을 만들어 내는 것이다.

융통성을 기르려면 우선 시장에 대한 올바르고 체계적인 이해를 갖추고 있어야 한다. 시장지식과 분석기술을 익혀야 한다. 그리고 자신의 좋은 거래의 심리적 자질을 개발해야 한다. 자신의 행동을 변화시킬 수 있는 유연한 사고와 태도가 대단히 중요하다. 고집이 세고 고정관념이나 잘못 박혀진 습성은 트레이딩을 어렵게 한다.

또한 시장에 대하여 객관적 태도를 견지하는 것이다. 스스로 시장을 통제하려 하지 않는다. 시장은 나름대로 조절되고 유지되며 흐름을 갖는다. 자신의 단점이나 한계를 인식하고 강점을 살려 시장의 변화에 적절히 대응하는 것이 곧 융통성이다.

9 집중력(기회에 대한 의식적 인지능력)

트레이더는 각각의 시장을 식별하고 선택하는 데 주의를 기울여야 하며 선택된 시장의 변화나 움직임에 집중해야 한다. 특히 데이트레이더는 다른 중장기 포지션트레이더보다 짧은 시간동안 보다 많은 주의와 에너지를 투여해야 한다. 집중력을 잃으면 산만해져서 시장의 흐름을 파악할 수 없다. 집중력이 없이는 의사결정을 신속하고 정확하게 내리기가 힘들다. 집중(concentration)은 어느 한 곳에 자신의 모든 주의와 에너지를 쏟아붙는 것이다. 자신의 앞에 있는 일, 현재 하는 일에 의식적으로 초점을 맞추는 능력이며 부정적 감정의 반응을 물리칠 수 있는 능력이다. 이때 집중의 상태는 긴장된 감정이 이완된 상태이며 흐리고 혼란하지 않고 깨끗하고 맑은 마음의 상태이며, 흔들리고 불안한 상태가 아닌 고요하고 평온한 마음의 상태이며, 감각과 의식의 흐름이 둔감하거나 혼미하지 않고 예리하고 깨어있는 상태이다.

집중은 어떤 일에 과도하게 힘쓰는 것이 아니다. 너무 힘을 들여 노력한다는 것은 오히려 심리적 긴장을 일으켜 스트레스의 원인이 된다. 집중은 과거의 실수에 대한 불안, 고통 등을 갖지 않으며, 미래에 일어날 사건에 대하여 지나치게 걱정하지 않고, 목적을 향하여 자신이 취해야 할 현재의 행동단계를 분명하게(정확하고 빠르게) 볼 수 있는 능력을 말한다. 집중의 대상은 성공과 패배라는 결과에 두는 것이 아니라 자신이 현재 하는 일, 노력의 과정에 두어야 한다.

이럴 때 집중은 첫째, 의식의 확대로 인하여 어떠한 복잡하고 어려운 사건(트레이딩)을 쉽고 정확하게 읽어낼 수 있게 해주며, 둘째 개방적 자율적 특성으로 자신이 취해야 할 행동을 즉흥적이고 자발적으로 일어나게 해 준다.

긴장, 불안, 고통, 권태, 과신, 환상 등으로 집중을 잃으면 다양한 실수를 하여 궁극적으로 전체 거래의 실패 원인으로 작용한다. 흔히 트레이더가 커다란 혹은 연속적 승리를 한 후에 실패하는 경우가 있는데 이는 대부분 집중력이 떨어졌기 때문이다.

집중을 상실하여 이를 회복하기 위해서는 몸과 마음을 이완하는 방법(호흡명상을 통한 이완과 중심 잡기) 그리고 마음의 영역에 정신적 이미지를 그려넣어 시각화(보고, 듣고, 느끼기)하는 방법이 있다.

무엇보다 시장을 떠나지 말고 자세히 관찰하는 자세가 중요하다. 종합적 시황과 개별시장의 움직임을 면밀히 주시한다. 시장의 심리와 주도세력의 의도를 읽어내고 파악한다. 그리고 시장의 소리에 경청하고 시장과 대화한다. 시장 가운데서 언제나 해답을 찾는다.

🏠 직관력(기회에 대한 순간적 인지능력)

직관(intuition, 직감)은 시장을 마음의 눈으로 보고 그 움직임을 즉각적으로 파악하는 능력이다. 직관은 본능적, 잠재의식적, 예지적 의미를 함축한다. 직관은 사물의 특성을 오감, 즉 시, 청, 후, 취, 촉을 통한 경험보다는 마음의 눈으로 지각하는 제육감을 뜻한다. 이것은 흔히 시장에 대하여 어떤 감(느낌), 육감, 예감이 있다고 말할 때 이러한 〈감〉으로 표현된다. 직관은 감정적 충동이 아니다. 사물에 대한 인식과 해석이 직감적이고, 순간적이고, 상징적인 방식으로 물음에 응답한다. 이러한 직관적 능력과 동시에 기대 수익의 목표를 미리 측정하는 분석적 예측능력을 갖는 트레이더는 보다 더 성숙한 단계에 오르게 된다. 직관의 능력은 의문에 대한 집중과 통찰을 통하여 개발될 수 있다. 집중을 통하여 생성된 직관력은 창조적으로 작용한다.

직관은 본질적으로 의문에 대한 반응이고 비선형적 과정으로 일어난다. 그러나 직관적 인상을 받아들이고 그를 사용하면 경험적인 것이 된다. 이것이 훈련을 통한 경험된 직관인 것이다. 훈련된 직관은 문제를 단번에 해결하는 실마리를 제공해 준다.

시장에서 좋은 기회가 찾아왔을 때 직감을 자주 경험한다. 그 기회에 대한 인지가 빠르고 정확히 일어난다. 트레이더는 거래할 때에 이러한 직감, 직관력을 이용하여 성공을 거둘 수 있다.

🏠 겸손함

겸손(humility)은 트레이더가 시장과 거래기법을 존중하고 우선시하는 것이다. 자신의 한계를 인식하고 시장에 순응하여 거래의 일관성을 유지할수 있다. 즉, 겸손은 시장의 흐름을 따르고 자만심과 과신을 하지 않는 것이다.

트레이더는 때때로 일련의 거래성공 후에 자만심을 갖게 될 수 있고, 자신도 모르게 과욕을 부리게 된다. 이러한 과욕은 큰 손실의 대가를 치르게 한다.

시장은 언제나 엄정한 스승이며 배움의 장이다. 자신의 모든 약점을 알아내어 처벌을 내릴 수 있는 것이다.

겸손은 자신의 거래원칙과 기법을 따르면서 자신의 단점을 인정함으로써 시장을 존중하고 그에 역행하지 않는 것이다. 시장의 흐름은 자연의 법칙에 따라서 흘러가며 한 개인이 이를 다른 방향으로 바꿀 수는 없는 것이다.

요컨대 겸손은 만일의 위험에 대비할 수 있게 해주는 시장에 대한 자신의 안전장치와 같은 역할을 하는 것이다.

12 책임감

트레이더는 거래철학과 원칙을 따라야 하는 의무와 책임이 있다. 원칙을 위반하지 않고 이를 반드시 지키는 것은 매우 중요하다. 처음에는 원칙을 지키는 것이 쉽지 않다. 그러나 원칙의 위반은 책임과 의무를 회피하는 위험을 불러오게 되어 언제나 실수와 손실을 만든다. 그러므로 자신과의 철저한 약속을 통하여 원칙을 지키려는 노력이 필요하다. 수치심이나 후회, 미련 등은 책임을 지지 않고 원칙을 어길 때 일어나게 된다.

트레이더는 또한 스스로 거래의 실수와 손실에 대하여 전적인 책임감(responsibility)을 가져야 한다. 모든 실수와 손실은 대부분 자신의 잘못된 태도나 행동에서 비롯된다. 원칙을 어기고 손실이 나는 거래를 지속하는 것은 무책임한 행동이고 무모한 일이며 무분별한 행동이다.

자신의 실수에 대하여 책임을 지지 않으면 결과적으로 고통과 불만스러운 순환속에 빠져들고 스스로를 파괴하는 부정적 태도를 잉태한다.

자신의 잘못, 실수, 무리하고 무모한 행동결과에 대한 전적인 책임, 실패에 대한 절대적인 책임을 질 때에 비로소 성공하는 자세와 습관으로 발전시킬 수 있다.

즉, 책임감은 거래원칙과 자금관리의 원칙을 지키는 것이며, 그리고 자신의 잘못된 행동결과에 대하여 외부 시장이 아닌 자신의 내부에 깊숙이 수용하고 인정하는 태도이다.

성공적 트레이더의 심리체계도

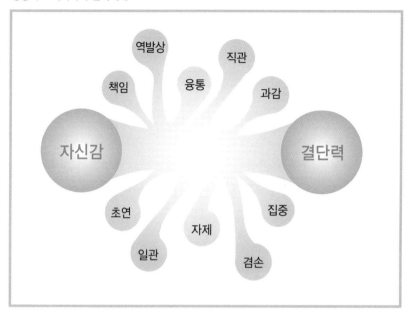

3. 트레이더가 버려야할 부정적 심리

트레이딩으로 성공하기 위해서는 심리적 안정감과 균형감이 절대적으로 중요하다. 편안하고 긍정적 마음이 없으면 트레이딩을 어렵게 하고 효율적인 수익창출이 어렵다. 재물에 대한 이기적 탐욕과 상실에 대한 불안한 마음은 트레이더 뿐만이 아닌 모든 사람들의 공통적 심리 상태이다.

1 탐욕과 희망

(1) 탐욕(greed)

① 탐욕이란

인간의 욕구(need)나 욕망(desire)은 삶의 근원적 본능이고 인간의 실존 감정이다. 이러한 욕구는 식, 수, 성의 생리욕구, 대상에 대한 소유욕구(사랑, 재물 등), 무형의 가치에 대한 실현욕구(성취, 창조, 명예, 인정 등)가 있다.

여러 가지 욕구는 다양한 마음의 상태, 욕심을 구성한다. 탐욕은 지나친 욕구(욕심)이고 과도한 욕심으로 대상에 대한 강한 이기적 소유욕이다.

돈, 물건, 사랑, 힘에 대한 욕구는 금욕, 물욕, 권력욕을 낳는다. 탐욕은 마음의 세 가지 독소인 탐, 진(분노), 치(어리석음) 중 하나이고 이는 분노를 낳고 어리석음을 낳는다.

② 탐욕의 원인과 특성

인간의 욕구는 정신적 공허, 공백상태와 같아 채워지기를 필요로 한다. 이는 우주상의 모든 공백이 채워지기를 필요로 하는 것과 같다. 욕구가 채워지면 만족이고 기쁨이고 행복이며, 욕구가 채워지지 않으면 불만족이고 불쾌이고 불행이 된다.

탐욕적 욕구가 채워지지 않아 이를 채우고자 할 때는 근심과 불안, 조급과 짜증, 그리고 분별력과 판단력이 둔화되어 어리석고 탐욕적인 행동을 하게 된다. 시장에서 곰과 황소는 먹이를 구할 수 있지만 욕심쟁이 돼지(hog)는 도살 당한다.

③ 거래에서 탐욕의 작용

트레이더는 자신의 주된 관심이 탐욕의 환상에 집중되어 있으면 객관적 인지능력이 떨어져 자신의 의사결정을 방해 받는다. 그리고 이상적인 진입과 바람직한 퇴출 결정을 못하게 된다.

트레이더는 어느 한 개 혹은 여러 시장이 활발히 움직일 때, 모든 기대수익 가능성에 대한 강력한 욕심이 일어나 시장에 충동적이고 비이성적인 진입을 할 수 있다. 모든 시장에 민감하게 반응하는 것은 마음속에 욕심이 자리잡고 있기 때문이고 이로 인하여 성급한 의사결정을 내리게 한다. 특히 대부분의 사람들이 시장에 적극적으로 참여할 때에 자신만 소외될 수 없다는 군중심리에 빠지게 될 수 있다.

탐욕은 미실현된 가상적 기대수익에 대한 지나친 욕심이다. 트레이더는 거래가 자신의 방식대로 이루어질 때 그 시장이 자신의 생각대로 무한히 진행되리라는 환상이나 과신에 강력한 충동을 느끼게 된다. 지나친 욕심은 가상적 수익을 실제수익으로 만들지 못하고 손실을 낳아 그 동안 쌓아온 공든 탑을 순식간에 무너뜨린다.

④ 탐욕에 영향 받는 다양한 거래

탐욕은 특히 시장에 진입을 할 때에 다음과 같은 다양한 충동적 거래를 일으켜 시장에 뛰어들게 한다.

➡ 무원칙과 무전략적 우발적 거래

아무리 작은 이기적 탐욕이라도 마음에 자리잡는다면 이는 성급한 의사 결정을 할 가능성이 많은 것이 트레이더의 상황이다. 특히 뇌동매매하여 상투에서 충동적으로 추격 매수하는 투매수와 견딜 수 없어서 바닥에 던지는 비이성적 행동은 극단적인 위험한 행동이다.

➡ 과신에 의한 과도거래

큰 성공을 하고 나서 실패하는 경우는 겸손한 마음과 자제력을 상실한 데서 비롯된다. 탐욕과 과신을 갖고 거래하면 자주 거래 횟수를 늘리고 베팅 자금을 증대시켜 손실의 위험에 빠져들 가능성이 매우 커진다.

➡ 기대에 의한 거래

승산가능성이 없거나 낮은 불확실한 것, 의심 나는 것에 조금이라도 기대하거나 불필요하게 시장의 진입·퇴출을 한다면 자신의 이기심이 내면에 자리잡은 것이다. 가격이 낮다고 생각하고 진입하려는 것, 지지가 무너지지 않는다고 예단하는 것, 상승할 것 같다고 예정하는 것, 돌파된다고 미리 짐작하는 것 등은 미래에 대한 단순한 기대일 경우가 많다.

➡ 집착과 중독적인 거래

기회에 너무 민감하게 반응하는 것, 돈을 버는 데 너무 집착하는 것 등은 이미 위험을 내재적으로 포함하고 있다. 이러한 상태에서의 거래는 무의미한 거래를 자주 하게 하여 손실 가능성만 증가시킨다.

➡ 분노와 복수적인 거래

트레이더는 하나의 좋은 기회를 놓치고 나면 이에 대한 미련으로 다른 기회를 억지로 만들려고 하는 경우가 많다. 이는 기회 상실에 대한 만회를 하려고 하는 자신의 이기심이나 분노에서 비롯된다.

⑤ 탐욕에 대한 대처 방안

➡ 대상에 대한 집착을 버려야 한다.

탐욕은 대상에 대한 이기적 소유욕이다. 즉, 수익이라는 대상에 대한 집착은 이기적 욕심이고 긴장과 초조함을 갖게 한다. 소위 무욕이란 대상에 대한 집착을 버렸을 때 가능할 것이다. 거래는 돈 자체보다는 훌륭한 거래를 수행하는 과정에 초점을 맞추어야 한다. 수익은 훌륭한 거래과정의 결과로 나타나는 부산물일 뿐이다.

➡ 욕심에 대한 마음을 비워야 한다.

〈마음을 비워라〉라는 말을 수없이 들었을 것이다. 이는 물론 마음속의 지나친 욕심을 제거하라는 뜻이다. 그러나 아이로니컬하게도 이는 제거하기 어렵다. 마음은 공백 상태를 원하지 않는다. 우선 탐욕적 마음을 다른 것으로 전환하고 대체해야 한다. 그러기 위해서는 다음과 같아야 한다.

• 편안한 마음이어야 한다 : 시장은 전쟁터이지만 언제나 편안하게 사랑하는 마음으로 대해야 한다. 탐욕은 긴장을 일으키고 긴장은 성급함을 낳아 불행한 거래를 만든다. 긍정적인 마음을 활용하는 방식으로 전환

해야 할 것이다.

- 겸손한 마음이어야 한다 : 수익에 대한 탐욕, 시장을 잘 안다는 자만, 자신의 거래능력에 대한 과신은 시장을 그러한 마음의 상태로 대하기 쉽다. 시장을 과장해서 대하는 것이 아니라 있는 그대로 흘러가는 그대로 보고 겸허하게 대해야 할 것이다.
- 감사하는 마음이어야 한다 : 시장에서 주는 수많은 기회에 늘 고마운 자세를 갖는다. 다른 어떠한 직업보다 커다란 성공 가능성이 있기 때문이다.
- 전략적으로 행동 해야 한다 : 트레이더는 거래전략과 행동방침을 철저하게 준비(유비무환)함으로써 이러한 탐욕이나 희망에 따른 많은 위험에 대비(경계태세)하고 이를 제어해야 한다. 탐욕적 충동이 아닌 이성적 자세로 시장을 바라볼 때 의사결정을 합리적으로 하게 된다.

(2) 희망(hope)

희망은 나쁜 상황에서 결과에 대한 긍정적 기대를 말한다. 좋은 결과가 나타나면 안도감을 가질 수 있지만 그렇지 못하면 희망은 사라지고 절망과 좌절을 낳는다. 더 나아가 희망적 결과를 기대하지 못하면 포기하고 체념하게 된다.

인생에 있어서 희망은 삶을 지탱해주는 힘으로 작용하지만 트레이딩에서의 희망은 상황이 나의 방식으로 이루어질 것이라고 생각하는 비현실적 기대로 의사결정을 어렵게 하는 부정적 태도를 뜻한다.

희망적인 거래는 다음 두 가지가 있다.

① 손실을 복구해야겠다는 비현실적 기대

트레이더는 특히 시장진입 후 자신의 예상과 다르게 시장이 움직일 때 반전에 대한 강력한 희망을 갖기 쉽다. 손실에 대한 복구심리(본전심리)가 발동하여 이러한 비현실적 기대인 희망은 거래의 손실만 증대시킬 뿐이다.

잘못된 거래에서 시장흐름과 반대로 처해 있음에도 결과에 대한 해석을 좌절이나 고통을 피하려고 잘못하면 희망적 낙관을 가질 수 있다. 이렇게 되면 손절매의 시기를 놓치게 되고 이때 손실은 크게 증가하고 결국에는 될대로 되라는 자포자기의 상태, 자기파괴적 행동에 빠질 수도 있다.

② 좋은 기회나 손실에서 가격이 조정될 때 유리하게 진입·퇴출할 수 있다는 희망

좋은 기회를 보았을 때 보다 유리하고 완벽하게 진입하려고 주문체결을 미루는 경우와 퇴출할 때 보다 손실을 덜 보려고 하다가 손절매의 기회를 놓치는 경우가 있다.

시장에 잘못 들어갔을 때, 시장의 추세를 무시하려 하는 것, 반전에 대한 기대를 갖는 것, 본전을 회복하겠다고 생각하는 것 등은 많은 경우 시장에 대한 지나친 희망이나 환상이 될 수 있다.

*본전심리

본전심리는 지는 거래에서 '본전만 되면 정리하지' 라고 생각하고 자신의 매수단가 부근에 오면 팔겠다는 것이다. 이것은 게임에서 잃고 싶지 않은 인간의 이기적 본성에서 비롯된다. 그러나 주가는 현재 정리하고자 하는 예상 매도가격과는 전혀 다른 미래의 반영이기 때문에 자신의 의도와 관계없이 흘러가는 것이다.

이때 운 좋게도 추세전환이 바라던 대로 이루어지면 다행이지만 그렇지 않고 하락추세가 지속되고 있는데도 본전에 대한 허영된 기대감, 즉 희망 때문에 손실은 더욱 불어나게 된다. 이때에 손절매를 하지 않으면 손실은 더욱 커지게 된다.

더 나아가 현재 상황을 포기하지 않는다면 다음의 가능성으로 또 다른 기대를 한다. 경우에 따라 복수심이 발동하기도 한다. 자신과의 싸움은 지속될 것이다.

❷ 불안과 두려움

(1) 불안(uncomfortableness)

① 불안이란

불안, 두려움이란 흔들리는 불안정한 마음이고 실존적 감정이다. 사람은 죽음이나 상실, 손실에 대한 감정을 살아가는 동안 벗어날 수 없다. 때로는 이러다 죽지는 않을까? 이러다 큰 낭패를 보는 것은 아닌가? 사람으로부터 소외당하지 않을까? 등등 자신의 현재 상태의 존재방식에 대하여 불안해 하는 것이다.

인간은 혼돈스럽고 불확실한 상황에 불안감을 갖게 된다. 혼란과 불확실성은 편안하고 안전하다고 느끼지 않기 때문이다. 자신이 알지 못하는 것, 미지의 영역에 대해서도 불안을 느끼게 되는 데 이는 확실한 결과를 예상할 수 없기 때문이다.

우리는 삶의 여러 방식에서 이러한 불안이나 두려움으로부터 완전히 벗어나기 어렵다. 그러나 때로는 두려움의 또 다른 기능은 자신을 놀라게 하여 경계태세를 갖추어 위험으로부터 구출하고 자신을 보호하는 긍정적 요인도 있다.

② 불안의 원인

두려움은 과거의 경험된 고통과 그 고통을 저장한 기억에서 비롯된다. 트레이딩에서 두려움은 손실과 실수라는 부정적 경험의 기억으로 사건이나 정보에 대한 인지방식을 자신도 모르게 위협적인 것으로 간주하면서 비롯된다. 이러한 두려움은 높은 정도의 부정적 에너지 수준을 갖고 있는 감정상태라고 할 수 있다. 더 높은 강도의 두려움은 공포(panic)나 마비

(paralysis)를 일으키게 한다.

예를 들면 트레이더는 시장진입시 과거의 손실 그 자체(두려움의 대상)에 자신도 모르게 빠져든다. 이는 두려움을 유발하는 두려움의 대상, 즉 손실자체에 초점을 맞추고 있기 때문이다.

고통스러운 경험은 부정적 기억으로 충전되어 두려움을 만들고, 두려움이 지속되고 확대되면 불안, 초조, 불만족스러운 긴장된 감정상태가 되어 스트레스의 원인이 된다. 이것은 기억의 자동적인 연상작용으로 비롯되는 것이며, 부정적 두려움이 자신의 내부에 자리잡는다면 고약한 거래를 반복하게 된다.

③ 불안의 기능

불안, 두려움은 시장정보에 대한 인식능력, 예측능력 그리고 자신의 행동에 영향을 미치는 힘으로 작용한다. 즉, 두려움은 두려움 자체의 대상에 주의를 집중하게 하여 외부정보인 시장의 움직임과 흐름에 대한 인지의 범위를 제한하고 차단시킨다.

그리고 자신을 두려움의 대상에 주의를 집중시켜 의식적 행동을 못하게 무력화시켜 객관적 선택능력이나 의사결정능력을 제한하고 가로막는다. 두려움이 있으면 시장의 움직임과 방향이 잘 보이지 않고 시장에 대한 대처능력이 상실되어 비이성적 행동을 할 수 있다. 때에 따라서는 두려움이 커지면 트레이더는 종종 심리적으로 마비되어 시장에서 한 발자국도 나아가지 못한다.

④ 불안이 거래에 미치는 영향

➤ 시장진입의 망설임

거래할 때 두려움의 하나는 거래시 잘못을 저지를까 하는 것이고, 다른 하나는 손실에 대한 두려움으로 나타난다. 과거의 실수의 경험으로 부정적 에너지인 손실의 고통이 내부에 쌓이게 되어 두려운 마음의 상태에 있게 된다. 트레이딩에서 수익을 올리기에 좋은 기회가 왔을 때 시장의 지표가 옳음에도 과거의 잘못에 대한 자동적 연상작용으로 시장진입을 망설이게 한다.

➡ 시장퇴출의 서두름

좋은 기회의 시장에 진입했으나 시장이 자신에게 불리하게 움직이면 손실의 경험을 했던 트레이더는 또 다른 손실 가능성에 대한 두려움으로 시장가격이 자신의 진입수준으로 돌아오면 거래를 너무 성급히 마치고 퇴출하게 된다. 이기는 거래에서도 손실에 대한 두려움이 있으면 적은 수익만 얻고서 너무 시장을 일찍 정리하고 마는 것이다. 그리고 자신의 적은 수익에 대하여 분개를 한다. 이점이 바로 많은 트레이더가 수익을 줄이고 손실을 키우는 현실적 예이다.

⑤ 불안에 대한 대처방안

➡ 두려움을 극복하기 위해서는 두려움, 불안, 공포를 끌어안고 시장 속으로 흥미나 호기심을 갖고 직접 뛰어든다.

미지의 세계인 시장은 보상의 기대와 위험이라는 가능성이 상존한다. 시장에서 두려움을 몸으로 경험하고 그것을 직면하면서 수용하는 시행착오를 겪다 보면 두려움에 대한 특성을 이해하고 깨닫게 된다.

➡ 시장에 대한 분석적 지식정보를 많이 축적해야 한다

가능한 많은 공부를 하고 지속적인 연구와 관찰을 통하여 시장에 대한 해석능력을 배양해야 한다. 그러면 점점 시장에 대한 이해의 정도가 깊어지게 되고 시장예측이 선명해질 때, 두려움은 점점 줄어들면서 자신의 거래원칙과 거래기법을 보다 잘 따를 수 있게 된다.

➜ 인지에 대한 맹점을 극복해야 한다.

자신이 어떤 시장정보에 직면할 때 그것을 두려운 대상으로 보고 느낀다면 시장상황을 객관적으로 판단할 수 없게 된다. 시장이 나를 두렵게 만드는 것이 아니고 시장에 대한 자신의 반응이 위협적이고 두려운 것으로 받아들이고 있다는 사실을 깨달아야 한다. 따라서 자신의 주의집중을 가로막고 인식을 차단하는 자신의 내부적 요인(두려운 마음)으로부터 자신을 이완시키는 정신적 훈련이 요구된다.

➜ 자신을 신뢰하고 거래기법을 믿는다.

신뢰의 정도를 높이려면 의지의 노력이 필요하다. 승리할 수 있다고 믿고 자신감과 확신을 가져야 시장의 상황평가를 보다 잘 할 수 있으며, 정보를 선택하는 데 보다 잘 인지할 수 있을 것이다.

자신의 내부에 긍정적 자신감을 심고 키우고 강화시킬수록 부정적 요소인 두려움의 공간은 축소되고 쇠약해질 것이다. 그리고 트레이더는 자신의 거래원칙을 일관되고 엄격하게 철저히 준수하고 그 원칙을 신뢰함으로써 자신감과 평정심을 가질 수 있을 것이다.

⑥ 두려움을 넘어서

자신의 실전 감정인 불안과 두려움을 완벽히 제거한다는 것은 어떠한 의미에서 자신의 존재를 거부하는 것처럼 어려울 것이다. 그러나 자신의 내부에 보다 안정되고 평온한 마음과 의지의 힘을 더욱 확대시키고 지속적으로 강화시킨다면 불안하고 두려운 마음은 서서히 사라지게 될 것이다. 두려움에 대한 극복은 탐욕의 극복과 함께 성공적 트레이더가 되기 위한 시발점이며 중요한 심리적 요소이다. 바로 불안, 두려움을 초월하는 것이

성공을 보장하는 것이다. 그 뒤에는 기대 이상의 평온과 보상이 기다리고 있기 때문이다.

탐욕과 희망은 환상적이고 비현실적 기대에서 비롯되는 트레이더의 부정적인 적이다. 이는 현실 시장에 대한 이성적 판단을 그르치게 하고 거래를 망치게 한다.

❸ 성급함과 흥분

(1) 성급함(impatience)

성급함은 망설임과 함께 트레이더의 가장 치명적인 의사결정이다. 이는 손실을 낳게 하고 수익을 줄이는 결과를 가져온다.

성급함은 어떤 일을 결정함에 원래의 합당한 시간보다 너무 빨리 의사결정을 내리고자 하는 초조한 마음이나 태도를 갖고 행하는 의사결정과정이다. 성급함은 주로 욕심에서 비롯되며 또한 두려움의 일부로서 발생한다. 따라서 트레이더의 주요 부정적 요소인 두려움과 탐욕에 직면할 때와 같은 방식으로 자신의 거래행동에 영향을 미친다.

성급함은 시장진입시 시장의 움직임이 없을 때와 시장의 상승분출이 거의 완료된 때에 기대수익에 대한 욕심을 갖는 데서 비롯된다. 지나친 욕심은 두려움과 마찬가지로 시장정보에 대한 객관적 인지와 판단을 가로막아 조급하게 시장에 진입하는 원인이 된다. 반대로 성급함은 좋은 거래에 진입하고도 인내심의 부족으로 손실이 날까 두려워서 시장 퇴출을 빠르게 결정하게 한다. 즉, 성급함은 트레이딩의 핵심요소인 타이밍을 위반하게 하는 치명적인 부정적 요소이다.

성급함은 불안하고 흥분된 마음이다. 이는 시장 진입·퇴출을 충동적으로 하게 되어 오버트레이딩을 하는 원인이 될 수 있다.

성급함을 극복하려면 지나친 기대와 욕심을 버리고, 거래원칙에 충실히 따르고, 무엇보다도 여유 있는 침착한 마음의 자세가 중요하다. 때때로 심호흡을 하여 마음을 안정시키고, 시장이 조용할 때는 휴식을 취하고, 거래의 기회에는 객관적 입장에서 시장을 바라보고 매매신호에 따라 진입·퇴출을 결정해야 한다.

➜ 성급함에 대한 대책
- 거래전략, 거래기법, 매매원칙, 매매신호에 따른 거래를 할 것
- 마음의 여유와 인내심을 가질 것
- 한 가지라도 훌륭한 기회선택에 집중할 것
- 시장에 대하여 이성적·분석적으로 대할 것

(2) 흥분(impulse)

흥분은 시장에서 수익에 대한 비이성적, 비합리적, 감정적 충동이다. 안정되지 않은 불안하고 흔들리는 마음의 상태이다. 이는 주로 수익가능성에 대하여 지나친 욕심이나 강한 기대감에서 비롯된다.

그러나 흥분에 의하여 자신이 시장정보해석과 접근방식을 하는데 객관적으로 하지 못하고 순간적으로 자기에게 유리한 방향으로 시장을 해석하는 입장을 취하게 된다. 이러한 시장흐름에 대한 잘못된 해석이나 판단은 곧 매매타이밍을 거꾸로 잡아서 수익가능성을 손실가능성으로 바꾸어 놓는다.

흥분은 또한 성급함을 낳게 하여 의사결정을 하는데 무리하게 하여 터무니없는 결과를 일으킨다. 잘못된 행동의 결과는 거래의 수익은 고사하고 연속적인 실패로 큰 손실을 보게 된다. 그 결과 흥분된 감정의 정도가 더욱더 높아지면 분노(anger)나 복수심(revenge)을 잉태한다.

흥분을 제어하려면 성급함과 마찬가지로 자신을 제어하고 충동적 행동에 브레이크를 걸어야 한다. 시장에서 한걸음 물러나는 것이다. 시장과

자신을 제3자의 입장에서 바라보는 것이다. 그리고 언제나 거래의 기본 원칙에 충실히 따르고 침착하고 냉정한 이성을 간직함이 필요하다.

4 망설임(우유부단)

망설임(hesitation)은 트레이더의 가장 고약한 적이다. "망설이는 자는 이미 실패한 것이다."라는 속담에서도 알 수 있듯이 모험과 과감성이 요구되는 트레이딩에서 이 금언은 중요한 진실을 내포하고 있다.

특히 데이트레이딩은 하루라는 짧은 시간 안에서 빠른 의사결정을 해야 하므로 기회에 대하여 망설이고 주저할 시간이 없다. 시장의 진입과 퇴출 여부를 즉각 결정하고 행동에 옮겨야 한다. 시장진입의 망설임은 큰 수익의 기회를 잃고 추세에 역행할 때 퇴출결정에 대한 망설임은 손실증가를 불러온다.

시장진입시에 망설이는 원인의 하나는 실패의 연속으로 인한 손실의 고통과 두려움에서 비롯된다. 과거의 부정적 경험을 떨쳐버리기가 쉽지 않은 것이다. 망설이는 원인의 또 다른 하나는 의심에서 비롯된다. 시장흐름의 분석능력이 미숙하여 혼란스럽게 시장을 대할 때 일어난다. 시장은 일반적으로 하나의 추세를 갖는데 경우에 따라서 추세의 흐름에 대한 해석을 잘못하거나 시장방향을 의심할 때 트레이더는 의사결정을 내리기가 쉽지 않기 때문이다.

자신이 취한 포지션에서 예상과 달리 역행하는 시장에서 퇴출시 망설임은 현실을 인정하지 않고 미래에 대한 희망적 기대감에서 일어난다. 중요한 사실은 시장의 흐름과 개인적 기대는 전혀 관계가 없다는 것이다.

자신감의 결여도 의사결정을 미루게 한다. 자신의 거래원칙이나 기법에 대하여 불안하게 느끼면 거래를 주저할 수밖에 없다. 주저하거나 망설이면 망설일수록 결단력이 약화되고 무력화된다. 미온적이고 소극적이며 너무 평안하고 의사결정에 있어서 우유부단한 기질을 갖고 있는 사람은 적극적으로 자신감을 회복해야 한다.

망설임을 극복하려면 자신의 매매신호에 충실히 따르는 거래기법과 거래원칙을 갖추어야 한다. 그리고 거래방식에 따라 의사결정을 내리는 자동적이고 즉각적인 심리와 행동체계를 갖추어야 한다. 그리고 무엇보다도 두려운 마음을 기억 속에서 지워버린다면 우유부단한 마음도 제거될 것이다.

➜ 망설임에 대한 대책 (심리행동원칙)

- 현재 거래할 시장의 승산을 판단하고 신호를 확인한다 : 현재의 시장기회가 유리한지 불리한지를 판단한다. 시장이 주는 기회가 순간적으로 유리하여 승산 가능성이 70% 이상 되리라는 느낌이나 예감이 드는지를 알아낸다. 많은 경우 유리하다고 느꼈을 때(직관적 느낌)는 성공확률이 매우 높다. 그리고 시장의 분명한 객관적 매매신호가 발생했는지를 확인한다.

- 기회 상황을 신속하게 점검하고 손익범위를 설정한다 : 기회 상황이 정말 유리하다고 인식되면 가격위치, 탄력성, 돌파, 조정 등 개별시장의 구체적 상승가능성에 대하여 판단한다. 그리고 수익과 손실의 범위를 대략적으로 미리 예측하여 한정한다. 예를 들면 3% 이상 수익창출이 가능한가, 손실은 2% 이하로 제한할 수 있는가를 반드시 동시에 고려한다.

- 혼란스런 생각이나 불안하고 긴장된 마음을 몰아낸다 : 보통 좋은 기회가 발생될 때에는 급격한 시장변동이 일어남으로 마음의 동요나 혼란

을 갖기 쉬우나 의식을 기회 확률과 현재의 게임에 집중한다. 거래의 성패, 손실의 가능성, 잘 될까 안 될까를 불안해 하고 걱정하는 마음을 버린다. 그리고 마음의 긴장을 풀고 성공이 확률적으로 유리한지만을 판단한다.

- 집중하면서 편안하고 빠르게 행동을 즉각 개시한다 : 의심과 망설임을 버리고 기회에 집중하고 기회가 확인되면 시장진입을 즉시 자동적으로 실행한다. 일단 행동을 개시하고 기회상황을 재평가, 재해석한다. 만일 유리한 기회상황에서 진입하지 못하는 경우 시간의 낭비는 물론 커다란 기회의 손실을 가져온다.

5 기타 부정적 사고와 감정

시장에 대한 트레이더의 판단과 행동이 부정적 생각에 영향을 받고 감정적으로 처리하고 자신의 정신계발을 게을리 한다면 거래에 나쁜 영향을 받아 시장에서 오래 생존할 수 없다. 부정적 사고와 감정(negative thinking and feelings)을 긍정적인 것으로 바꾸지 않으면 트레이딩은 파괴적 결과를 초래할 수 있다. 트레이딩의 성공은 긍정적 생각과 태도를 갖고 이를 습관화하는 것부터 시작된다.

➜ 트레이딩에서 겪는 주요 부정적 감정
• 거래 전에 거래의 기회에 성급하게 흥분하거나 두려움으로 망설인다.
• 거래 중에 무리한 탐욕을 부리고 막연한 희망이나 지나친 기대를 한다.
• 거래 후에 거래결과의 부족함에 대하여 후회나 수치심을 갖는다.
• 거래의 손실에 대하여 분노(복수)하거나 좌절(실망)한다.
• 거래실행을 하지 못하여 아쉬워하고 후회하거나 변명을 한다.
• 거래를 훌륭히 못 마친 것에 대하여 자신을 비판하고 비하한다.
• 타인의 뛰어난 거래능력이나 좋은 결과에 대하여 부러워하고 시기한다.
• 시장을 비난하고 불평하고 시장에 잘못의 책임을 전가한다.

트레이더의 적

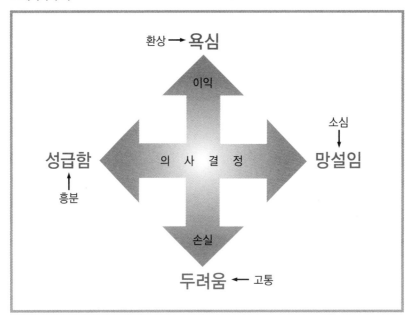

4. 트레이더가 거래시 극복해야 할 사항

1 손실의 감수(손절매)

트레이더가 개발하고 지녀야 할 중요한 자질 가운데 하나는 손실을 수용하고 받아들일 수 있어야 한다는 것이다. 손실은 일종의 사업비용이며 트레이딩을 하는데 피할 수 없는 불가결한 요인이기도 하다. 인간적 실수나 판단의 착오는 프로트레이더라 해서 완전히 피할 수 있는 것은 아니다. 중요한 점은 손실발생 시 이를 어떻게 처리하느냐에 따라 트레이딩의 최종 결과가 달라질 수 있다는 것이다.

아마도 트레이더의 가장 큰 잘못은 손실을 인정하지 않고 이를 거부하는데 있을 것이다. 종종 손실의 경험은 점점 더 나쁜 습성을 갖게 하고 추악한 모습의 결과를 낳는다.

손실의 발생은 자신의 추세판단 잘못으로 일어나는 것이 주요 원인이다. 시장진입 후 자신의 예상과 다르게 시장이 움직이면 분명 그것은 잘못된 거래이기 쉽고 손실이 이미 발생된 상태가 된다. 이때 추세는 지속되는 경향이 있으므로 손실의 증가는 계속되게 된다. 여기서 프로트레이더는 자신의 오판을 인정하고 추가 손실을 잘라버리며, 아마트레이더는 자신의 오판을 인정하지 않고 반전하리라는 기대를 갖는다. 게다가 물타기(손실발생에서 다시 저점추가매수)까지 감행하여 반전 없이 원래의 추세를 지속한다면 손실은 더욱 가중된다.

트레이더는 이와 같은 손실을 반드시 잘라야 전체적 자금손실을 줄이고 다른 기회를 갖게 된다. 이를 하지 못하면 트레이더가 될 수도 없고 시장에서 즉각 퇴출될 것은 자명하다. 트레이딩의 시작은 손실을 받아들이고 실패를 인정하고 이를 즉각 자르는 능력이나 기술에서 출발한다.

손실을 줄이는 방법은 5장의 위험관리와 자금관리에서 상술한다.

2 오버트레이딩 극복능력(거래횟수 조절)

많은 트레이더들은 거래를 매일 해야 한다고 생각하기도 하고, 어떤 트레이더들은 거래의 중독에 빠지기도 한다. 또 어떤 트레이더들은 거래의 기회를 곧 수익의 기회로 간주하여 계속 거래하는 사람도 있다. 대부분의 트레이더들은 거래수익의 유혹이 매우 강력하여 컴퓨터 앞에서 일어나는 시장의 움직임이 자신의 수익으로 생각되어 차트를 보고 키보드만 누르면 수익이 창출되리라는 충동적 마력에 이끌릴 수 있다. 무리한 거래를 범하기 쉬운 것이다. 그러나 이러한 무리한 거래는 수익보다는 분명 손실의 증가로 나타난다.

오버트레이딩은 또한 복수심에서 비롯되기도 한다. 트레이더는 한 시장에서 손실이 나면 그 시장에서 곧 손실을 만회하고자 하는 보상심리가 강력히 작용하여 지속적인 손실에도 불구하고 거래를 서두르게 된다. 자신은 이미 감정의 틀에 묶여있는 것조차 모르는 것이다. 많은 거래가 성공을 보장하지는 않는다. 오히려 손실이나 거래비용만 증가한다.

좋은 거래기회는 자신의 시장을 선택하여 압축하고 전문화하고 이들 시장 가운데서 집중적으로 훌륭한 거래를 하여 수익창출과 성공의 가능성을 높인다.

➡ 오버트레이딩을 피하기 위한 방법

• 관찰하고 거래해야 할 시장(종목)의 수를 줄이고

• 자신의 거래원칙이나 방식에 충실하며

• 무엇보다 감정적 · 충동적 거래를 삼가며 자제력을 가지고 시장에 접근

해야 한다.

거래의 목적은 초보일 때 주문실행능력 기르기의 특별한 목적을 갖고 있지 않는 한 거래 횟수보다는 수익의 극대화에 목표를 두어야 한다.

🏠 3 전문화(시장의 선택과 집중)

트레이딩은 면밀한 주의와 집중이 요구되며 또한 부지런하고 열심히 노력하는 인내심을 필요로 한다. 갭기법을 제외한 대부분의 거래기법은 이와 같은 주의와 집중을 갖고 시장을 관찰하고 주문실행을 해야 한다. 특히 아마트레이더는 동시에 많은 시장에 관여하기 어려우며 여러 시장진입을 하기가 곤란하다. 아마트레이더는 자신의 거래시장을 한정하여 다섯 손가락 이내로 집중하는 것으로 충분할 것이다. 아주 초보자는 시장을 이해하고 자신의 거래기술을 개발할 때까지 한두 개 정도의 시장이면 될 것이다. 물론 관찰시장의 수와 실제거래시장은 다를 수 있으나 분명한 것은 많은 시장의 거래는 주의와 집중을 분산시키며 좋은 거래기회를 놓치게 된다.

거래대상시장은 최근의 활동성을 보여주는 변동성과 유동성(거래량)을 상대적으로 충분히 갖고 있어야 한다. 또한 시장을 주제별로 분류하고 그들의 움직임을 살펴보고 당일 혹은 최근 주도주의 동향도 잘 관찰해야 한다. 기술적 분석상 거래대상이 상승탄력이 있는지, 추가상승 여지가 있는지, 수익목표는 얼마나 되는지, 상승강도는 어떤지 등을 연구해야 한다.

유형별로 거래대상을 전문화할 수도 있다. 예를 들면 신고가·신저가, 상한가·하한가, 돌파 종목군, 바닥 탈출형 등은 자신의 개성에 따라 전문화하는 것이 집중에 도움이 된다.

4 강세와 약세의 구별

자신의 관찰대상이 수 개이든 수십 개이든 우선적으로 실제거래대상을 찾고 수익을 올리는 데에는 강세시장의 선택이 첫째 중요한 요소가 된다. 왜냐하면 강세시장의 구별과 그의 선택은 성공확률을 높이기 때문이다. 거래의 높은 성공확률은 결국 수익의 증대로 나타난다.

일반적으로 강세시장의 선택은 수익의 폭을 증대시키고 손실의 폭을 감소시키기 유리한 입장에 있다. 이점은 트레이딩의 근본 취지와 일치하는 것이다. 반대로 약세시장의 선택은 수익을 감소시키고 손실을 키우는 경향이 있다. 수많은 프로트레이더들이 지적하고 강조하는 것이 강세시장의 선택에 있다고 말하는 이유는 강세시장의 선택을 통하여 수익의 극대화가 쉽기 때문이다.

강세시장의 일반적 특징은 다른 시장에 비하여 상대적으로 상승강도가 크다. 주로 큰 폭의 플러스권으로 진입하려 하고 계속 강세를 유지하며, 경우에 따라서는 큰 가격 변동성과 움직임을 갖는다. 또한 거래량이 평소보다 상대적으로 많이 증가하고 활발히 거래되며 시장참여자들로부터 주목을 받는다. 이러한 경우 흔히 주도세력이 개입되어 그 시장의 상승·하락 탄력은 보다 더 강력해진다. 이러한 시장에서는 트레이더가 수익을 창출하기가 매우 쉬워지는 것이다.

활동성이 큰 이러한 강세시장을 선택하기가 처음에는 쉽게 적응하기 힘들다. 활동성이 큰 시장을 수익가능성이 높은 대상으로 보지 않고 위험가능성 높은 대상으로 보기 때문이다. 따라서 트레이더는 자신이 생각하기에 안전한 시장, 즉 상대적으로 활동성이 적은 시장을 선택하게 되는 경향이 강하다. 이러한 안전욕구에 대한 무의식적 본능이 자신의 선택을 만든다. 그러나 대부분의 실제적 수익은 보다 활동성이 큰 강세시장에서 발생하곤 한다.

5 올바른 추세의 인식

시장의 포지션을 정하기 위해서는 반드시 시장의 추세가 상승인지 횡보인지 하락인지를 구분하고 그러한 각각의 추세가 연속적으로 진행 중인지 아니면 반전되는지를 판단해야 한다.

(1) 강세시장에서 시장의 추가·재거래의 결정

한 시장의 가격상승이 상당히 이루어지면 보통 조정과정을 거친다. 그 시장이 재상승할 여력이 분명하다면 더 높은 가격으로 진입하여 거래할 수 있다. 트레이더가 겪는 경험 중 하나는 자신이 매도 후에 재상승을 지켜보고 쓴 웃음을 지을 때가 많다. 시장 재상승의 판단요소는 상승폭의 정도와 상승강도 유지를 지속적으로 살펴봄으로써 가능하다. 그리고 상승추세가 유지되어야 한다. 추세가 진행 중인지 반전을 하고 있는지를 알아내는 것은 매우 중요한 요소이다. 추세의 유지와 진행이 확실하다면 거래를 추가적으로 처음 혹은 다시 시작할 수 있다.

이때 주의할 점은 가격 분출이 다 끝난 것은 위험할 수 있다. 가격의 충분한 상승 이후 바로 연속해서 재진입하는 것은 함정에 빠질 위험을 내포하고 있다. 일반적으로 하루동안 하나의 강세시장의 큰 시세분출은 보통 1~3회 정도 이루어진다. 이를 식별해내는 데는 인내와 관찰이 필요하며 시간이 걸린다. 시장에 진입하기 위해서는 언제나 집중과 관찰이 필요하다. 그러면 언제든지 뛰는 말에 오를 수 있다.

6 이상적 진입과 퇴출 타이밍

트레이더가 시장 진입과 퇴출의 정확한 결정은 거래의 성공과 수익을 올리는 가장 중요한 요소의 하나다. "트레이딩은 타이밍의 예술이다."라는 말은 이의 중요성을 일컫는다. 시장의 움직임은 가격과 시간이라는 두 개의 축이 맞물려 움직임의 강도와 흐름을 갖는다. 여기에서 트레이더는 시장진입시간의 선택과 보유시간의 길이를 정확하게 예측하고 확정해야 한다.

시장의 가격은 시간에 따라 변동을 하기 때문에 아무리 강세의 시장에서도 적절한 매매 타이밍의 결정 없이는 수익창출이 어려워지고 약세시장일지라도 올바른 타이밍의 선택은 거래의 성공확률을 높여준다.

매매시간의 선택을 효율적으로 하기 위하여 시간에 따른 가격 형성의 모습과 가격이 시간에 따라 변화하는 시간 사이클을 이해함이 매우 중요하다. 가격의 상승강도(기울기)에 따라 보유시간의 길이가 달라질 수 있다. 또한 가격상승, 하락의 폭에 의해서도 매매시점을 선택할 수 있다.

7 이상적 거래주문실행

① 거래 규모의 조절

트레이더가 수익창출과 수익을 극대화할 수 있는 가장 강력한 전략은 거래 규모를 효율적으로 실행함에 있다. 시장이 자신에게 유리한 쪽으로 움직일 때는 그 자금 규모를 과감히 늘려 수익을 배로 증대시킬 수 있는 것이며, 불리한 입장에서는 규모를 축소하여 손실을 줄여 자금의 운용을 합리적으로 할 수 있다. 흔히 트레이더는 손실이 나는 거래에서 크게 거래하고, 성공적 거래에서 거래규모를 줄이는 경우가 많다. 성공적 거래는 이와 정반대로 해야 한다. 거래자금을 잘 운용하면 여러 차례의 거래손실이 일어나도 한두 번의 성공적 거래로 손실을 만회하고 수익을 가져올 수 있다.

② 일괄주문 · 분할주문의 선택과 실행

분할주문의 선택여부는 자신의 자금과 위험관리기법에 따라 결정하고 또한 자신의 거래스타일에 따라 결정할 수 있다. 시장의 움직임이 강력하고 빠르게 상승중이라면 분할주문보다는 한 번에 일괄적으로 거래규모를 정하고 시장이 상승을 멈추고 조정을 보일 때에는 분할하여 주문하는 것이 바람직할 수 있다. 분할주문의 목적은 자금의 효율적 관리, 즉 손실위험을 줄이고 수익을 최대화하기 위한 것으로 분할이나 일괄매매가 어느 한 쪽이나 양쪽으로 유리한 방식을 선택한다. 만일 분할매수 주문을 결정한다면 최초의 주문거래에서 거래규모를 제일 크게 하고 점진적으로 규모를 줄이는 방식(pyramiding)이 자금운용에 효율적이다. 분할매도는 2~3회 정도 나누어 목표수익 예상지점이나 주요 저항선에서 하는 것이 적합할 것이다.

8 위험회피와 거래전략

시장은 대부분 위험구간으로 덮여있다고 말할 수 있다. 위험한 때와 그 위험구간을 명확히 인식하는 것은 매우 중요함에도 이를 잊기 쉽다. 위험은 곧 자금손실이라는 것을 철저히 명심해야 하고, 실제손실이 일어나면 스스로 책임을 갖고 행동해야 한다. 그리고 거래준비 부족은 이러한 위험 결과를 배가시킬 뿐이다.

5. 5가지 거래심리장애와 극복방법

거래시 심리행동원칙

한 개인이 시장에서 다양한 방식으로 거래의 실수를 범하게 될 수 있는데 이러한 실수는 지속되는 경향이 강하다. 그리고 하나의 실수는 다른 것과 복합적으로 작용하는 경우가 많고 이때 그것은 또 다른 실수를 유발시킨다. 역으로 표현하면 한두 개의 실수를 줄이면 연관된 여러 다른 실수도 동시에 줄일 수 있다.

여러 가지 많은 거래상 실수는 기회에 대한 태도 및 진입과 퇴출 문제에 있다.

다음에서 기회에 대한 관찰 및 진입과 퇴출에 관한 심리행동의 유형과 극복과정에 대한 심리행동 원칙에 대하여 설명하고자 한다.

❶ 기회를 집중 관찰하지 않고 방심하는 것
(어떠한 강세도 무시하지 말라.)

좋은 기회란 수익을 극대화할 수 있는 절호의 찬스이다. 이러한 거래는 많이 있지만 실제로는 극히 한정된 시간이나 기간에 주어진다. 이러한 기회를 관찰하지 않거나 보고도 인식을 회피한다든가 하여 방심한다면 트레이딩을 해야 할 이유가 없다. 즉, 트레이딩을 포기한 것이나 다름없다. 특히 강세시장을 보지 않고 방관하는 것은 황금알을 보고 지나치는 경우와 같은 것이다.

예를 들면 신고가를 형성한다든가, 주요 저항선인 전고점이 돌파된다든가, 신저가에서 가격의 급등이 이루어진다든가, 과매도로 인하여 급락에 따른 급반등이 예측될 때는 일반적으로 호기가 주어진다. 이러한 것들을 보지 않거나 집중하지 않으면 수익은 없는 것이다. 따라서 보다 집중력을 갖추기 위해서는 미리 준비하고 전략을 갖추어야 한다.

그리고 자신의 거래시장에 대하여 보다 선택적이어야 한다. 상대적 강세가 일반적으로 보다 좋은 기회를 제공한다. 이러한 시장의 가격상승에는 다 그럴 만한 충분한 이유가 있기 때문이다.

2 약세시장이나 시세분출에 성급히 진입하는 것

① 위험을 회피하려고 하는 것은 인간의 안전욕구 본능에서 비롯된다.
(약자를 피하고 강자를 선정하라.)

활발한 시장이 손실이 날 확률이 많다고 느껴질 수 있다. 그와 반대로 활력이 적은 시장은 편안하게 느껴지고 수익을 안겨줄 것이라고 생각할 수도 있다. 가격이 낮기 때문에 더욱 크게 상승할 수 있다고 단정할 수도 있다. 이렇게 생각하는 것이 투자자들의 일반적 사고 패턴이다.

혹자는 시장에 대한 이해 부족으로 모르고 그럴 수도 있고, 혹자는 알면서도 자신의 사고방식을 바꾸지 못하여 활력 없는 편안한 시장으로 달려가는 것이다. 편안한 곳에서 황금알을 캐 보았는가? 아마도 대부분은 그 반대일 것이다.

비활성의 약세시장의 선택은 대개 두 가지 큰 위험을 가져온다.

첫째, 들어간 시장에서 가격 움직임의 둔화나 자신의 생각과는 다른 방향으로 진행되는 경우가 많다. 특히 지지선이 붕괴되어 하향으로 추세가 전환되면 매우 빠르게 급락하게 된다. 이렇게 될 때 이로 인한 손실의 가능성이 매우 커지는 결과를 초래한다.

둘째, 시간의 함정에 빠져들게 된다. 시장은 동시성의 원리에 따라 같은 시간 약세나 강세가 상승시점에 놓이게 된다. 이때 자신이 약자를 보유하고 있다면 자신의 것은 상승이 없거나 미미한 상승을 하게 되지만 다른 강자는 큰 폭으로 상승이 이루어짐에도 이를 선택할 수 없는 기회의 손실을 가져온다.

편안하고 안전하다고 생각되며 아직 뜨지 않았으므로 더욱 상승하리라는 기대를 갖는 데 이는 자신이 예상하고 정해 놓은 주관적 기대일 뿐이다. 그러나 약세시장은 대부분 자신의 낙관적 기대욕구를 실현시켜 주지 못한다. 이러한 시장은 자신의 미래에 대한 생각이나 믿음과는 전혀 무관하게 움직이기 때문이다. 시장에 대한 우리의 안전욕구는 매우 깊고 크게 잠재의식에 숨겨져 있기 때문에 단번에 휴지통에 버리기가 쉽지 않다.

변동성이 큰 시장은 '고위험 고수익'이 발생할 수 있다. 그러나 대개의 경우 활력이 없는 약세시장은 일반적으로 '고위험 저수익'을 가져온다. 반대로 활력이 있는 강세시장에서는 '저위험 고수익'의 확률이 높다. 그렇다면 어디로 가는 것이 현명한 선택의 길인가는 자명해진다.

진정한 기회에 대한 식별능력이 매우 중요하다. '약자를 버리고 강자인 비교우위에 있는 상대적 강세를 바라보고 이것을 선정하라.'

그리고 또한 시장의 흐름이나 추세를 위반하지 말고 매매신호체계를 잘 따라야 할 책임과 의무가 있다. 신호를 위반하면 벌을 받고 벌금을 톡톡히 내야 속박의 굴레에서 빠져 나오게 된다. 신호를 지키면 잘 지켰다는 두둑한 상금의 보답이 주어질 것이다.

② 성급함은 주로 우리의 이기적 욕심에서 비롯된다(인내하면서 기다리고 이성적 행동을 하라).

트레이더에게 좋은 거래기법이나 멋있는 제반 원칙들도 고주파수의 심리적 동요에는 무용지물이 되어 물거품이 되는 경우가 매우 흔하다. 자신과의 철저한 약속, 행동계획, 거래전략 이 모두를 일순간 쓰레기통에 넣어버리고 마는 때가 있다.

트레이더도 인간인지라 감정을 완전히 벗어나기 힘들다. 때로는 감정적으로 시장을 대하는 경우가 있다. 그 결과는 달콤한 느낌이 아닌 쓰

라린 통증을 수반한다. 그것은 아마도 기억조차 하고 싶지 않을지도 모른다. 그러나 그것은 지워지지 않는 저장장치에 보관되어 자신을 괴롭힐 것이다.

시세분출로 인한 황홀감에 대한 강한 마력의 유혹에 넘어가고 싶어지는 충동은 인간의 자연스런 이기적 본능이라 할 수 있을 것이다. 기대에 찬 황홀감은 기대하지 않았던 절망과 좌절로 자신을 순식간에 역전시켜 놓는다. 시장을 바라볼 때 이성적 마음의 눈으로 보지 않고 감각적 육체의 눈으로 볼 때 유혹의 마력은 더욱더 강력해진다.

모두 그럴 듯하게 보이는 시장기회는 진실된 기회인가? 진실을 허위로 포장한 가장된 기회인가? 하루 동안 여러 시장에서 기회는 다양하게 산재하지만 하나의 개별시장에선 몇 번 정도의 훌륭한 기회를 제공한다. 이 몇 번 정도가 사실은 성장에 이르게 해주는 진정한 기회이며 시장에서 승리하고 성공하는 길을 만들어 준다.

충동적 본능을 이성의 힘을 빌어 제어하고 빨간 마력적 활화산의 유혹에 이끌리지 않으려면 탐욕의 이기적 자아가 아닌 중용과 절제, 무욕·무소유의 자아가 되어서 시장의 법칙과 자연의 질서 세계와 함께 호흡하고 그의 순리적 흐름에 맡기는 마음의 여유를 간직함이 필요할 것이다. 진입이나 퇴출할 때의 잘못된 타이밍, 본전을 찾고자 하는 마음에서 비롯되는 오버트레이딩은 대표적인 감정적 거래에 해당한다.

3 강세시장에 망설이고 진입을 하지 않는 것 (망설이지 말고 즉시 진입하라.)

상승 탄력을 받은 강세시장이 잠시 하락조정을 보이거나 지속적으로 연속상승이 일어날 때는 대부분 좋은 거래기회를 제공해 준다. 특히 전고점 돌파가 이루어지고 추가 상승가능이 있을 때에는 망설이거나 진입을 너무 낮게 최저의 가격으로 들어갈 수 있는 시간적 여유가 별로 없다.

시장이 제공한 기회수익을 다 완벽하게 먹을 수 있는 것이 아니므로 조금은 양보한다는 마음으로 욕심을 내지 않는다면 상승이 지속적으로 일어날 경우 상승 대열에 적극 동참하는 것이 기회상실에 대한 아쉬움보다 최고는 아닐지라도 주어질 수익을 손에 넣는 현명한 행동일 것이다. 이때는 망설이지 말고 빨리 진입하는 것이다. 즉각적이고 자동적으로 과감하게 진입해야 한다.

트레이더는 자신의 트레이딩 초반기에 강세시장이 힘들고 어렵게 느껴지는 상황이라고 생각할 수 있다. 그 상황이 빠르고 역동적 모멘텀을 갖기 때문에 위협적으로 간주되기가 쉽다. 그러나 분명한 사실은 움직임이 있는 곳은 언제나 수익 가능성이 있는 곳이다.

그리고 (초)강세가 하락할 경우 특히 급락이 상당한 폭으로 일어났을 경우, 반등 가능성이 있는 것이라면 이것보다 더 좋은 가격의 호재는 없을 것이다. 누구나 군침을 흘리고 있을 것이기 때문이다. 또한 상당한 정도 조정을 보이면서 특정한 저점이 지지선으로 확인되어 매수 신호임을 나타낼 때에는 반드시 진입해야 결과의 열매를 맛보는 승리를 거둘 수 있게 된다.

망설이는 자는 실패한 것이다. 처음에는 보이지 않는 길일지라도 들어가 보면 앞으로 길이 있는지 없는지 알게 될 것이다. 펼쳐진 길에는 계속 전진하고 막힌 길은 되돌아 갈 수밖에 없는 양자 택일의 길밖에 없다. 아주 확실하지는 않을지라도 확률적으로 승산이 크다면 대개의 경우 그 길은 뚫려있는 길로 작용한다. 그 보이는 길은 자신의 길이고 승리의 길이고 이 길로 걸어 왔다는 보상의 혜택이 기다린다. 이것이 곧 확률적 사고이다.

망설임은 대부분 두려움에서 비롯된다. 그러나 두려움이 있는 자는 소심한 겁쟁이다. 자신이 없어 자신을 의심하는 우유부단한 사람이다. 이는 승리의 성공 확률을 생각하기보다는 위험 가능성이 높은 것으로 시장을 바라보기 때문이다. 의사결정을 내리기를 무서워한다면 두둑한 보물을 가질 수 있는 자격을 거부하는 것이나 다름없는 것이다. 공포를 감싸 안고 이를 밟고 넘어서야 그에 대한 보수의 대가가 기다린다.

④ 포지션을 유지하거나 이상적 퇴출을 하지 않는 것 (지속 보유하라. 그리고 취하라.)

어느 시장이나 분명히 상승하는 이유가 있다. 일단 본격적 상승의 움직임이 일어나면 보통 크게 시세분출이 생긴다. 상승폭은 적은 경우 5~6%에서 크게는 9~10% 이상 상승한다.

자신이 선택하는 대부분의 종목 가운데 시세분출이 크게 일어날 가능성이 있는 것으로 압축해 놓았을 경우, 움직임은 거래량으로 비롯되고, 이때 대부분의 매수자는 시장에 참여하여 그들의 의사가 일치된 하나의 시세 있는 장을 형성한다.

이 경우 진입 이후 빨리 나와야 할 특별한 이유가 없다. 오히려 거래 규모를 늘려 추가(이른바 불타기 average up)하여 상당한 정도의 거래당 수익의 보따리를 챙길 수 있을 것이다. 그리고 참을성 있게 지켜보면 시장은 어디가 매도점인지 알 수 있는 신호를 제공한다. 물론 목표수익을 미리 산정하여 매도호가를 지정할 수 있지만 예상수익보다도 적은 경우가 발생할 수가 있다.

트레이더는 조그마한 수익이나마 만족하고 승리의 노래를 부르고 싶은 마음이 들기도 한다. 적은 이익의 열매를 확실히 먹어보고 싶은 충동이 일어날 수 있다. 모처럼 벌어들인 수익을 조금이라도 취하고 다시 놓칠까 두려워서 도망치듯 안전하게 빠져나오고 싶은 생각도 든다. 이 모든 요인은 자신의 의도와 관계없는 비전략적 즉흥적 퇴출방식, 즉 거래원칙의 퇴출 신호 체계를 따르지 않는 것일 뿐 진정한 승리의 길이 아니다.

이와 반대로 수익을 실현해 놓고 취하지 않는 것, 달리 표현하면 시장이

내게 준 보답의 떡을 먹지 않는 경우이다. 더 배불리 먹고 싶은 과도한 욕심이 순식간에 자신도 모르는 사이에 자신의 내부에 자라나서 그것이 시장 수준보다 훨씬 부풀려 있기 때문에 시장은 그것을 채워주지 못한다. 시장은 오히려 자신이 그것을 먹었다고 간주하므로 실제로 먹지 않았다 해도 그 떡을 다시 빼앗아가 버린다.

이것은 이미 자신의 떡을 시장에 되돌려 주려고 방관한 것이다. 즉, 이것은 매도신호를 위반하는 것이다. 수익을 극대화시키고 싶었던 이상적·환상적 욕구는 탐욕의 결과로 자신이 만든 괴로운 현실적 좌절, 후회, 불만족을 가져오게 한다. 미실현된 환상은 언제나 심리적 좌절을 낳게 한다.

결론적으로 올바른 시장진입 포지션에서 인내하면서 끝까지 적절한 매도점까지 추세를 따라가며 오히려 여유 있고 즐거운 마음으로 시장의 흐름과 함께 호흡하고 조화를 이루는 것이다. '끝까지 보유하고 때가 되면 취하라.' 이것이 바로 수익을 최대화하는 것이 되고 진정한 승리자가 되는 것이다.

5 잘못 진입한 거래에서 즉시 빠져나가지 않는 것 (손실을 멈추고 빨리 빠져나가라.)

시장은 항상 훌륭한 수익을 제공하기도 하지만 그 이면에는 불확실성으로 인한 손실가능위험이 언제나 작용하고 있다. 트레이더는 때때로 인간적 실수로 시장진입을 잘못하는 경우가 발생할 수 있는데 이때는 빨리 빠져 나와야 한다.

이것저것 생각하고 고려해야 할 시간적 여유가 전혀 주어지지 않는다. 초보 트레이더는 여기서 본전 찾기를 한다든가 희망적 기대를 건다든가 하는 경우가 많은데 이것은 자신에 대한 왜곡된 고집이고 자신의 잘못을 인정하지 않으려 하기 때문이다. 오히려 시장에 대한 배신감마저 느끼고 사치스러운 환상을 동원하기도 한다.

이러한 환상적 기대에 몸을 기대고 맡기는 것은 자신의 자연 발생적 내부의 이기적 본능에 충실하려 하기 때문일 것이다. 자신을 합리화하고 정당화하고 변명하고 시장을 비난하고 시장의 잘못을 지적한다. 이는 잘못하고 있는데도 무모하게도 포지션을 추가(이른바 물타기 average down)한다면 그에 대한 책임의 대가는 무모한 만큼 시장에 더 지불해야 할 것이다.

시장의 상승추세가 역전되어 하락으로 반전된다면 누구나 매도를 빨리하려고 아우성일 것이다. 빨리 잘라야 출혈을 멈추는 것이기 때문이다. 이것은 당연한 일이다. 어느 누가 자신의 소중한 돈을 버리고 싶어하겠는가? 추세전환으로 자신의 기대가치의 실현욕구 수준은 무너진 것이다. 내던지고 보자는 것이다.

내가 빨리 안 빠져 나가면 남이 먼저 나간다. 그래도 박자를 맞추어 나갈 필요는 있지만 어쨌든 잘못하고 있는 것이라면 가능한 신속한 판단과 빠른 행동이 요구된다. 미련이나 기대보상심리를 잘라내는 것이 손실을 최소화하는 것이다. 손절매는 자신의 기대보상심리를 손절매하는 것부터 시작된다.

자신이 지금까지 저지른 가장 큰 손실을 기억해보라. 횟수는 많지 않을지라도 얼마나 큰 괴물을 만들었는가? 이 괴물은 자신의 온갖 공든 탑을 한방에 날려버리지 않았는가? 빠져나가지 않고 속박당한 현실 속에서 사는 악몽 속의 현실에 사는 사람이 된다. 이러한 모습의 실증적 존재가 되고 싶은 사람은 아마도 없을 것이다.

6. 성공적 트레이더의 발전과정

❶ 성공적 트레이더가 되기 위한 기본 2과정

(1) 경험(시행착오의 극복과 훈련과정)

모든 현재가격은 현시점에서 수급상 균형가격을 이루고 모든 트레이더
에게 기회를 제공한다. 시간의 선택에 관한 것을 제외하면 시장은 모든
사람에게 동일한 조건으로 존재하며 동일한 기회를 부여해 준다. 그러나
각각의 트레이더에게는 이와 같은 시장이 거래실행을 위한 것으로 인식
되거나, 자신이 생각했던 것이 좋은 기회였는데 놓친 것에 대하여 고민하
거나, 아니면 기회인 줄 알면서 두려움 때문에 거래수행을 실행하지 못
하는 입장에 놓이게 된다. 그러나 시장은 자신이 인지하는 방식을 만들어
주는 것이 아니라 자신이 인지하는 방식으로 기회를 만들어 준다. 즉, 시
장은 어느 주어진 시간에 자신의 내부가 어떻게 변화되고 움직이는지를
반영한다. 자신이 시장가격의 움직임에 대하여 의미를 부여하는 셈이다.
예를 들면 어느 트레이더한테는 하나의 틱 혹은 호가가 결정적 손실을 낳
을 수 있고, 어느 트레이더한테는 최고의 매도기회가 되고, 다른 트레이
더에게는 훌륭한 매수의 기회로 생각될 수 있는 것이다. 현재의 가격이
'조정이냐, 추세의 지속이냐, 반전이냐'를 인식하는 것은 자신의 내면적

인 믿음이고 이것에 따라서 자신은 시장의 기회에 어떤 의미를 부여하고 의사결정을 하게 된다. 여러 가능성에 대한 자신의 특정한 방식을 선택하는 것이다.

시장에서 자신의 의사결정에 대한 결과는 즉각적으로 이루어지고 자신의 마음을 제외한 어떠한 것도 변화시킬 수 없다는 것을 트레이더는 알게 된다. 더 좋은 결과를 만들기 위한 힘은 정신적 융통성에 달려 있다.

자신에 대한 수용력이 부족하면 변화에 따른 정신적 융통성이 결여되고 이해의 부족을 낳게 된다. 자신은 시장이 어떻게 움직이든 그것을 변화시킬 수 없다. 변화시킬 수 있는 것은 객관적으로 시장이 어떻게 움직이는지를 이해하고 아는 자신의 인식 방식이다.

잘못된 사고는 기대가치에 대한 잘못된 믿음에서 나올 수 있다. 거래는 미래의 기대에 대한 믿음이 존재하기 때문에 이루어진다. 따라서 믿음의 방식은 체계적이고 효율적인 가능성을 지니고 있어야 한다. 자신의 기대가 반드시 충족되리라는 욕구로부터 자신을 완화시키고 해방시켜야 한다. 그러면 시장기회에 대한 인식의 관점이나 방식이 보다 객관적으로 변경된다.

➡ 좋은 경험을 쌓기 위하여 다음의 과정이 기본적으로 필요하다.
- 자신의 목적에 부합하는 믿음을 형성시키고 심리적 자아를 조절하는 능력을 길러야 한다.
- 전체적인 시간의 관점에서 시장을 바라보는 큰 그림, 즉 시장을 보는 안목을 길러야 한다.
- 시장에 대한 인식능력을 아주 객관적으로 조절할 수 있는 방법, 즉 객

관적인 정신의 융통성을 배워야 한다.

- 시장에서의 수익의 기회가 있는지 없는지를 구별하는 능력을 배워야 한다.
- 객관적 인식의 방식(자신의 거래기법)으로 거래하며 직관적 통찰력과 실행능력을 배워야 한다.

(2) 성장(변화를 통한 정신적 진보의 과정)

하나의 믿음의 체계(생각의 틀)는 자신의 시장변화와 환경을 수용할 수 있는 마음으로부터 시작된다. 이러한 믿음의 체계가 발전하면 자신을 변화시키고 성장하게 하여 보다 발전된 새로운 심리조절능력과 정신기술을 터득하게 된다. 이는 새로운 차원의 자신을 만드는 것이다.

자신의 내부에 있는 것이 자신감이나 두려움, 수익이나 손실의 기회인식, 절제된 자아나 무절제한 탐욕, 객관성이나 비뚤어진 환상 등 무엇이든지 이러한 요소들은 시장에 대한 자신들이 만든 심리적 반영일 뿐이고 시장이 직접 이러한 자신의 정신구성요소를 만들지는 않는다. 그러므로 새로운 자아로 성장하기 위하여는 자신의 내부에 오류된 혹은 부정적·심리적 구성요소가 자리잡고 있다는 것을 받아들일 수 있는 마음의 자세를 갖추어야 한다. 현재 새로운 믿음의 체계를 배양시키는 것은 자신의 거래환경과 조건을 새롭게 좋은 것으로 변경할 수 있는 기본 바탕을 만드는 것이다.

자기수용이란 자신의 단점, 약점, 부족한 점, 부정적 믿음이나 사고, 잘못된 습관이나 행동 등에 대한 인식이고 그를 인정하는 것이다. 자신의 모든 심리적 구성요소에 대하여 나열해 보고, 점검해 보고 재평가해 보아야 한다. 자기수용이 결여되면 자신의 부정적 요인을 부정하게 되는 환상과 오류에 빠져 효율적 정신기술을 배울 수 없을 뿐만 아니라 자신에 대한 성장을 할 수 없게 된다.

결국 변화과정의 가장 기본요소는 현재 상태의 부정적·방어적 믿음체계를 인정하고 제거하여 새롭고 긍정적인 차원의 자신을 만들어 성장과 발전의 단계에 진입하는 것으로 시작된다.

변화와 성장 이것이 바로 성공적 프로트레이더가 되는 중요한 요소가 된다.

2 성공적 트레이더의 시장접근 3단계

(1) 기회에 대한 인식(인지)능력(정보에 대한 내적 의식)

기회를 인지한다는 것은 시장에 대한 통찰력의 과정이다. 깊은 통찰력이 있으면 시장에 대한 식별력이 보다 깊어지고 질이 높아진다. 객관적 관점에서 식별력은 기회의 확률을 높여 준다. 식별력을 기르기 위한 두 가지 과정이 있다.

첫째, 철저하게 훈련된 거래기법의 개발
둘째, 과거의 경험에 축적된 부정적 감정의 에너지로부터 자신을 해방시키는 방법이다.

훈련된 거래기법은 자아신뢰도를 높이는데 도움이 된다. 훈련이 안 되면 때때로 자신의 무절제한 충동이나 통제로부터 자유로울 수 없고 자신의 행동에 대한 예측능력이 떨어지고 두려워하게 된다. 두려움은 시장에 대하여 불규칙적으로 일관성을 잃게 되어 예측가능성을 떨어지게 한다. 따라서 자신의 인지에 영향을 주는 두려움에 관하여 보다 철저히 이해하는 것이 필요하다. 두려움은 정보에 대한 명확한 인식을 제한한다. 이것은 결국 시장에 대한 자신의 행동에 부정적 영향을 미친다. 그리고 두려움은 시장에 대한 큰 그림의 시각(안목)을 갖지 못하도록 한다.
훈련된 거래기법으로 시장에 적응하지 못했을 경우에 트레이더는 심리적·정신적 손상(고통)을 겪을 수 있다. 이러한 심리적 손상은 두려움을 만드는 원인이 된다. 심리적 손상의 경험은 부정적 에너지로 기억 속에 저장된 정도의 크기로 두려움을 생성한다.

자신을 고통에서 이완시켜 두려움을 줄이고 시장에 대한 특성을 새롭게 인식하는 개방적 태도를 갖추어야 한다. 고통을 회피하는 데에 초점을 맞추지 말고 시장이 어떻게 움직이고 있는지 시장의 목소리에 귀를 기울여야 한다. 고통으로부터 자신을 해방시키는 것은 스스로 정신적·심리적으로 자유로워지는 것이다. 그러면 시장에 대한 인지방식이 새로워지고 결과적으로 시장에 대한 반응에 자신감을 갖게 되어 창조적 생각이 나오고 시장상황에 대한 적응능력이 생기는 것이다.

➔ 시장에 대한 인지 내용은 다음 사항이 고려되어야 한다.
- 기술적 분석을 바탕으로 축적된 지식과 이로 인하여 생성된 통찰력과 식별력을 갖춤으로서 성공적 거래기회에 대한 인식능력을 높인다.
- 기회와 확률이 어느 시장에 있는지, 즉 시장의 강도추세변동성 등을 파악하고 자신의 주요 거래 시장을 주의 깊게 관찰한다.
- 기회에 대한 수익의 유무, 범위, 횟수, 적절한 보유시간 등 효율적 거래 방식을 알고 있어야 한다.

(2) 거래실행능력(효율적 의사결정의 과정)

거래를 할 수 있느냐의 여부는 시장에 대한 두려움이 어느 정도인가에 달려있다. 시장을 위협적인 것으로 보면 거래가 어려워지고, 반면 자신감을 갖게 되면 자신을 믿고 적절한 행동을 취할 것이다.

중요한 것은 두려움의 대상은 자신이 해야 할 것을 행동으로 옮기지 못하게 하는 자기자신의 내부에 있다. 두려움의 영향력은 명확히 나타나고 자신의 행동에 영향을 미치고 전혀 꼼짝 못하게 만들 수 있다. 완벽한 기회가 왔을 때조차도 거래실행을 할 수 없는 것은 자신의 내부 속에 존재하는 고통의 경험을 이완시키지 않았기 때문이다. 그리하여 자신을 믿지 못하여 의심하고 적절한 행동을 취할 수 없게 되는 것이다. 이러한 두려움은 객관적 판단력을 약화시켜 망설임의 요소가 되거나 때로는 반대로 성급함을 일으키기도 하여 의사결정을 방해하게 된다.

➜ 거래실행능력향상에는 다음 요소들이 포함된다.
• 두려움을 이완시키고 극복하여 자신감을 회복해야 한다.
• 자신을 불신하면 망설이고 거래에 대한 확신을 가질 수 없다.
• 결단력이 있어야 한다. 결단은 결과의 성패에 관계없이 행동하는 것이다. 행하고 실행하지 않으면 트레이더로서 자신의 존재 목적이 무의미하다.
• 효율적 거래능력을 개발하기 위하여 거래기법과 심리조절능력이 함께 갖추어져야 한다.
• 거래실행의 과정은 감정을 개입하지 말고 절제되고 훈련된 방식으로 해야 한다.

(3) 수익축적능력 (자아가치실현)
하나의 거래 혹은 여러 거래에서 수익축적은 일어날 수 있고, 시간이 지나면서 지속적으로 자금의 축적이 이루어지는 것은 궁극적으로 자신에 대한 가치실현인 것이다. 거래의 성공을 통한 자금의 지속적 축적은 심리적·재정적 안정과 자유를 누리게 되고 아울러 인생의 삶에 대한 만족을 누리고 자신의 가치는 실현되는 것이다. 이익창출을 통한 자아가치실현은 성공의 목적인 동시에 가장 중요한 정신구성 요소(내적 욕구의 자아가치 실현)를 이루는 것이라 할 수 있다.

➔ 수익축적의 방식에는 다음이 포함된다.

- '수익의 축적은 자신의 가치실현이고 이것이 성공적 인생의 궁극적 목적이다.' 라는 뚜렷한 목적의식이 현재의식에 자리 잡아야 한다.
- 수익의 축적은 가능하면 일정하게 지속적 방식으로 이루어져야 한다. 일정하다는 것은 '수익의 크기와 기간 목표를 매일 매월 달성하는 것이고 지속적이라는 것은 목표달성이 연속되어야 한다.' 는 것을 의미한다.
- 손익관리방식이 명확히 이루어져야 한다. '이익을 늘리고 손실을 줄일 것' 이라는 대략적 원칙만 가지고 있지 말고 구체적으로 어떻게 해야 할 것인가에 대한 세부적 계획이 있어야 한다.

결국 성공적 트레이딩이란 '이것이 기회다.' 라는 것을 명확히 인지할 수 있는 식별능력, 이때에 주문실행을 자동적으로 즉각 행할 수 있는 실행능력, 그리고 목표이익을 달성하고 굳히는 수익축적능력을 통하여 이루어진다.

3 성공적 트레이더의 심리발전 4단계

(1) 기대와 혼란의 단계(새로운 세계의 경험으로 기대와 손실과 시행착오의 시기)

초기의 경험단계로 시장에 대한 지식과 경험이 없으므로 시장접근에 있어서 호기심과 새로운 도전을 하게 된다. 즉, 시행착오와 시장학습의 경험을 하게 된다.

➡ 시행착오(혼란기)

트레이더가 인생 처음 시장을 직면한다면 시장에 대한 지식은 부족하고 시장은 변화무쌍하기 때문에 매우 혼란스럽고 어떻게 자신의 행동방침을 결정해야 할지 판단하기 어려울 것이다.

➡ 시장학습(식별기)

경험이 증가됨에 따라 시장에 대한 지식과 분별력이 쌓이고 시장적응과 이에 대한 대처능력이 축적된다. 이것은 분명 예전보다 거래를 효율적으로 진행시킬 수 있는 발전된 단계에 이른 것이다.

(2) 갈등의 관계(정신적 · 심리적 장애의 과정으로 반복적 손익교차의 시련시기)

트레이더는 원하는 것, 기대하는 것(기대수익)과 얻지 못한 것(손실과 실수)의 현실적 차이 때문에 심한 갈등을 겪게 될 수 있는데 이러한 차이로 인하여 트레이더는 심리적 · 정신적 스트레스를 겪지 않을 수 없다(고통기).

심리적 갈등은 원하고 기대하는 것(환상)과 얻지 못한 것(좌절)의 현실적 차이, 무한한 수익기회를 인식하는 것(인지능력)과 결과적으로 아무 것도 얻지 못한 것(실천능력)에 대한 불만족, 시장을 이해하고 아는 것(지적 분석능력)과 지속적 수익을 만들어내는 것(창조능력)과의 차이, 생각했던 바대로 실제로 일어난 것(예상능력)과 그에 대해 관찰만하고 아무 것도 하지 않았던 것(우유부단)에 대한 괴로움, 시장을 예측하는 것(예측능력)과 실제로 적절히 시장진입을 하는 것(실행능력)과의 거리감 등에서 비롯된다.

트레이더는 이러한 차이점을 극복하지 못하면 다음의 8가지의 심리적 갈등을 겪는다. 이때 트레이더는 새로운 관점에서 자신의 심리적 장애를 분석하고 자신의 생각, 언어, 행동을 관찰하고 자신의 감정문제에 대하여 올바른 자세와 태도를 유지해야 한다.

➜ 8가지 심리갈등

- 불안, 두려움, 공포
- 기대, 희망, 환상, 과신
- 망설임(주저), 혼란, 의심
- 성급함, 인내의 결핍, 흔들림
- 후회, 좌절, 낙심, 실망
- 분노(열 받음), 복수, 자기파괴
- 무분별, 무모함, 무책임
- 합리화, 정당화, 변명

이러한 감정의 문제는 각각 혹은 서로 작용하면서 다음과 같은 거래의 실수요인을 만들어낸다.

➜ 관찰상의 문제
- 시장의 움직임에 방관하고 관찰하지 않는 것
- 거래영역과 가격 패턴을 확인하지 않는 것
- 강세의 선정과 추세를 확인하지 않는 것
- 매수·매도 신호를 읽고 확인하지 않는 것

➜ 시장진입의 문제
- 강세시장에 망설이는 것
- 약세시장에 진입하는 것(매수신호가 없고 의심나는 곳에 진입하는 것)
- 하락추세가 진행 중일 때 진입하는 것
- 횡보추세가 진행 중일 때 진입하는 것
- 위험을 인정하지 않고 진입하는 것
- 최적 가격으로만 진입하려 하는 것
- 매도신호나 시세분출 이후 진입하는 것

➜ 시장퇴출의 문제
- 올바른 진입을 하고 보유하지 않는 것
- 잘못된 거래에서 즉각 나오지 않는 것
- 최적 가격으로만 매도하려 하는 것
- 매수신호에 매도하는 것

(3) 일치의 단계(주관적 욕구와 객관적 목적의 일관된 통합과정으로 지속적 수익창출의 성장도약시기)

이 단계는 심리적 갈등구조에서 보여주는 여러 차이점들을 좁히고 일치시키는 과정으로 자신의 욕구나 믿음을 현실적 기대목적과 일치시키고 통합하는 단계이다. 그러나 실제로 이러한 차이점을 극복하는 사람들은 얼마되지 않는다. 대부분 어느 정도의 좌절과 실패를 경험하지 않을 수 없다. 거래기술적 측면에서 볼 때 이 단계는 갈등의 단계와 비교할 때 매우 큰 도약이다.

일관된 승리의 단계에 도달하기 위해서는 우선 시장위험에 대한 진정한 수용과 결과에 대한 전적인 책임이 반드시 고려되고 실천되어야 한다. 그리고 확률적으로 생각하는 것이다. 이때 비로서 갈등단계에서 열거한 감정의 부담이 줄고 다양한 실수의 반복이 감소하게 되는 것이다.

진정한 성공적 트레이더의 목적은 분명히 일관되고 지속적 승리자가 되는 길이다. 이는 승리하는 태도, 올바른 마음의 자세, 긍정적 정서, 확률적 사고방식을 갖추었을 때 일관된 승리자가 될 수 있는 것이다.

일관된 승리자는 시장의 움직임에 대하여 감정적 부담이 없는 객관성을 유지하는 사람이다. 시장의 본질적 특성(유혹과 배반, 손익에 무책임), 거래의 본질(무한한 수익기회의 자유와 손실책임에 대한 확률게임)에 대한 충분한 이해와 함께 자신이 시장기회의 흐름에 들어가서 그 흐름에 순응하고 조화롭게 동조하는 사람이다.

기회를 인식하는 것과 결과적으로 얻지 못한 것에 대한 불만족에 대한 내적인 갈등이 없어질 때에 자신은 평온한 상태로 시장의 호흡과 리듬을 같이하며 시장의 흐름에 자유롭게 들어가고 나올 수 있게 된다. 그러면서 자신을 활용하여 시장이 주는 기회를 거두어 들이는 것이 시장의 흐름, 자연의 리듬에 조화롭게 자신을 조율하는 것이다.

일관성, 즉 지속적 승리자가 되기 위해서 트레이더는 또한 지식과 기술을 일치시켜야 한다. 자신의 지식과 경험을 바탕으로 거래기법과 심리기법을 상호 통합시키는 일이다. 그리고 좌뇌의 분석적 기능과 우뇌의 직관적 기능을 일치시킬 때 트레이딩의 효율성은 극대화된다.

(4) 창조적 직관의 단계(새로운 가치창조의 과정으로 최대수익창출의 완성시기)

자신의 내적인 평온이 유지되고 내부의 진실된 소리에 경청하게 되면 집중된 상태에 이르고 이는 곧 직관과 통찰력으로 이어진다. 앞에서 언급한 대로 직관은 창조적 지혜의 원천이고 물음에 대한 응답으로 문제를 해결하는 단서를 제공한다.

대부분의 놀랍고 위대한 일의 결과들은 직관을 통한 창조적 산물이다. 트레이더가 이러한 창조성을 갖게 되면 자신이 원하는 바를 극대화시킬 수 있을 것이며 시장이 주는 기회를 활용하여 자유롭게 수익을 창출할 수 있다. 이렇게 될 때 트레이더는 창조적인 자유인이 된다.

이러한 창조는 자신의 존재목적을 확인시켜 새로운 의미의 정체성과 향상된 자아가치를 실현시켜 줄 것이다.

트레이더의 심리발전 4단계

혼 돈 ➡ 갈 등 ➡ 일 치 ➡ 창 조

7. 성공적 트레이더의 사고방식/태도

여기서는 트레이딩과 시장의 본질 및 트레이더가 갖추어야 할 사고방식인 확률적 사고와 불확정성의 원리에 관하여 기술한다.

⬆️ 트레이딩의 본질(기회의 자유와 손실의 책임에 대한 선택)

트레이딩은 하나의 사건 속에서 기회의 자유와 손실의 책임에 대한 선택 과정이다. 즉, 트레이딩의 특성을 간단히 표현한다면 '무한한 수익기회의 자유와 막대한 손실책임에 대한 확률 게임이다.' 라고 할 수 있을 것이다.

① 트레이딩은 확률적 게임이다.

트레이딩은 승패가 분명하므로 게임의 속성을 갖는다. 머리를 많이 사용한다는 측면에서 정신적 게임이다. 자금이 세어나간다는 면에서 트레이딩은 궁극적으로 분명 마이너스섬 게임이다. 승패와 관계없이 지속적으로 수수료와 슬리피지가 발생하기 때문이다.

그런데 여기서 중요한 것은 각각의 혹은 집합적 트레이딩에서 확률적으로 승산을 높일 수 있다는 점에 있다. 트레이더는 경험과 기술의 숙달에 따라 성공의 확률을 높일 수 있다. 소수의 성공적 프로트레이더는 승률과 수익률이 매우 높고 대부분의 트레이더는 그와 반대이다.

② 트레이딩은 매혹적이고 자유롭다.

트레이딩에는 무한한 수익의 기회 흐름이 지속적으로 유입된다. 시장은 멈춤이 없고 지속되기 때문에 시장기회에 있어서 거래의 대상과 시간의 선택에 있어서 무한한 자유가 주어져 있다. 언제 어디서나 포지션에 입출하는 것은 전적으로 자신의 자유로운 의사결정에 달려있다.

③ 트레이딩은 본질적으로 위험을 내포하고 있다.

트레이딩에서 손실과 잘못은 피할 수 없는 현실이다. 트레이딩은 모르는 무지의 변수, 불확정성의 원리가 작용하기 때문에 확률적 게임이다. 확률적이라는 것은 반드시 손실의 위험을 포함하기 때문에 대부분의 경우 매 거래마다 이것을 피하기 어렵다.

④ 트레이딩의 궁극적 성패는 자신의 마음의 틀에 달려있다.

트레이딩의 승패는 근본적으로 자신의 자세, 믿음, 사고방식, 마음의 방식에 달려있다. 이들은 거래기술의 성패에 영향을 준다. 남보다 똑똑하고 지능이 있고 시장의 분석적 지식은 부가적 요소이다. 〈트레이딩은 매우 어렵다〉, 〈트레이딩은 단순한 게임이다〉 이것은 실패자와 승리자의 서로 다른 심리적 표현방식이다.

트레이딩은 〈부분적으로 과학이고 부분적으로 예술이다〉라는 말이 있다. 수학적 계산과 물리운동의 법칙이 적용되기 때문에 과학이라 표현될 수 있으며, 기술(예술)적 측면에서는 트레이딩은 훈련되고 정교한 행동이 요구되기 때문에 예술이라 표현될 수 있다. 이러한 행동을 하기 위해서는 올바른 마음의 상태와 정신구조가 필요하고 이것이 곧 성공의 근원적 요소가 된다.

⑤ 트레이딩은 인생의 축소판이다.

트레이딩을 오랫동안 하다 보면 누구나 인생의 희노애락을 겪고 그 가운데 자신이 점점 성숙되어감을 경험하게 된다. 이러기 위해서는 지속적으로 배워야 하고 보다 높은 단계에 오르기 위하여 자기를 숙달하는 과정이 필요하다.

🏠 2 시장의 본질적 특성(유동성, 이중성과 중립성)

유동성(흐름과 변화) 시장은 시작, 중간, 종결이 없는 끊임없이 변화하고 움직이는 유동적 구조를 갖는다. 유동적이란 시장은 언제나 흘러가고 그 흐름의 방향은 고정된 틀을 갖지 않고 변화한다는 것을 의미한다. 시장은 쉬지 않고 변화를 일으키면서 환상의 세계로 유혹하거나 반대로 고통을 수반한 실망과 좌절의 경험을 맛보게 한다. 시장은 아주 변덕스러워서 생각대로 움직이지 않는다고 여겨진다.

이중성(유혹과 배반) 시장의 실체는 거대한 사람들의 집단이다. 개인이 아닌 수많은 사람들의 집합체이다. 우리가 시장을 관찰하고 분석하는 것은 바로 이러한 군중들의 행동 상태의 특성을 알아내고자 하는 것이다. 시장은 많은 대중으로 구성되어 있고 이들은 하나의 환경에서 다양한 행동을 하면서 움직인다. 시장은 바로 이러한 군중들의 심리행동을 반영하는 것이다.

군중의 각 구성원은 타인의 돈을 빼앗아 가려고 노력한다. 자신이 타인의 돈을 빼앗아 오려고 하는 동안에 타인은 자신의 돈을 탈취할 수 있다. 트레이더는 시장에서 여러 전문가나 능력 있는 투자자와 경쟁을 해야 한다. 시장은 흔히 전쟁터에 비유되기도 한다. 이기지 못하면 패자가 된다. 단순한 패자가 아니라 부상당하고 죽음의 순간이 닥칠 수 있다. 승리 없는 전쟁은 비참한 자신의 모습을 그려낸다. 재정적·감정적 손실로 인하여 가족을 잃고, 집을 날리고, 영원히 일어설 수 없는 처참한 불구자가 될 수 있다. 따라서 시장은 가혹한 환경을 갖는다.

중립성(비개성)시장에서 중개회사는 성패에 관계없이 언제나 돈, 수수료를 거래의 승패와 관계없이 고정적으로 가져간다. 뿐만 아니라 정부는 세금을 거두어 들인다. 일반 트레이더는 언제나 시장참여의 대가를 예외 없이 지불해야 한다.

그러나 시장에는 분명히 무한한 수익기회에 대한 다양한 자기표현을 실현할 수 있는 자유가 있다. 이것은 매혹적이고 실현 가능한 현실적 사실이다. 그렇지만 그 매혹의 이면에는 언제나 커다란 잠재적 위험이 도사리고 있다. 시장은 매혹적 자유와 위험손실을 트레이더가 선택할 수 있게 하는 모험적 행사장이다.

시장은 우리에게 무한한 자유를 실현할 수 있는 기회를 주기도 하고 동시에 굴욕적 손실을 경험하게 하는 모순되고 이중적이고 이율 배반적이라 느낄 수 있다. 시장은 자신에게 기쁨이나 황홀한 자극을 충족시키기도 하지만 이러한 기대가 무너지면 고통과 좌절의 구렁에 빠져 배반과 패배감을 안겨주고 자신을 스스로 파괴하게 만들지도 모른다.

이러한 모든 감정이나 생각들은 시장이 나에게 만들어주는 것이 아니라 전적으로 자신이 시장에 대하여 느끼고 그 정보를 해석하는 방식으로 시장에 대한 마음의 반영 상태를 나타낸다. 시장은 자신이 존재하고 있는지 조차도 모른다. 시장은 자신이 무슨 생각과 느낌을 갖고 있는지 알지 못한다. 시장은 자신이 어떠한 행동을 하든 그 행동결과가 어떻게 이루어지든 아무런 관심과 책임을 갖고 있지 않다.

트레이딩의 환경에서 시장은 자신의 믿음의 방식과 행동을 관여하지 않는 태도를 갖는다. 시장은 자신의 이익과 손실에 대하여 책임을 지지 않는다. 시장은 비개성적이며 중립적 특성을 갖기 때문이다. 자신의 거래 성패의 결과는 오로지 자신만의 책임일 뿐이다.

❸ 불확정성의 원리

양자역학에서 불확정성의 원리는 물리적 양을 측정한 결과 반드시 확정된 값을 가지는 것이 아니라 서로 다른 여러 개 값이 각각 정해진 확률(가능성)을 가지고 일어난다는 것이다.

트레이딩에서 유리한 입장이더라도 성공의 결과는 확정되어 있다고 할 수 없고 확률적으로 우세한 가능성을 나타낸다. 시장에서는 항상 모르는 미지의 힘이 작용되어 어떠한 일도 일어날 수 있는 것이기 때문이다.

그리고 시장기회에 대한 트레이더의 인지의 맹점이 발생하여 불확실성은 여전히 더욱 더 높아질 수 있다. 만일 자신이 잘못하고 있을 때 두려움이 생기면 시장의 기회에 대한 올바른 인식과 해석이 어려워져 시장의 흐름이 정확히 보이지 않기 때문에 엉뚱한 결과를 만들 수 있다.

다른 한편으로 시장의 기회에 관하여 자신이 전에 배워서 알지 못한 경우 현재 시장이 주는 기회를 인식할 수 없게 된다. 트레이더는 자신이 아는 것, 경험한 것을 내부에 받아들여 믿는 것을 토대로 하여 시장의 기회를 인식한다.

따라서 트레이더는 시장에 대하여 왜곡된 감정에 의한 닫힌 마음이 아닌 열린 마음을 갖고 자신을 활용하여 기회를 인식하면서 아는 변수와 모르는 변수를 동시에 고려하는 것이 매우 중요하다.

트레이딩의 성공비결은

① 두려움이나 과신 없이

② 현재의 기회 흐름을 인식하고 집중하면서

③ 자동적으로 시장흐름에 동참하는 능력과

④ 결과가 불확정적이라는 사실을 실질적으로 믿어야 한다.

시장의 가격움직임은 트레이더의 미래에 대한 믿음의 반영이다. 가격이 낮다고 생각하면 매수하고 가격이 높다고 생각하면 매도할 것이다. 이 두 가지의 힘에 의하여 가격이 결정된다. 균형상태는 서로간에 힘을 흡수할 때 일어나고 한쪽의 힘이 우세하여 불균형을 이루면 추세가 형성되어 시장이 한쪽으로 흐르게 된다.

각각의 트레이더는 가격을 움직이는 시장의 변수가 된다. 단지 하나의 트레이더라도 자신이 시장을 잘 안다는 생각이나 자만, 과신을 일시에 무력화시킬 수 있다. 우리는 시장의 행동패턴을 알 수도 있지만 시장에는 언제나 모르는 변수, 미지의 힘, 보이지 않는 손, 숨겨진 끊임 없는 변수가 많다.

시장에서는 언제나 자신이 기대하지 않았던 어떠한 일도 발생할 수 있는 것이다. 수 많은 사람이 포지션에 대기하고 있다. 그들 중 얼마나 많은 사람이 사고 팔지, 그리고 얼마나 많은 주식을 어느 정도의 액수를 사고 팔지 모른다. 그리고 포지션을 갖고 있는 사람들이 어떻게 마음을 바꿀지, 그 포지션을 유지할지 나갈지, 추가할지 삭제할지를 모른다. 포지션에 얼마나 오랜 기간 동안 있을지 다시 들어올지를 모른다.

이렇게 숨겨진 변수가 상존한다면 각각의 트레이딩의 결과는 불확정적이다. 그러므로 트레이더는

① 위험을 미리 한정하고

② 손실을 짧게 줄이고

③ 이익을 합리적으로 취하지 않을 이유가 없다. 만일 이러한 원칙을 지키지 않는다면 그것은 금전적·감정적 자살행위와 다름없는 것이다.

4 확률적 사고

확률적 사고는 트레이더가 시장에 대한 접근방식에 있어서 유리한 결과를 만들고자 승산이 높은 곳에 기대를 거는 것을 말한다. 확률적 사고의 행동은 시장에 대하여 두려움과 환상의 감정적 개입 없이 객관적 시각으로 일련의 연속적 거래에서 거래기법과 매매신호의 유리한 장점을 활용하여 승산과 수익을 증대시키는 실행과정이다. 이는 다음의 기본요소를 포함하게 된다.

① 시장에서는 어떠한 사건도 일어날 수 있다.

어떠한 사건이란 자신이 예상하거나 기대한 것과는 달리 벌어지는 일이다. 시장에는 언제 어디서든지 유리한 혹은 불리한 일이 발생할 수 있다. 시장에는 예측할 수 있는 분석적 지식정보인 아는 변수도 있지만 알 수 없는 변수, 미지의 힘이 작용하기 때문이다.

미지의 힘은 시장참여자들의 포지션에 대한 마음과 입장이 시장의 움직임에 영향을 행사할 수 있는 것을 나타낸다. 타인이 어떻게 생각하고 행동하게 될지를 정확히 알 수 없다. 시장은 언제나 자신이 예상한 시장의 정점보다 더 높이 상승할 수도 있고 반대로 더욱더 불리하게 매우 위험한 상황에 빠지게 만들 수도 있다.

시장에서는 언제나 자신의 예측이나 기대와 전혀 달리 특정한 돌발적 사건의 발생을 일으킬 수 있다.

② 거래에서 유리한 상황은 승산이 높다는 것에 불과하다.

시장에서 자신의 거래가 유리하다는 것은 한 사건이 다른 것에 비하여 성공의 확률이 높고 패배의 확률이 낮다는 것을 의미한다. 즉, 미래에 예상되는 높은 성공 확률이나 가능성을 의미할 뿐이다.

일련의 연속적 거래들이 이루어질 경우 한 사건이 유리하다는 것은 다른 사건의 실패가 일어나더라도 궁극적 결과는 성공의 횟수가 많이 이루어 질 확률이 높다는 것을 의미한다. 즉, 연속적 거래에서 트레이더의 성공 횟수와 예상수익의 총결과는 승리할 가능성이 훨씬 높아진다.

그러나 승산이 높다는 것은 성공의 결과인 승률(승리)과 승리의 크기(수익률)를 반드시 보장한다는 것이 아니다. 또한 승률이 높다고 높은 수익률을 보장하는 것도 아니다. 성공 가능성의 이면에는 승산의 가능성 정도에 따라 이미 패배의 가능성과 위험을 포함하고 있는 것이다.

③ 유리한 상황에서 성공과 패배는 일정하지 않고 무작위적으로 분포한다.

유리한 상황에서 자신의 거래 결과가 최종적으로 승리로 수익을 만들지, 패배로 손실을 발생시킬지 자신이 예측한대로 완벽히 알 수 없다.

비록 트레이더가 우세한 상황, 유리한 입장에 있을지라도 거래의 승패에 대한 결과는 시장의 모르는 변수, 그리고 자신의 여러 변수, 즉 마음의 태도, 사고방식, 행동패턴에 따라 달라질 수 있으므로 일정하게 일어나지 않는다.

그러므로 시장을 잘 안다고 생각하여 현재 자신의 거래가 반드시 승리한다고 믿을 수만은 없다.

④ 수익창출과정에서 성공여부와 수익 정도를 알아야 할 필요가 없다.

거래에서 승패가 일정하지 않게 일어나고 확률적으로 승패가 일어나므로 자신이 옳다거나 그르다는 생각, 성공이나 패배의 생각, 얼마나 벌어들일 것인가에 대한 생각은 중요한 일이 아니다. 자신이 원하는 기대치는 성공 가능성과 보다 잘 일치할 때 이루어진다.

자신이 기억하고 알아야 할 사항은 거래하기 전에 승산이 유리하다는 것, 거래에는 비용이 들어간다는 것, 자신의 옳고 그름이나 거래의 승패는 중요하지 않다고 생각하는 것 그리고 시장에는 어떠한 일도 벌어질 수 있다는 것이다.

⑤ 하나의 시장에서 현재 매순간의 사건은 유일무이한 것이다.

우리는 기억의 연상기능에 의해 과거의 어느 사건을 현재의 것과 동일한 형태로 간주할 수 있다. 그렇게 되면 시장을 같은 형태로 같은 상황으로 쳐다보게 된다. 그러나 시장의 관점에서 보면 현재의 시장상황과 시장참여자가 언제나 동일하지 않으므로 현재의 한 사건은 과거의 것과 매우 유사해 보이지만 실제로는 유일무이한 것이다.

매순간이 같지 않다면 다음에 어떤일이 일어날 수 있는지 알 수 있다고 미리 단정할 수 없다. 안다는 것이 시장을 예측할 수 있다는 뜻은 아니다. 문제는 자신이 시장을 잘 안다고 할 때 시장에 대한 문제에 직면할 수 있는 데 있다. 안다는 것은 자신이 옳다는 믿음인 주관적 견해를 보강해 준다.

현재의 매순간이 다르기 때문에 과거의 것과 연상하여 판단하지 말고 특히 부정적 시각인 두려움의 고통의 개입 없이 객관적이고 독립적 · 개별적으로 시장의 기회를 인식해야 한다.

8. 트레이더의 심리기술

트레이딩에서 궁극적으로 실패하는 것은 일관되고 지속적인 승리자가 되지 못했기 때문이다. 왜 그럴까? 그것은 대부분 심리조절능력이 부족하기 때문이다. 이를 갖추려면 성공을 유지하는 마음의 일관된 자세, 긍정적 정신·사고의 구조물을 자신의 내부에 구축해야 한다. 이것이 트레이딩에서 성공비결의 핵심이다.

1 심리기법(기술)의 의의

심리기술은 트레이더가 시장에서 자신의 감정, 정서, 정신적 마음의 자세를 유효 적절하게 운용하는 방식을 말한다. 다시 말하면 대립되는 두 가지 긍정적·부정적 심리의 2원적 요소를 분석하고 효율적으로 발전시켜서 이들을 통합하여 수익 창출 목적을 달성하기 위하여 시장에서 활용하는 기술이다.

사람의 마음속에는 언제나 두 가지 긍정적이고 부정적인 감정 정서가 혼합되어 구성되어 있고 이들이 상호적·독립적 혹은 복합적으로 작용하는 구조체계를 갖고 있다. 자신 있고 평온하고 집중된 마음의 소유자는 불안하고 혼란스럽고 흥분된 마음의 소유자보다 언제 어디서나 무엇을 하든지 항상 유리한 입장에 있을 수밖에 없다. 따라서 트레이더는 긍정적인 생각과 태도를 갖고 트레이딩을 하지 않으면 트레이딩의 진정한 목적인 일관된 승리자가 되기 어렵다.

트레이더의 긍정적 · 건설적 · 적극적인 마음의 틀은 보이는 형태가 없어 무형의 소프트웨어적 가치의 특징을 띠기 때문에 갖추기 어렵다. 그러나 소수의 성공적인 트레이더는 이를 갖추고 시장에서 활용한다.

심리기술습득에 필요한 두 가지 정신요소의 구성과 역할 그리고 활용은 3장을 참조 바란다.

2 정신심리분석

분석에는 기본적 분석, 기술적 분석 그리고 심리분석이 있다. 많은 트레이더는 자신의 거래기법을 갖추기 위하여 시장분석을 하는 데, 시장분석은 보통 기술적 분석을 통하여 이루어진다. 특히 기술적 분석은 시장의 성격과 군중심리를 이해하는데 매우 중요한 사항이다.

그런데 일관된 승리자가 되기 위해서는 올바른 마음의 자세와 심리조절 능력이 필요한데 이러한 기술을 보다 유효하게 시장에서 활용하기 위해서는 자신의 심리분석을 하는 것이 더욱 중요하다. 즉, 자신의 정신심리 분석을 통하여 자신의 강점과 약점을 알아내고 약점을 보완하고 개선하여 일관된 승리의 태도를 갖추는 것이 필요하기 때문이다.

'자기 자신을 알라.' 라는 평범한 진리는 어느 직업에서나 성공적 삶의 기본 조건이다. 대부분 사람들은 자기분석을 통하여 자신을 알려고 하는데 게으르다. 특히 트레이딩의 성공적 요소가 대부분 심리적 요인이라면 이것을 절대 무시할 수가 없는 것이다. 그럼에도 불구하고 대부분 시장만을 분석한다.

자신의 정신심리분석이 없다면 심리기술을 개발하기 어렵다. 이것이 바로 성공적 트레이딩의 목적을 달성하기 위한 근본적 문제를 잘못 잡고 그것을 모르거나 회피하는 것이 현실적 상황이다.

❸ 심리기술 분야와 점검 그리고 대책

자신의 심리에 영향을 미치는 여러 요인들을 분석의 편의상 몇 가지 분야로 나누어 점검해 보고 유익한 것으로 개선시킨다. 이를 위해서는 자신에 대한 지속적 관리와 시간이 걸린다는 사실을 알아야 할 것이다.

(1) 자신의 육체적 생리현상

긴장과 이완은 심신의 상태에서 상호 회피적이면서 어느 한쪽으로 더욱 강하게 기울어지는 경향이 있다. 즉, 심신의 긴장상태의 작용은 이완과 동시에 작용하지 않고 긴장이 더 우세한 경향을 유지하려 한다. 그리고 몸의 상태와 마음의 상태는 상호 의존적이다.

따라서 심리적 긴장완화는 육체를 안정시키고 신체의 이완은 근육의 긴장을 완화하여 트레이더의 심리상태를 편안한 상태로 증진시키고 불안감을 감소시킨다. 그리고 호흡의 안정은 심신의 건강상태를 최적화시킨다. 극단적인 불안과 공포가 있다면 이로 인하여 호흡이 얕아지고 심장이 빠르게 움직이는 것을 트레이더라면 경험했을 것이다.

심신의 상태는 트레이딩 결과에 영향을 준다. 몸은 마음을 담는 그릇이고 건전한 신체와 긍정적 마음은 유익한 행동을 낳게 한다.

➡ 신체 생리적 상태의 점검리스트

• 신체적 반응을 점검한다.
 - 몸의 상태 : 가볍고 산뜻함, 무겁고 불쾌함(강, 중, 약)
 - 머리의 청결 상태 : 깨끗하고 맑음, 흐리고 혼탁함(강, 중, 약)

- 얼굴의 긴장 : 긴장, 굳음, 이완 탄력
- 눈의 상태 : 맑고 부드러움, 피곤하고 무거움, 충혈(강, 중, 약)
- 상체의 자세(머리 목 어깨 가슴 허리 등) : 똑바르고 유연함, 비틀어짐
- 호흡의 상태 : 깊고 균일, 얕고 불규칙
- 기분 : 유쾌 가벼움, 불쾌 짜증
• 시각적 · 청각적 반응상태를 점검한다.

➜ 건전하고 유쾌한 신체 만들기

• 자세 : 정적인 상태의 몸가짐을 올바로 해야 한다. 모든 신체의 부분별 혹은 전체적 자세에 균형을 이루도록 한다. 특히 트레이딩에서는 장시간 앉아서 해야 하므로 앉는 자세가 중요하다. 머리, 목, 허리를 반드시 수직으로 하고 가슴을 편다.
• 운동 : 자신에게 알맞는 적합한 운동을 규칙적으로 한다.
• 호흡 : 생리적 · 심리적 신체의 기능향상을 위하여 호흡을 정련한다.
• 미소 : 거울이나 심상을 이용하여 정신 심리의 평화를 갖도록 훈련한다. 아름다운 이미지를 그려본다든가 긍정적 자기대화를 통해 항상 마음의 풍요함을 갖도록 노력한다.
• 명상/기도 : 한 단계 높은 정신훈련을 통하여 자신의 숨어있는 잠재력을 일깨운다.

➜ 호흡을 통한 긴장된 감정 · 심리이완법

• 호흡은 생명이고 호흡의 조절은 생명의 조절이며 이는 곧 자신을 조절하는 것이다. 자신을 조절하고 스스로 다스리는 자는 감정의 속박에서

벗어난 창조적 자유인이다.

- 호흡이 안정되면 부정적으로 충전된 긴장된 마음이 이완되고 집중이 이루어진다. 능률적 호흡의 조절은 심파를 안정시켜 감정을 다스리게 하고, 뇌파를 알파파(α)의 상태로 만들어 심리적·정신적인 안정상태에 이르게 하고, 향상된 집중력·기억력·예지력을 갖게 한다.
- 호흡의 방식은 길고 깊게 하되 거칠지 않고 자연스럽고 규칙적이어야 한다. 이러한 호흡은 8원칙 즉, 여유롭고 느리고 가늘고 균일하며, 고요하고 부드럽고 깊고 길게 해야 한다. 그러면서 단전에 에너지를 모으고 (축기) 이를 운용(운기)한다.

이렇게 훈련된 호흡은 자신의 몸과 마음 그리고 정신에 가장 건강한 상태를 제공할 뿐만 아니라 내면에 간직된 잠재능력을 일깨워 무한능력을 만들어 줄 수 있다.

(2) 거래시 자신의 감정·정서·심리의 움직임

➡ 심리의 2원 체계, 긍정과 부정의 정서·심리 점검리스트

- 자신감인가? 잘못과 손실에 대한 두려움을 갖는가?
- 시장 진퇴시 확고한 결단력이 있는가? 망설이고 있는가?
- 냉정함과 자제력을 갖는가? 충동적이고 분노하고 있는가?
- 원칙적 일관성을 유지하는가? 단순히 기대를 갖고 거래하는가?
- 인내심 있고 여유로운가? 조급하고 성급한가?
- 목표수익의 욕구가 적절한가? 지나친 욕심이 있는가?
- 시장에 대한 태도가 겸손한 마음인가? 자만심이 있는가?

- 일에 집중을 하는가? 주의가 산만하고 방심하는가?
- 거래하는 데 생기와 활기가 있는가? 느리고 무기력한가?
- 기회에 대한 인지가 합리적인가? 혼란스럽고 착각인가?

(3) 시장과 자신에 대한 사고와 행동의 모습

- 거래실행이 쉽고 유연한가? 힘들고 어려운가?
- 손실발생에 대한 태도는 수용할 수 있는가? 손실인정을 거부하는가?
- 주문수행을 우수하게 최선을 다하는가? 완벽함을 고집하는가?
- 자신의 실수, 잘못, 계산착오를 인정하는가? 변명, 합리화하는가?
- 시장에 대한 사고와 행동이 자아 독립적인가? 타인에 의존하는가?
- 객관적 · 합리적 판단을 하는 자아인가? 주관적 · 감정적 자아인가?
- 믿음과 사고의 가치체계는 긍정적이고 올바른가? 비틀어져 있는가?
- 시장 변화에 적응하고 유연한가? 완고하고 자기독단에 도취되어 있는가?
- 거래의 본질적 특성을 이해하고 확률적 사고를 하는가?
- 시장 위험에 대하여 진정한 수용을 하는가?
- 자신의 거래의 결과에 대하여 전적인 책임을 지는가?

(4) 거래능률을 높이기 위한 이미지화(신념 세우기)

① 시각적 이미지화

- 성공의 그림을 마음의 눈으로 그려본다.
- 자신을 컨트롤할 수 있다고 바라본다.
- 유능하고 해낼 수 있다고 쳐다본다.

- 과거의 성공의 이미지를 떠올린다.
- 미래의 개선된 이미지를 그려본다.

② 청각적 이미지화

- 성공의 목소리에 귀를 기울인다.
- 긍정적 결과와 승리의 기대에 경청한다.
- 나는 할 수 있다고 자신에게 말하고 다시 그 반향음을 듣는다.
- 시장에게 질문하고 시장이 응답하는 목소리에 경청한다.

③ 감각적 이미지화

- 몸은 활기 있고 에너지가 넘치고, 마음은 열정이 있고 신념에 가득 차 있는 것을 느낀다.
- 가슴은 평온과 기쁨이 흘러나오고, 머리는 통찰과 영감이 풍부함을 느낀다.
- 시장의 기회에 대한 움직임을 직관적으로 감지하고 피부로 읽어낸다.

④ 신념 세우기(선언문으로 자기 암시를 걸기)

- 나는 일관된 성공적 트레이더가 될 수 있다고 믿는다.
- 나는 거래에서 훌륭한 결과를 만들어 낼 수 있다고 믿는다.
- 나는 이기는 거래신호를 확인하고 실행할 수 있다고 믿는다.
- 나는 자신 있고 결단력 있게 거래할 수 있다고 믿는다.
- 나는 쉽고 자동적으로 거래할 수 있다고 믿는다.
- 나는 모든 거래에 책임이 있다고 믿는다.
- 나는 실수로부터 배울 수 있다고 믿는다.
- 나는 실수는 거래의 한 과정이라고 믿는다.
- 나는 자신과 거래기법을 신뢰하고 따를 수 있다고 믿는다.

- 나는 어떠한 역경에서도 성공적 실행결과를 만들 수 있다고 믿는다.
- 나는 자신의 약점을 극복하고 이를 딛고 일어날 수 있다고 믿는다.

(5) 일관된 승리자가 되기 위하여

➜ 일반적 거래심리원칙

- 객관적으로 각각의 거래기법의 매매신호를 확인한다.

  현재 순간의 기회를 식별 인식하고 자신이 하는 일에 집중한다. 불안과 욕심, 고통과 황홀한 시각에서 벗어나고 기대를 중립에 놓고 모르는 변수를 고려한다. 그리고 확률적으로 유리한 게임인지를 식별한다.

- 모든 거래마다 위험을 미리 한정한다.

  거래는 본질적으로 위험성을 내포하기 때문에 위험을 회피하지 말고 받아들여야 한다. 미리 위험을 산정하여 대비하면 심리적 부담을 덜게 되며 위험에 처했을 때 이것을 완전히 수용하고 빠져나갈 수 있다.

- 주저하거나 망설이지 않고 즉각 행동한다.

  트레이더는 기회가 찾아왔을 때 이를 적극 활용해야 한다. 시장에는 수많은 좋은 기회가 주어지지만 이러한 기회는 현재 순간에만 유용한 것이다. 그리고 용이하게(힘들이지 않고 쉽고 단순하며 유연하게), 자동적으로(자율 반사적이고 로봇처럼 기계적으로), 즉각적으로(기다리지 않고 판단 즉시 분명하고 확신을 갖고) 실행한다.

- 실수할 수 있는 자신의 여러 취약점을 지속적으로 감시 · 관리한다.

  시장이 수익기회를 줄 때에 자신의 망설임과 성급함, 위험의 한정과 수용, 승리시 조기 퇴출이나 수익 방관, 패배시 꼼짝 않고 기대하는 것, 거래규모의 부적절함 등을 관찰하고 교정한다.

- 일관된 성공에는 이러한 원칙들이 절대적으로 필요하며 이를 따르고 결코 위반하지 않는다. 성패의 결과에 스스로 책임을 진다.

➜ 구체적인 거래심리 행동 5원칙

- 기회관찰시

- 방심하지 말 것 : 집중하라

기회에 대하여 관찰하지 않거나 보고서 방심할 수 있다. 시장의 어떠한 활동과 그 휴식을 무시하지 말라.

어떤 움직임의 시작은 보통 지지선에서의 상승이나 저항의 돌파는 매수의 우세적 힘의 작용으로 일어난다. 지지선에서 상승하는 것, 저항이나 고점 돌파 직전의 것, 돌파된 것 등이 있다. 휴식과 조정은 움직임에 대한 반작용으로 횡보의 멈춤과 반락조정의 되돌림이 있다. 단기적 멈춤은 저항의 돌파에서, 조정은 지지선으로 단기 혹은 중장기적 멈춤은 횡보구간의 저항과 지지 사이에서 형성된다.

- 시장진입시

- 성급하지 말 것 : 인내하라

욕심으로 시장의 기회에 대한 잘못된 진입이 주요한 실패요인이다. 시장에 대하여 서두르지 말고 약세나 꼭지를 피하라. 보통의 경우 약(강)세 시장은 모멘텀이 없는 비활동시장으로 약세권, 약강세권, 강세의 무변동 등이 있다. 의심나는 것은 어느 시장이든지 횡보나 하락이 지속되는 경향이 강하다. 데이트레이딩의 경우 시세 분출한 것은 -권에서 분출한 것, +권의 5%~10% 정도 상승의 꼭지가 있다.

- 망설이지 말 것 : 진입하라

고보상 수익확률의 시장기회에는 두려움으로 주저 말고 신속하고 확실하게 진입하라.

강세나 활동 시장의 탄력성(상승강도)은 상승의 가장 중요 요인이다. 강세시장의 연속상승과 약세권의 반전상승이 있고, 이들은 연속 연장 추가상승 가능성이 크다. 당일 고점, 전일 고점, 근일 고점의 돌파는 추가적 가격상승의 중요 요인이며 강력히 연속상승이 가능하다.

추세지속형은 추세의 흐름이 지속될 때 반복적 움직임과 휴식을 갖고 그 속도가 느리든 빠르든 일정한 방향을 갖는다.

• 시장퇴출시

- 여유롭게 보유할 것 : 불타기 하고 수익을 실현하라

잘한 것(진입 성공)은 수익을 보유하고 늘려라. 가능하면 오랫동안 지속 보유하라. 수익을 늘리고 때가 되면 취하여 굳혀라.

- 결단하고 잘라낼 것 : 물타기 금하고 손실을 절단하라

잘못한 것(진입 실패)은 손실을 자르고 나가라. 가능하면 신속하게 빠져나가라. 손실을 짧게 줄여라.

Follow Your
Basic Rules!

3
트레이딩과 나

배우고 성장하라
그러면 완성될 것이다

1. 자기 자신 알기

2. 재물과 정신

3. 사고와 정서

4. 정신 구성

5. 감정의 조절

6. 자신의 한계를 이해하기

7. 현재의식

8. 철학적 · 과학적 지식

언·제·나··기·본·원·칙·을··지·켜·라!

1. 자기 자신 알기

자신을 안다는 것은 쉬우면서도 한편 가장 어려운 것이 될 수 있다. 왜냐하면 그것은 자신의 여러 복잡하고 다양한 측면의 요소들을 객관적으로 조명해야 하기 때문이다. 자신의 위치와 실체의 모습을 바라보기 위해서는 많은 인생의 경험과 철학적 통찰, 과학적 분석이 요구된다.

자기 자신을 알기 위해서는 여러 방면에서 거짓 없이 분석 평가해 보아야한다. 나를 바르게 평가할 때 비로소 남(시장)을 바르게 평가할 수 있다. 비록 자기 자신을 알더라도 왜곡된 평가를 내려서는 안 되고 바른 평가를 내려야 한다.

'지피지기 백전백승'이란 말처럼 나를 알고 남(시장)을 알면 만사가 무리가 없을 것이고 승리를 확보한 셈이다. 그러면 무슨 일이든지 조화롭게 대처할 수 있을 것이다. 조화, 즉 나와 시장과의 일치를 이루지 못하는 것은 나를 잘 알지 못하기 때문이다. 주위에서 보면 남(시장)을 잘 아는 사람도 자기를 알지 못해서 일(거래)에 실패하는 경우가 많다.

어느 직업의 세계에 있어서나 우선 자신의 본질, 자아에 관한 진실된 모습을 보다 잘 이해한다면 균형적 인생을 확립하고 인생의 궁극적 목적에 도달하는 데 도움이 될 것이다. 심리적 요인이 강하게 작용하는 트레이딩 세계에서는 특히 자신을 잘 안다는 것은 매우 중요한 거래의 이점을 갖게 되는 셈이다.

자신의 심리적 약점(이기적 · 감정적 자아)을 잘 파악하고 개선시켜야 비로소 보다 효율적이고 성공적인 거래를 이끌 수 있는 것이다. 자신의 내면인 여러 정신 심리의 구성요소(긍정, 부정 혹은 강점, 약점 등)를 모르고서는 트레이딩의 수준을 한 단계 진전시키기 어렵다.

많은 고수 트레이더가 '자기 자신을 알라.' 라고 말하고 있다. 자신을 보다 잘 아는 것과 모르는 것과의 차이는 트레이딩의 결과에 중대한 영향을 준다.

자신을 알고 개선하기 위한 단계적 방식은 ① 자기분석을 할 것 ② 문제점을 찾아낼 것 ③ 새로운 대안을 갖출 것으로 이루어진다.

➡ 다음은 참고로 자신의 삶과 트레이딩의 환경 속에서 자신의 의미와 정체성을 점검하기 위한 간단한 목록이다.

• 나는 자신의 존재 양상 중 어느 한 쪽 방향으로 지나치게 치우쳐 있는가? 균형적인 성장을 유지하는가?
• 나의 삶의 욕구 수준은 어느 단계(본능, 안정, 소속, 존경, 가치실현)에 비중이 있는가?
• 나는 사랑과 연민이 있는가? 외롭고 쓸쓸한 존재인가?
• 나는 강인한 정신력을 갖춘 존재인가? 이기적 자아인가?
• 나는 누구를 위하여 그리고 무엇을 위하여 트레이딩을 하는가?
• 나는 트레이딩의 주요 동기와 궁극적 목적을 어디에 두고 있는가?
• 나는 금전적으로나 정신적으로 스트레스를 받고 있는가?
• 나는 현재 뚜렷한 현재의식과 확고한 목적의식을 갖고 있는가?

- 나는 단순한 트레이더가 될 것인가? 성공적 트레이더가 될 것인가?
- 나는 항상 내적 성장인 심리적 · 정신적 성장을 위하여 노력하는가?
- 나는 거래하면서 즐겁고 기분이 좋은가? 침울하거나 화가 나는가?
- 나는 자신감이 있고 활기 넘치며 열정이 있는가? 불안하고 무기력한가?
- 나는 육체뿐만 아니라 영적(spirit)인 것을 진화시키는가?
  사멸시키는가?

➜ 나의 존재 양상 4가지 구성
나는 감성과 이성을 갖고 정보를 교신하는 존재이다.
- 감각적인 나 : 1차원적 본능적 · 육체적 감각의 세계
- 마음이 있는 나 : 3차원적 감정적 정서의 세계
- 생각하는 나 : 논리적 · 이성적 사고의 세계
- 정신적인 나 : 무한성 · 영원성 직관의 세계

다음은 일반적인 나의 존재 양상 4가지 측면에서 그 구성 요소를 도표를
통하여 알아보자.

나의 존재양상

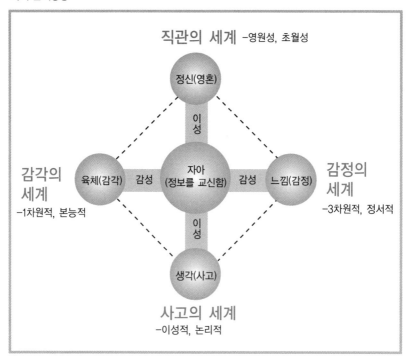

2. 재물과 정신

(1) 물질과 비물질의 관계

인간의 지식은 진화한다. 여러 분야에서 많은 연구업적으로부터 우리 자신의 영적, 정신적, 감정적, 심리적, 행동적 진행과정에 대한 해답을 갖게 되었다. 트레이더는 이와 같은 필요한 여러 요인을 상호의존적으로 인식하고, 이들을 의식의 수준으로 통합한다면 보다 성공적인 거래를 이끌 수 있을 것이다.

우리의 세계는 고차원으로부터 시작하여 정신(영혼)과 에너지(기, 주파수)와 물질과 생명과 돈의 스펙트럼으로 이루어진 통합적 구조를 갖고 있다. 영혼은 살아있는 의식적 에너지이고 힘과 개성과 목적성을 갖는다.

영혼은 에너지로 표현될 수 있고, 그 에너지가 빛의 속도 이하로 떨어져 전자기장을 형성하면 물질로 변하게 된다. 이 물질에 의식을 부여하게 되면 생명이 된다. 현실세계의 에너지, 물질, 생명, 돈은 시간의 영역 안에서 존재하지만 영혼은 시간과 공간 밖에서 현실을 초월하여 시공을 넘나든다. 그리고 초현실은 언제나 현실세계의 현상을 작용시키고 지배한다.

그러면 부와 재물은 무엇인가? 재물은 인간의 영혼과 에너지와 인생의 결과로 얻어진 축적된 물질이다. 사람이 죽으면 자산을 남기고, 그 자산은 바로 자신들이 쌓아 놓은 영혼과 에너지, 물질, 생명, 그리고 자산의 증거물이 된다. 결국 인간의 유산은 자신이 어떻게 생(生)을 보냈느냐를 반영한 것이다.

트레이딩은 불가피하게 돈과 관련되어 있고, 21세기 사회에서 돈은 부의 척도이며 성공의 기준이다. 돈은 우리의 생존에 기본이고 더 나아가 신분과 자기 가치의 실현을 내포한다. 이와 같이 돈에는 현실적이면서도 초자연적 양상이 포함되어 있다. 우리의 세계에서 부는 스펙트럼의 맨 끝에 서있으며 영혼으로부터 나오는 것이다.

돈은 시간의 영역에서 인생과 물질과 에너지의 축적물이고 영혼의 변화된 모습이다. 맑고 강한 영혼은 자신의 내부에 힘을 만들고 믿음과 정서를 개선하고 능률적으로 행동을 변화시켜 부를 창출하게 한다.

이와 같은 현실적이고 초자연적인 돈을 재평가하고 창조하고 보존관리하는 것은 트레이더로서 매우 중요하고 의미 있는 것이다. 주위를 살펴보면 여러 분야에서 부를 축적하여 성공한 사람들 대부분은 높은 영혼과 강한 에너지(정력)를 갖춘 정신적 능력의 소유자들이다.

(2) 현실 속에서 정신에너지

정신영역에서는 공간적 한계나 시간의 구속이 없다. 우리는 우리가 원하는 것을 어떤 방향, 어떤 모습으로든지 생각해내고 창조할 수 있다.

이것은 우리가 정신을 사용하여 외부의 현실적 가치를 창조함은 물론, 정신에너지가 건설적으로 작용될 때 내적으로는 정신적인 속박이나 불안 등으로 해방될 수 있다는 것을 의미한다. 이로써 우리는 정신으로부터의 자유를 얻게 될 것이다. 두려움에서 평온을, 슬픔에서 기쁨을, 고통에서 희망을 찾을 때에 우리의 영적 · 정신적 삶에 참된 의미를 부여 받게 된다.

그리고 또한 생산적인 목적으로 정신에너지를 사용할 때 무에서 유를, 빈곤에서 부를, 무가치한 것을 가치 있게 변환시켜서 삶의 질을 윤택하게 할 수 있는 것이다.

현실세계와 정신의 스펙트럼

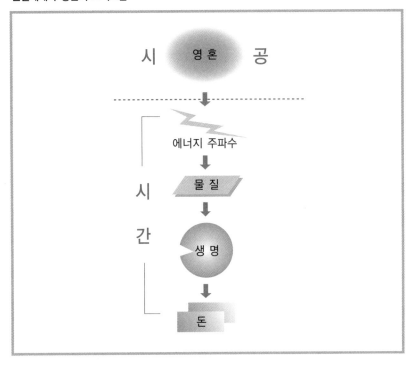

3. 사고와 정서

⬆️ 긍정적 사고

〈나는 생각한다. 고로 나는 존재한다.〉라고 말한 한 유명한 철학자의 말을 상기해보면 사고여하에 따라 자신의 현재 모습이 정해진다는 의미이다. 여기서 자신의 모습은 원하는 성공의 모습이거나 원치 않는 실패자의 모습일 것이다. 결국 내 인생 성패의 요인은 자신의 사고에 달려 있는 것이다. 즉, 나의 생각이 나를 만들고 인품을 형성하고 운명을 결정한다. 만일 부자가 되겠다고 간절히 원한다면 부자가 될 것이고, 실패를 생각하면 실패자가 될 것이다. 즐거운 생각을 하면 행복할 것이고 또 무서운 생각을 하면 두려워질 것이다. 이것이 바로 사고의 위대한 힘이다.

우리의 일생도 이러한 사고의 과정에서 이루어진 것이다. 생각여하에 따라 나약한 인간이 되기도 하고 강한 인간이 되기도 한다.

인간의 모든 행위는 생각에서 비롯된다. 물질적 부귀와 성공, 대발명, 대업적 등도 모두 생각의 근원으로부터 나온다. 긍정적 사고(positive thought)가 없이는 부를 이룰 수가 없다. 부를 달성하겠다는 간절한 소망과 긍정적 사고는 자신을 성공의 문턱에 이르게 하는 근본적인 요소이다. 〈진심으로 부를 원하는 자만이 부를 손에 넣을 수 있다.〉라는 격언을 되새겨 보자. 자신이 부를 이루겠다고 절실하게 바라고 원하면 그 소망은 마음속에서 싹이 트고 점점 더 강하게 성장할 것이다. 성공은 믿는 자만이 이룰 수 있다. 자신의 생각에 조금이라도 실패를 허용한다면 실패가 찾아올 것이다. 사람은 흔히 자기 편리한 대로 주장을 하거나 자의적 고정관념으로 사물을 보고 평가하고 결정한다. 자신의 생각만이 옳다고 주장하는 것은 매우 위험하다.

나는 트레이딩에서 성공할 수 있다고 생각하고 그렇게 믿음으로써 성공한 트레이더로서의 마음의 준비를 갖추자. 마음의 준비 없이는 트레이딩에서 한 발자국도 전진하기 힘들다. 긍정적이고 적극적인 사고는 트레이딩에서 성공할 수 있는 기본 자세이다.

〈나는 할 수 있다. 나는 성공한다. 나는 프로트레이더이다. 내 앞에는 조만간 승리의 신이 찾아온다.〉라고 믿고 확신하자.

인간은 생각하고 믿을 수 있는 일이면 무엇이든 반드시 실현시킬 수 있다. 모든 것은 생각하는 대로 이루어지기 때문이다. 타오르는 욕망을 가지고 있는 한 누구나 새롭게 자기의 인생을 개척해 나갈 수 있다. 그리고 지속적인 노력으로 괴롭고 힘든 상황을 극복해야 한다. 대부분의 투자자들은 성공을 눈앞에 두고 중도에서 포기하고 만다. 그들은 성공을 다른 사람들에게 넘겨주고 마는 것이다.

긍정적 사고란 사물의 현상과 자기자신을 있는 그대로 바라보는 것이며, 반대로 자신과 사물의 현상을 거부하면 부정적 사고이다.

긍정적 사고는 현상에 대한 이해다. 시장의 다양성과 변동성을 있는 그대로 인정하는 것이다. 즉, 시장의 흐름을 이해하는 것이고 흐름에 역행하는 자신의 잘못된 실수를 인정하는 것이다.

① 생각(thought)이란

정신작용의 일종으로 현재 의식이다. 그리고 마음(mind: 정서나 믿음 등을 포함하는 포괄적 의미)이란 생각의 작용과 축적으로 이루어진다.

마음은 목적과 의지를 바탕으로 하고 있다. 마음은 경험이 기억된 과거와 미래가 연결된 의식의 상태이다. 그리고 그를 위해 현재의 행위를 낳게 하는 의식까지 포함하므로 과거, 현재, 미래가 집약된 정신상태이다.

② 정신(mentality)이란

뇌의 기능적 활동을 말한다. 기억·생각·판단 등의 모든 행위에 대한 의식활동은 정신의 기능에 의하여 이루어진다. 정신적 기능의 부분인 두뇌는 생각을 일으키고 생각은 곧 행위를 지배하는 사고적 단계에 접어들어 행위를 일으키는 요인이 된다. 이것이 반복됨에 따라 경험이 기억된 바탕 위에 목적의식이 생기고 비로소 마음이 형성되는 것이다. 따라서 긍정적 생각은 긍정적 마음을 형성하고 그 바탕 위에 훌륭한 인격이 이루어진다. 여기에 신념과 사랑을 불어넣어 인생을 성공과 행복에 이르게 할 수 있는 것이다.

2 긍정적 정서

우리는 일상생활에서 자신도 모르게 일이 잘 풀려나갈 때가 있거나 반대로 잘 풀리지 않게 되는 것을 경험한다. 이러한 좋은 결과나 비참한 결과를 만드는 것은 다름 아닌 현재 처해있는 자신의 감정상태(정서)나 심리상태로부터 나온다.

자신의 내면에는 개인적 힘의 위대한 샘을 여는 자신감, 사랑, 기쁨, 황홀, 믿음 등의 긍정적인 정서를 불러일으키는 것과 공포, 걱정, 분노, 혼돈, 우울, 슬픔, 좌절 등과 같이 부정적 정서를 작용하게 하는 것이 있다.

현재 처해 있는 우리의 정서는 지금 우리가 속해 있는 이러한 심리적 정서의 반영이다. 인생의 성공은 이러한 정서적 감정인 심리상태를 이해하고 선택 관리하는 것에서 출발한다.

우선 긍정적 감정이나 정서(positive emotion)를 마음과 머리 속에 깊이 담고 가득 채워 그것을 튼튼히 강화시키는 것이 무엇보다도 자신의 인생에서 성공적인 삶을 이루는데 중요하고 필요한 조건이다. 우리는 정서를 부정적인 것이 아닌 긍정적인 것으로 선택하여 자신의 내면 깊숙이 뿌리를 내리고 성장시켜 미래에 결실의 열매를 맺도록 노력하는 것이 긍정적 · 적극적 인생의 자세이다.

정서의 종류 카테고리와 작용, 그리고 긍정적 정서를 만드는 방법을 살펴보자.

(1) 정서(마음)의 일반적 작용

정서의 작용은 일반적으로 그것이 부정적이든 긍정적이든 다음의 4가
지의 내용을 가지고 있다. 여기서는 긍정적 정서 작용에 국한하여 기술
한다.

① 방향성(목적)

모든 긍정적 정서는 성공의 목표달성을 이루는 강력한 원동력이다. 성공
에 대한 믿음은 성공의 목적을 달성하도록 한다.

② 지속성(시간)

보다 많은 긍정적 정서를 담은 좋은 일은 미래에 지속적으로 작용한다.
강한 믿음은 현재 뿐만 아니라 미래에도 지속적으로 작용한다.

③ 확장성(공간)

특정한 좋은 일은 선 순환을 하면서 전범위(자신과 대상)에 걸쳐 확산된
다. 믿음이 쌓이면 신념의 인간이 되고 이러한 믿음은 자신의 내부에서
자라나고 상대에게도 전달된다.

④ 대치성(선택)

긍정적 정서가 많고 강할수록 부정적 정서는 줄어들고 약화된다. 강한 믿
음에는 의심이나 두려움이 침투할 수 없다.

(2) 개발해야 할 긍정적 정서, 태도

① 안정된 정서 : 안정감, 고요함, 조용함, 편안함, 평화로움, 침착함
② 내면에 힘을 주는 정서 : 힘, 생명력, 에너지, 활력, 열정, 자신감
③ 사랑의 정서 : 좋음, 호감, 사랑, 친밀감, 자비, 매력

④ 기쁨의 정서 : 행복, 기쁨, 즐거움, 만족, 충만, 환희, 황홀

⑤ 중용의 정서 : 절제, 자제력, 원만함, 원활함, 융통성, 적응력, 부동심

⑥ 믿음의 정서 : 긍정, 이해, 신념, 확신, 희망, 낙관

⑦ 직관의 정서 : 육감, 예감, 영감, 지혜, 깨달음, 통찰력, 상상력

⑧ 생산적 태도 : 창조력, 집중력, 판단력, 결단력

⑨ 건설적 관계(행위) : 수용, 용서, 감사, 겸손, 정직, 책임감, 봉사, 헌신

⑩ 건설적 목적 : 기대, 욕구, 소망, 열망, 의도, 꿈, 목적의식

(3) 버려야 할 부정적 정서, 태도

① 흔들리는 실존감정 : 불안, 공포, 초조, 걱정, 근심, 분노, 수치심, 죄책감, 성급함, 조급함, 충동, 놀람, 당혹, 황당, 혼돈, 외로움

② 내면의 힘을 빼는 감정 : 의기소침, 무기력, 게으름, 나약함, 피곤

③ 싫음(미움의 감정) : 혐오, 증오, 분노, 시기, 원망, 배반, 복수심

④ 불행과 슬픔의 감정 : 불쾌, 불만, 불평, 슬픔, 상실감, 좌절, 단념

⑤ 기울어진 감정 : 까다로움, 편협, 편견, 선입관, 독단, 고집, 아집, 집착, 이기심, 탐욕, 과욕, 자만, 오만, 우월감, 열등감

⑥ 믿지 못하는 감정 : 부정, 오해, 불신, 회의, 의심, 망설임, 실망, 비판

⑦ 무지의 태도 : 무지, 방종, 허위, 허세, 환상, 착각, 왜곡

⑧ 비생산적 태도 : 핑계, 구실, 후회, 미련, 합리화

⑨ 파괴적 관계 : 거절, 비난, 비판, 원망, 배반, 복수심, 적개심

⑩ 파괴적 행위 : 공격, 탈취

(4) 긍정적 사고와 정서를 기르는 방법

① 부정적 사고와 정서를 긍정적인 것으로 대치한다.

- 긍정적 사고와 정서를 매일매일 주입하고 지속시킨다(영속).
- 긍정적 사고와 정서를 자신과 주변에 확산시킨다(확장).
- 긍정적 사고와 정서를 강화시키고 습관화한다(개성화).

② 부정적 상황과 요소를 차단시킨다.

- 부정적 사고와 정서를 일시적인 것으로 단절시킨다(단절).
- 부정적 사고와 정서를 자신으로부터 줄이고 제한한다(제한).
- 부정적 사고와 정서를 약화시키고 제거한다(제거).

우리나라의 대표적 기업인이고 한국의 경제성장을 주도해온 고 정주영 (현대그룹회장) 자서전 〈시련은 있어도 실패는 없다〉에 나타난 긍정적 사고와 낙관적 신념들을 살펴보자.

〈어린 시절부터 어떤 처지에도 나는 불행하다고 생각해 본 적이 없다. 항상 그때그때 나름대로 만족하고 행복을 느끼며 살았다. 열 살 때부터 나는 아버지를 따라 뜨거운 논밭으로 나가 하루 종일 뙤약볕 아래 허리를 구부리고 농사일을 배워야 했다. 그렇게 일하면서 나는 불행을 느끼지 않았다. 피곤하게 일하고 나면 단잠을 잘 수 있는 것이 좋고, 밥맛이 꿀맛이라 좋고, 긴 시간 태양 아래서 땀 흘리며 일하다가 잠깐 쉬려고 그늘로 들어서면 극락 같은 서늘한 바람이 행복하기까지 했다.〉

〈돌이켜 보면 말할 수 없는 궁핍에 힘든 일도 많았지만 그러나 나는 궂은 일이면 극복하는 즐거움으로, 좋은 일은 좋은 대로 즐기는 마음으로 살아오고 있다.〉

〈나는 젊은 때부터 새벽 일찍 일어났다. 그 날 할 일에 대한 기대와 흥분 때문에 마음이 설레 늦도록 자리에 누워 있을 수가 없기 때문이다.〉

〈긍정적인 사고가 절대로 중요하다. 긍정적인 사고를 해야 불행하지 않고 발전할 수 있다. 나는 젊은 시절에 노동자 합숙소에서 고된 노동을 하며 지내기도 했었고 중소기업 때는 부도를 막으려고 밤낮 없이 일수, 월수 구하러 뛰어다녔지만 누구를 원망한 적도, 부러워 한 적도, 나를 불행해 한 적도 없었다.〉

부정적이고 비판적인 사고는 성장과 발전을 가로 막는다. 부정적인 사고는 스스로의 문제에 충분히 해결할 수 있는 능력을 발휘하는 대신 세상에 대한 불평과 원망, 증오로 시간과 정력을 낭비하기 때문에 당연히 좌절과 실패, 절망의 보상을 받게 마련이다.

4. 정신 구성

우리에게 뇌에 대한 이해가 요구되는 것은 정신이란 무엇인가, 의식이란 무엇인가, 마음이란 무엇인가 등 유사이래 우리 인간을 사로잡아 온 근본적인 문제들에 대한 해답의 열쇠가 바로 뇌의 어딘가에 있기 때문이다.

⬆1 뇌의 역할, 뇌파, 의식

(1) 뇌의 역할

인간의 대뇌는 두 개가 있지만, 뇌의 양에 의해 하나의 정신을 이루는 구조이다. 대뇌피질은 좌우뇌의 표면을 말하는 데, 이 피질 부위가 우리의 정신작용을 총괄하고 지배하는 약 140억 개의 신경세포의 집합체이다. 태어날 때 인간의 좌뇌와 우뇌는 그 조직과 구조에 있어서 크게 구분되지 않는다. 우뇌가 가지고 있는 기능이 좌뇌에도 나타나고, 좌뇌가 가지고 있는 기능이 우뇌에도 나타난다.

일반적으로 좌뇌는 언어적, 분석적, 논리적, 계열적 성격이 강하고 우뇌는 직관적, 공간적, 영상적, 동시적 성격이 강하다.

① 좌뇌의 양성적 특성

좌뇌는 언어적, 분석적, 논리적, 계열적 특성을 가지고 있다.

언어적이라는 것은 말하고, 읽고, 쓰고, 철자를 기억하는 것과 관련된다. 분석적이라는 것은 어떤 사실을 이성적으로 평가하고, 사물을 단계적·부분적으로 분리할 수 있는 것과 관련된다. 논리적이라는 것은 논리에 기초하여 결론을 도출하고, 사물을 논리적 순서에 따라 배열할 수 있는 것과 관련된다. 계열적이라는 것은 정보를 한 번에 한 가지씩 처리하는 것을 말한다. IQ(intelligence quotient)테스트는 주로 좌뇌의 기능을 평가한다. 기술적 트레이더는 주로 좌뇌적 인간이다.

② 우뇌의 음성적 특성

우뇌는 직관적, 공간적, 영상적 특성을 가지고 있다.

직관적이라는 것은 불완전한 형태, 느낌, 육감, 심상에 기초하여 어떤 사실을 순간적으로 통찰하는 것과 관련된다. 공간적이라는 것은 사물이 어떤 위치에서 다른 것들과 관계를 맺고 있는가, 부분들이 어떻게 전체를 이루는가와 관련된다. 영상적이라는 것은 꿈속의 영상을 만들고 은유하며, 형태와 디자인을 인식하는 것과 관련된다.

감정과 정서는 실제로는 대뇌 변연계의 결과이지만 감정을 다루는 것은 우뇌이다. 또한 많은 정보를 동시에 처리하며 문제를 전체적으로 파악한다. 여기에는 또한 영적인 세계가 교차하는 곳이며, 그 영역에서 상상, 기술, 통찰, 직관, 창조 등이 탄생한다. EQ(emotional quotient)테스트는 주로 우뇌의 측정 대상이다. 직관적 트레이더는 주로 우뇌적인 사람이다.

③ 뇌의 조화와 트레이딩

트레이딩은 분석적 예측능력과 감정의 조절능력을 갖고 호기심과 경외로운 마음으로 미지의 영역에서 보물을 찾는 것과도 같다. 그러므로 트레이더는 좌뇌의 분석적 기능과 우뇌의 직관적 통찰의 기능을 잘 조화시켜 균형을 가져야 한다.

분석적인 능력에 창조적 힘을 갖도록 토대를 마련해 주어야 한다. 좌뇌의 분석적 체계를 사용하여 돈을 만들 수 있는 틀을 만들고, 우뇌적 관점으로 배우고 성장하고 흥미와 소망을 갖고 시장을 바라본다면 거래할 때 자신의 심리적 · 정신적 자본은 더 잘 보존되며 결과적으로 보다 큰 수익창출의 기회는 증가하게 되는 것이다.

＊뇌의 구조와 기능

뇌의 무게는 인체 체중의 약 2%에 불과한 1,400g 정도이면서 심장에서 나가는 피의 15%, 들여 마시는 산소의 20%, 포도당을 25% 정도 소비한다. 따라서 크기에 비해 인체에서 에너지를 소비하는 비율이 가장 높은 곳도 바로 뇌이다. 우주에서 가장 복잡한 구조를 가진 인간의 뇌는 정보를 받아들이고 판단하는데 100억 개 이상의 신경소자(세포)와 각 소자당 1,000~10,000개의 시냅스들로 신경회로망을 이루고 있다.

사람의 뇌는 위치에 따라 위에 대뇌(전두엽, 두정엽, 측두엽, 후두엽), 뒤에 소뇌, 대뇌 밑에 변연계(해마, 편도 등), 중앙에 간뇌(시상, 시상하부, 뇌하수체, 송과선), 간뇌 아래의 중뇌(사구체, 망상체), 중뇌 아래에 뇌교와 연수로 이루어진다. 그리고 뇌의 발생과 진화의 입장에서 〈삼위일체 뇌〉방식이 통용되고 있다. 이는 뇌의 구조를 전체적으로 세 부위로 나누어 설명하는 방식인데, 이들 세 부위가 때로는 각각의 고유기능을 수행하기도 하고 때로는 유기적 관련을 통해 뇌의 전체기능을 수행하는 것으로 보는 분류방식이다.

첫째, 파충류 뇌에 해당하는 가장 오래된 뇌라 할 수 있는 뇌간(연수, 뇌교, 중뇌, 간뇌)은 목 안쪽에 해당되고, 척수의 연장부분으로서의 뇌의 가장 아래 부분에 있다. 이 부분은 호흡, 심박, 위장운동 등을 조절하는 자율신경의 핵이 있다. 식욕, 성욕, 수욕, 운집, 공격, 도피의 생리적 욕구의 중추다.

특히 뇌간 전체를 관통하여 배열되어 있는 신경 핵들의 모임을 망상체라 한다. 망상체는 평시에 우리가 각성상태를 유지하며 활동하도록 도와주는 기능을 한다. 어두운 밤에는 자고 밝은 낮에는 활동하는 것이 망상체의 기능과 관련이 있는 것이다. 낯선 상황이나 비상 사태에서는 뇌 전체가 그 낯선 자극에만 주의를 집중하게 되는데, 이 역시 망상체의 주의 전환기능에 의한 결과이다.

둘째, 포유류 뇌에 해당하고 뇌간을 위쪽에서 둘러싸고 있는 여러 뇌구조물들을 통칭하여 불리는 구피질인 변연계(대뇌와 뇌간 사이의 부분)가 있다. 그 부위에는 해마, 편도체 등을 비롯한 여러 구조물이 있는데, 변연계는 이들을 집합적으로 부르는 이름이다. 그러한 여러 구조물들의 기능을 종합하여 살펴보면 변연계의 기능을 한 마디로 다양한 감정과 안전, 사랑 등의 감성적 욕구의 중추라고 할 수 있다.

변연계의 구조물 중에서 해마체는 실생활과 관련되는 사실지식과 연관지식을 축적하고 단기기억을 장기기억으로 전환시키는데 결정적인 역할을 하는 것으로 알려져 있다. 편도체는 낯선 상황에서 형성되는 분노 또는 공포를 비롯한 여러 감성의 양상들을 전문적으로 담당하는 중추라 할 수 있다.

셋째, 영장류 뇌라 불리는 뇌의 약 80%를 차지하는 넓은 부위로서 뇌의 가장 바깥쪽에 대뇌의 (신)피질이 있다. 이 부위는 좌 · 우로 독립되어 나누어진 두 반구를 지니고 있는데, 양 반구는 뇌량을 통하여 서로의 정보를 교환하고 있으며, 한 마디로 언어 및 사고, 지혜, 안정과 자기실현욕구의 중추라 볼 수 있으며, 온갖 감각기관을 통해 들어오는 신체 외부의 자극들을 최종적으로 판단, 종합하고 처리하여 그에 필요한 반응 명령을 내리는 부위이다.

특히 피질의 맨 앞쪽을 이루고 있는 전두엽은 외부 감각 정보와 아울러 변연계에서 올라오는 원초적 감정과 과거의 기억 등 모든 것을 종합하여 최종 판단을 내리는 부위다. 이 전두엽이야말로 인간을 다른 동물들과 비교할 수 없는 만물의 영장이 되도록 해주는 부위이며 전체 뇌 중에서 가장 미래지향적이고 창의적인 성격을 지니고 있는 이성의 뇌, 인간의 뇌.

(2) 뇌파

인간의 뇌는 5가지 뇌파가 있고 진동수(주파수)와 진폭을 갖는다. 높은 주파수로부터 감마(γ), 베타(β), 알파(α), 쎄타(θ), 델타(δ)의 뇌파는 서로 다른 주파수와 의식의 세계를 갖고 있다. 주파수가 높으면 표면의식이 강하게 되고 주파수가 낮으면 내면의식으로 향하게 된다. 또 뇌파에 따라 심리적·신체적 상태가 다르게 나타난다.

거래할 때 흥분하면 자신의 뇌는 감마(γ)파가 나타나고, 의식적이며 힘들게 거래할 때는 베타(β)파가 나타나고, 사람에게 가장 이상적인 알파(α)파가 나타나면 그 상태에서는 집중되고 편안하며 쉽게 거래할 수 있게 될 것이다.

① 알파(α)파의 역할

마음의 밝고 긍정적인 상태일 때 뇌로부터 인체의 기능을 활성화하는 호르몬인 베타엔돌핀(β - endrophine)이 분비되고 뇌의 활동 자체에도 활력이 넘친다. 또한 집중력도 향상되고 기억력도 좋아지게 되고 머리도 맑아진다. 이와 같을 때는 일정한 율동을 갖춘 특별한 뇌파가 형성되는데 이를 알파(α)파라 한다. 따라서 알파파의 상태는 뇌력개발의 열쇠다.

이것은 (단전)호흡, 참선, 명상, 기도 등을 통하여 누구든지 의식적으로 이러한 알파파의 상태에 도달할 수 있다. 다만 이를 개발하는 데는 트레이딩의 기술연마와 같아 많은 시간과 노력이 요구된다. 그러나 개인적 인생이나 직업적 트레이딩에 있어서 그에 대한 유익한 대가는 실로 엄청나다.

② 알파(α)파 상태의 특징

• 마음이 안정되고 스트레스가 해소된다 : 이는 현대인의 모든 심리적 병

을 치료하고 심신건강을 향상시킨다.

• 수용력이 증대되고 기억력이 좋아진다 : 외부 세계에 대한 인식과 이해가 깊고 넓어지며 기억하면 잊지 않는다.

• 집중력이 증대되고 직관과 영감이 떠오른다 : 아이디어, 영감, 상상력이 일어나고 일의 문제해결에 창의력이 계발된다.

뇌파와 의식의 종류				
주파수		뇌 파	의 식	심신상태
30 Hz 이상		감마파 γ	증가된 외적 표면의식	불안-흥분, 감정적
14~30 Hz		베타파 β	외적 표면의식	일상적 현재의식 상태
8~14 Hz	12~14	알파파 α 패스트	내적 내면의식 (각성과 수면상태)	명상, 집중의 정신통일 상태
	9~11	미드		
	8~9	슬로우		
4~8 Hz		쎄타파 θ	진전된 내적 내면의식	몰아 초능력 상태 -얕은 수면
0.4~4 Hz		델타파 δ	무의식	의식의 소멸상태-깊은 수면

*베타엔도르핀(β- endrophine)

베타엔도르핀은 뇌에서 분비되는 쾌감을 주는 20여 종류의 모르핀의 하나로 호르몬(hormone)의 일종이다. 이것은 마음가짐에 따라 다르게 생성되는 체내물질이다. 그러나 반대로 마음을 좌우하는 화학물질인 주요 호르몬은 베타엔도르핀과 아드레날린(에피네프린), 노르아드레날린 등이 있다.

인간이 화를 내거나 흥분하면 스트레스 호르몬이 발생되는데 뇌에서는 노르아드레날린이 분비되고 부신에서는 아드레날린과 코티졸이 분비된다. 이러한 호르몬의 농도가 지속될수록 우리 몸은 긴장 상태가 되어 스트레스를 받게 된다.

그러나 반대로 긍정적으로 생각하여 〈이제는 승리할 수 있어! 비록 승리할 수 없더라도 좋은 경험이 될 거야〉라고 긍정적으로 받아들이면 행복 호르몬인 베타엔도르핀이 방출되어 정신적 스트레스를 해소시키는 진정작용을 한다. 이러한 긍정적 사고와 태도는 우리의 삶에서 받는 다양한 스트레스를 극복하는 주요 열쇠임을 알 수 있다.

사람은 공포, 두려움, 불안 등의 스트레스 여하에 관계없이 마음가짐, 즉 생각의 수용방식 여하에 따라 행복한 감정이나 고통스런 감정을 갖게 된다. 다시 말하면 좋은 생각을 하면 몸에 유익한 호르몬인 진정계의 – 엔돌핀, 엔케팔린, 멜라토닌 등이 분비되고, 나쁜 생각을 하면 흥분계의 호르몬인 노르아드레날린, 코티졸, 도파민, 세로토닌 등이 분비되어 몸과 정신에 유해한 상태가 된다.

▶ 베타엔도르핀의 주요 작용

① 진통제 역할로서 고통을 억제하고 또한 평안, 행복 등의 쾌감을 갖게 해준다.
　〈A10의 쾌감신경과 관련되어 있음〉
② 뇌내 모르핀 분비와 함께 알파인 뇌파를 동시에 방출하게 된다.
　〈이상적 뇌파인 α파와 비례관계에 있음〉
③ 우리 몸의 면역체인 T-임파구를 강화시켜 면역력을 길러준다.
　〈면역체계와 밀접히 연관됨〉

▶ 베타엔도르핀의 분비를 촉진하려면

① 유익한 식사　② 알맞은 운동　③ 정신수양(호흡, 명상)

(3) 의식

의식이란 어떤 자극에 대한 조직체의 반응능력이라 할 수 있다. 그리고 외부자극(정보)에 대한 반응 종류의 총량은 의식의 양이고, 정보에 대한 주파수 응답으로 반응의 범위(반응의 섬세한 정도)를 의식의 질이라 정의할 수 있다.

자신의 의식 수준을 높인다는 것은 외부정보에 대하여 자신이 의식의 질을 진화시키는 것으로 표현할 수 있다. 시장정보에 대한 반응이 매우 섬세하다면 의식의 수준이 높다고 할 수 있을 것이다. 이러한 좋은 의식의 질과 수준은 분명 트레이딩의 장점으로 작용한다.

보통 우리의 의식을 현재의식(표면의식, 외부의식)과 잠재의식(내면의식, 무의식)으로 크게 구분한다. 일상생활의 베타파 상태에서는 모든 정보는 단기기억회로에 잠정적으로 저축되고, 알파파 상태에서는 잠재의식의 문이 열려 장기기억회로에 정보가 저장되어 장기기억이 된다. 알파파 상태에서는 의식과 잠재의식이 통합되는 것이고 이것이 바로 잠재의식 활용의 열쇠이다.

성공적 트레이딩을 위하여 좌뇌와 우뇌의 기능을 통합하고 알파파의 상태에서 의식을 개발하고 잠재능력을 기르면 트레이더의 개인적 · 직업적 능력은 대단히 크게 향상되고 정신적 · 심리적 자산은 극대화될 것이다.

2 정신구성요소와 특징

각각의 정신구성요소는 전체의 정신영역을 구성한다. 각각의 구성요소는 서로 독립적으로 작용하고 동시에 서로 협력하기도 한다. 각각의 정신구성요소는 자신의 독특한 기능을 갖는다.

① 정신영역을 이루는 구성요소

- 긍정적 정서 : 사랑, 행복, 기쁨, 자신감, 평화, 수용
- 부정적 정서 : 두려움, 불안, 분노, 증오, 혼돈, 성급함, 스트레스, 태만
- 환영 : 거부, 합리화, 정당화, 왜곡
- 믿음 : 신념, 신뢰, 확신
- 의도 : 의지, 목적
- 기대 : 욕구, 바람, 열망, 소망
- 필요, 꿈, 매력, 사고, 기억, 직관, 창조 등

정신영역에서는 외부환경(시장정보)에 대한 모든 감각정보가 분류되고, 그룹화, 명명, 조직, 연상, 저장된다. 우리의 감각정보인 경험이 하나의 믿음의 구조(마음의 틀)를 형성시키는 장소이다.

② 정신구성요소의 특징

- 모든 정신구성요소는 만질 수 없다. 즉, 물질적 형태가 존재하지 않는 비물질적 요소이다. 우리의 정신과 영혼은 높은 차원에서 자신의 감정과 육체를 이끌게 된다.
- 정신구성요소는 질량이 아닌 에너지 형태로 존재한다. 즉, 정신에너지를 이룬다. 정신에너지는 시공을 초월하고 긍정적·부정적 힘의 강도

를 갖는다.

- 정신에너지는 외부환경과 자신의 행동에 영향을 미치는 힘으로 작용
한다.

정신에너지는 자신의 사고방식과 믿음의 체계에 영향을 주어 습관과 행동을 조절하거나 변형시킨다.

🏠3 정신에너지의 성질

① 에너지는 공간이 없는 비차원적 특성을 갖는다.

에너지는 모든 물체를 통과하고 다른 물체를 대치시키는 것은 아니다. 에너지는 만질 수 없으나 눈으로 볼 수 있는 이미지를 가질 수 있다. 예를 들면 홀로그램과 같은 것이다. 기억이나 정신 이미지(시각화나 꿈 등)는 홀로그램처럼 작용한다.

이를테면 우리 인간은 에너지 형태를 갖는 일정한 크기의 정신에너지를 창출할 수 있다. 지난 번 여행했던 멋진 장소를 더듬어 보거나 과거에 경험한 감미로운 사랑의 보금자리를 떠올려 보면 쉽게 정신 이미지를 그릴 수 있다. 이때 자신은 순간적으로 공간이나 거리에 관계없이 여행할 수 있다.

② 에너지는 시간적으로 빛과 같은 속도를 갖는다.

우리의 신체는 에너지가 순간적이거나 동시적인 것으로 공간의 영역에서 어느 곳에서든지 나타나는 것으로 느낀다. 꿈을 생각해 본다면 자신이 어느 순간에는 방에 있고 또 어느 순간에는 다른 외부의 어떠한 세계에 있을 수 있다. 우리가 현재의 빛을 보는 것은 사실은 과거에서 여행해 온 것을 보는 것이다. 현재의 순간은 과거(혹은 미래)와 동시적으로 연결되어 있음을 함축한다. 예를 들면 에너지 형태로 저장된 기억의 흐름인 경험은 20년 전의 것도 순간적으로 접할 수 있는 것이다.

③ 에너지는 극성을 갖는다.

이것은 우리에게 긍정적·부정적 정서를 만든다. 미움과 사랑, 기쁨과 슬픔, 신념과 의혹, 평온과 불안 등을 마음에 담게 된다. 예를 들면 시장을 위협적인 것으로 바라보면 자신의 내부에 부정적 에너지인 불안이 내부에 쌓인다. 반대로 시장이 수익을 제공하는 것이라면 즐거운 긍정적 마음이 생긴다.

④ 에너지는 강도가 있다.

이것은 우리의 감정의 세기와 크기의 정도가 각각 다르다는 것을 의미하며 인지되는 방식에 따라 변화함을 뜻한다.

예를 들면 공포의 강도는 매우 강한 음성적 에너지 특성을 갖고 개인에 따라서 느끼는 감정도 다르며 심리행동 변화에 영향을 준다.

4 기억과 연상

(1) 기억

기억(memory)은 충전된 에너지이다. 그리고 정신영역에 저장된다. 모든 기억은 자신의 실체의 부분을 구성하고 에너지 형태로 존재하기 때문에 행동에 영향을 미치는 힘으로 작용한다. 긍정적 기억은 자신감과 행복을 갖게 하고, 고통스러운 부정적 기억은 두려움을 낳고 또한 불만족을 갖게 한다.

경험이란 외부환경에 대한 정보를 오감을 통하여 무형의 에너지형태로 기억 속에 변환되어 기록되는 것이다.

유쾌한 경험은 기억 속에 긍정적 에너지 형태로 기록되고, 반대로 불쾌한 경험은 기억 속에 부정적 에너지로 기록되고 저장된다.

자신의 거래가 아주 힘들었고 손실을 낳아 실패했던 경험은 고통스럽고 불쾌한 부정적 에너지로 저장되고 자신의 거래가 성공적이었다면 그것은 유쾌하고 황홀한 긍정적 에너지로 자신의 정신영역에 저장된다.

(2) 연상

연상(association)은 사고의 자연스러운 작용의 특징으로 두뇌는 자신이 경험한 것을 비슷한 외부 정보들과 자동적으로 연결짓는다.

첫째, 연상은 사람과 사물을 비슷한 성질을 갖춘 그룹끼리 분류하고 우리의 경험이나 지식을 동일한 특성을 갖는 것으로 어떤 사건과 연결짓는 것이다.

둘째, 연상은 외부의 감각정보를 그들과 같은 성질을 갖는 것으로 자동적으로 처음의 경험과 관련짓는다. 이러한 연상의 작용은 어떤 의도를 내포하는 것이 아니라 정보를 조직하는 사고의 자동적 기능을 갖는다.

따라서 처음의 거래경험이 고통스러운 것이면 다음의 거래도 자동적으로 고통스러운 것으로 간주하게 된다. 또한 어떠한 거래경험이 성공적으로 이루어져 유쾌한 것이었다면 다음의 거래도 연상의 작용에 의하여 그렇게 되리라는 기대를 갖게 된다.

5 인지와 식별

(1) 인지

인지(perception, 인식)는 물질세계에서 우리가 이미 배운 것을 오감을 통하여 알아내는 것이다. 인지는 내적인 것과 외적인 것을 에너지로 연결하는 고리의 역할을 하며 정신에너지는 외부정보를 구별·분류·체계화하도록 작용한다. 우리가 배운 것이 이미 내부에 있기 때문에 그 배운 것을 우리는 인지한다. 이미 배운 것이 내부에 없으면 그 정보는 잘 받아들여지지 않고 무의미한 것으로 간주된다.

시장 현실에 대한 인식은 자신이 시장에 대하여 어떻게 내적으로 반응하는가를 의미하게 된다. 이것은 곧 자신이 시장정보를 대할 때 나름대로 그 정보를 이해하고 해석함을 뜻한다. 동일한 하나의 시장도 자신이 인지하는 방식에 따라 달라질 수 있는 것이다.

(2) 식별

식별(distinction)은 전에 구별되지 않았던 정보를 구별하고 분리하는 것이다. 식별은 양자 사이의 차이점을 연결하는 에너지 고리인 인지능력에 따라서 서로 다른 다양한 형태의 정보를 알아내는 것이다. 식별력이 높으면 사물에 대한 원인과 결과의 관계를 좀더 깊이 이해할 수 있다.

우리가 처음 환경이나 정보를 접하게 되면 이는 기억되고, 구별되고, 연상을 갖게 된다. 이러한 최초 접촉은 곧 어떠한 형태이든 최초의 경험이 되어 정신구성의 틀을 형성시킨다.

식별력은 한 시장이 다른 시장과 어떻게 차이가 있는지를 인식하고 선택할 수 있게 해준다. 예를 들면 강세시장과 약세시장의 차이점, 잘된 거래와 잘못된 거래의 차이점, 시장추세와 비추세의 차이점 등을 인식하여 수익 가능한 시장선택의 여부를 결정짓는다.

요컨대 최초의 경험은 자신의 내부에 특정한 의미를 형성하고 또한 그 의미와 관련된 에너지의 질을 결정짓고 다음에는 우리가 정보를 선택하고 느끼는 방식으로 경험을 만들어 낸다. 즉, 우리는 기억, 식별, 연상을 통하여 인지하는 방식으로 경험을 만들어낸다.

6 믿음

(1) 믿음의 의의

믿음(beliefs, 개념화된 특정한 마음의 상태나 방식)은 비물질적 에너지형태로 존재하며 정신영역의 주요구성요소이다. 그러므로 정신에너지의 성질을 갖는다.

믿음은 외부의 정보인식과 해석이나 자신의 행동패턴에 영향을 주는 힘으로 작용한다. 즉, 믿음은 자신의 감정과 육체와 행동을 다스릴 수 있다. 정신은 물질을 지배하고 보이지 않는 것을 다스리는 것이 자연의 법칙이기 때문이다. 믿음은 우리가 오감을 통하여 정보에 대한 의미나 개념을 부여하여 식별과 인식의 방식을 형성한다. 이러한 믿음은 특정한 개념을 지닌 상태로 현재 자신이 믿는 것을 다른 것과 구별하여 차이점을 인식하는 역할을 한다.

따라서 믿음은 한정적인 인지영역의 특성을 갖는다. 이러한 믿음은 폐쇄적 고리를 형성하고 인지되는 정보를 통제할 수 있게 된다. 이렇게 하여 믿음은 자신의 내적·외적 정보를 여러 가지 방식으로 운용·관리한다. 다른 정보에 대하여 비개방적 특성을 갖는 믿음은 혼란스런 정보에 대한 수용을 차단한다. 이러한 믿음의 특성으로 흔히 새로운 선택과 새로운 정보의 수용을 어렵게 한다.

경험은 우리가 선택하는 과정의 축적 결과이다. 우리가 선택하여 기억 속에 저장·변환된 것은 믿음의 요소가 된다. 우리가 경험하는 영역 속에서 한 개인에게 인식이나 인지되는 것은 객관적 진실과 반드시 관련이 있는 것은 아니다. 자신이 믿는 것이 올바른 것이든 그릇된 것이든 긍정적이건 부정적이건 이치에 맞건 맞지 않건, 믿는 것은 우리의 현실 속에서 하나의 사실로 받아들인다.

일련의 경험들은 믿음을 강화시키고 그렇게 형성된 믿음은 하나의 사실과 진실로서 자신이 믿는 방식대로 자신의 정체성을 확인시켜 주는 요소가 된다. 믿음은 자신에게 맞고 부합하는 믿음의 가치를 보강해 준다.

(2) 믿음의 주요작용

① 믿음은 현재 자신이 믿는 것과 다른 형태의 것을 받아들이기를 꺼려 한다.

믿음은 현재 자신이 믿는 형태의 것과 다른 것을 거부하는 경향이 있다. 역으로 표현하면 자신이 생각하는 것에 맞는 것과 동조하게 된다. 왜냐하면 자신의 믿음은 인정되기를 원하며 그것이 편안하고 안전하다고 느끼기 때문이다. 자신의 내부에 경험된 것이나 받아들여진 것은 경험되지 않은 것이나 받아 들여지지 않은 것을 인정하고 수용하기 어렵다.

이러한 믿음의 폐쇄적 작용으로 믿음은 변경되거나 도전받기를 매우 꺼려 한다. 세상의 모든 관계에서 개인과 개인, 개인과 조직간의 수많은 갈등의 저변에는 이러한 믿음의 역할이 작용되어 끝없는 분쟁의 씨앗이 된다.

예를 들면 일련의 트레이딩을 통하여 '트레이딩이 두렵고 위험하다.'라고 경험하여 그러한 생각과 믿음이 자신의 내부에 자리 잡는다면 트레이더는 시장에 대한 해석을 두려운 것으로 인식하게 된다. 실제로 모든 트레이딩이 두렵고 위험한 것으로 믿고 그러한 마음으로 트레이딩의 행위를 하게 된다.

두렵고 위험한 마음은 트레이딩의 여러가지 실수를 일으키는 결과를 만든다. 트레이딩이 어렵고 위험하다는 믿음이 자신의 내부에 하나의 사실로 받아들여졌기 때문에 자기실현적 예언을 통하여 현실화되고 있는 것이다. 대부분의 트레이더는 이러한 범주를 벗어나기 힘들지만 소수의 성공적 트레이더에게는 이와 완전히 반대되는 경우의 예에 해당된다.

믿음은 그것이 긍정적이든 부정적이든 자신의 내부에 하나의 진실을 의미하고 자신의 정체성을 형성한다. 그리고 믿음이 비록 경험되지 않은 것이라도 자신의 내부에 하나의 관념이나 개념으로 받아들여지고 자리잡는다면 그것은 하나의 진실을 내포한다. 이는 우리의 삶의 방식을 결정짓는 매우 중요한 사실이다. 우리는 긍정적인 믿음의 기대를 신념이라 표현한다. 그리고 부정적인 것은 미신이나 잘못된 통념이라 말하기도 한다. 물론 양자는 경험을 통하여 더욱 강화될 수 있다.

예를 들어보자. 신은 존재하지 않는다는 믿음은 실제로 경험된 것이 아닐 수 있지만 신이 존재하지 않는다는 것에 대한 의식적 개념이 자신의 정신영역에 형성되어 하나의 진실로 받아들여지고 이러한 믿음과 상충되는 개념인 신이 존재한다는 것을 받아들이기 어렵다.

믿음은 현재 자신이 믿는 형태의 것과 맞지 않는 것을 거부하는 경향이 있지만 변경이 불가능하다는 뜻은 아니다. 믿음은 정신영역의 에너지이다. 에너지는 에너지보존법칙에 따라 완전히 없어지는 것이 아니고 변환된다. 따라서 하나의 믿음은 다른 하나의 형태로 변환될 수 있다. 이러한 변경은 물론 매우 어려워 시간과 노력이 요구된다.

에너지의 전환, 곧 믿음의 변경은 자기수용방식과 새로운 경험의 방식에 따라 점진적 · 급진적으로 이루어질 수 있다. 진정한 자기수용은 자신의 여러 부정적 믿음의 요소들을 긍정적인 것으로 대치하거나 자신의 여러 약점들을 자신의 내부에 진실로 인정하는 것으로부터 출발한다. 따라서 트레이더는 자기수용을 하여 적합하고 새로운 방식으로 정보를 선택하면서 시장에 접근해야 한다.

② 모든 활동적 믿음은 특정한 방향으로 표현되기를 필요로 한다.

믿음에는 강도가 강한 활동적인 믿음과 강도가 약한 비활동적 믿음이 있다. 약한 비활동적 믿음은 에너지가 거의 없거나 미미하여 우리의 행동에 영향을 미치지 못한다.

강한 믿음은 우리의 정보에 대한 인식과 해석 그리고 행동에 영향을 미치는 힘으로 작용한다. 강한 믿음은 많은 에너지로 충전되어 있고 이것은 어떠한 외부 갈등이 있어도 이를 극복하고 이겨내어 자신의 의도, 욕구, 기대 목적을 실현시킬 수 있다.

또한 믿음에는 부정적 믿음과 긍정적 믿음이 있다. 부정적이든 긍정적이든 그것이 강한 활동성을 갖는 믿음은 언제나 믿음의 기대가 실현되기를 요구한다. 긍정적 믿음은 자기가치의 실현을 이루어내고, 부정적 믿음은 자기 파괴의 결과를 만든다.

믿음은 미래에 대한 기대를 만든다. 이러한 기대는 어떠한 형태로든지 자기실현적 예언의 방식으로 표현되고 실현되기를 갈구한다. 믿음의 기대에 대한 실현은 자기표현의 과정이고 자신의 정체성에 대한 확인을 나타낸다.

트레이더가 성공의 기대에 대한 긍정적인 강한 믿음의 토대를 이룬다면 그렇게 자신이 성공자로 표현될 것이고, 그와 반대이면 실패자로서 자신의 표현이 파괴적으로 현실화될 것이다.

③ 믿음은 의식적으로나 무의식적으로나 지속적으로 작용한다.

믿음은 정신에너지를 이루고 자신의 내부의 기억으로 저장되어 보관된다. 이러한 믿음은 자신이 기억을 하든 못하든 의도적으로 의식을 하든 못하든 자신의 인식과 행동에 영향을 미친다. 우리가 경험을 통하여 배운 것은 대부분 무의식 속에 저장되어 자신이 깨닫지 못하고 있어도 지속적으로 영향력을 행사한다.

일반 정서와 마찬가지로 믿음의 정서는 시간적으로 영속되며 공간적으로 확대되기 때문에 내부의 믿음은 자신의 의식 여하에 관계없이 작용한다. 우리는 삶의 현실 속에서 이를 경험한다. 인간활동의 약 80%인 잠재의식적·무의식적 행위는 이러한 믿음의 작용인 것이다. 트레이더가 같은 실수를 자주 반복하는 것도 이와 같은 것이다.

5. 감정의 조절

정신적 작용, 즉 사고의 과정이 트레이딩에 영향을 주기도 하고 받기도 하듯이 모든 감정(정서)은 트레이딩에 영향을 주고 받는다. 감정은 자신에게 효율적으로 작용하여 거래를 향상시키기도 하지만 반대로 작용하면 자신의 객관성을 흐리고 인내심을 앗아가며 조급한 결정을 내리게 하여 거래기법과 자금관리에 혼란을 가져다 준다.

1 감정적 부담을 최소화하는 방법

(1) 트레이딩을 사업으로 간주한다.

손실은 단순히 사업수행 비용의 일부로 생각한다. 사업과 마찬가지로 트레이딩도 시간과 자금 그리고 노력의 투자가 필요함을 인식한다. 성공적 사업가는 결코 하루 아침에 이루어지지 않는다. 많은 지식과 경험을 통해서 배우고 지속적인 노력을 통해 이루어진다.

(2) 트레이딩을 게임으로 간주한다.

게임의 원칙과 방법을 익혀야 한다. 돈을 버는 것은 트레이딩(혹은 일)을 잘하는 것, 게임을 잘하는 것에 대한 부산물이다. 게임을 항상 올바르고 완벽하게 할 수는 없다. 현실적으로 완벽한 게임은 매우 어렵다. 게임은 매번 최선을 다해 훌륭히 해내는 것이, 옳고 완벽한 게임보다 능률적이고 현실적이다.

(3) 제3자의 입장에서 자신을 바라본다.

감정의 자아 밖에 서서 자신의 주관적 관점을 떠나 객관적이고 전문가적 입장에서 자신을 보는 것이다. 특히 감정적 스트레스와 정신적·금전적 고갈이 심하여 두려움이나 고민이 쌓일 때 전문가적 충고자로서 자신을 바라보면 시장접근이 매우 유리해진다. 시장에서 승리하였다고 황홀감에 도취되거나 실패하였다고 실망에 빠져 의기소침해질 필요가 없다.

청지기와 같은 태도로 금전과 물질을 책임관리한다. 물질의 소유자는 그 물질에 대한 집착과 감정의 부담을 갖는 경향이 있지만 청지기는 정해진 시간에 책임이 있으므로 자신의 능력범위 안에서 최선을 다하고자 한다. 〈나는 빈손으로 이 세상에 왔으며 빈손으로 이 세상을 떠나게 될 것이다.〉 이것은 인생의 중요한 부분을 다루는 데 있어서 균형을 잡게 해 줄 것이다. 자신이 획득하는 것을 청지기의 자세에서 본다면 객관적 입장에 서게 되고 마음이 편안한 상태가 되어 더 훌륭한 자산관리자가 되고 프로 트레이더가 되는 것이다.

(4) 자신이 방출하는 감정파를 조율한다.

인간은 흔히 살아 있는 안테나처럼 자신이 경험하는 어떠한 감정의 강도나 주파수를 방출한다. 그리고 반복해서 그러한 강도의 감정을 복사하는 경향이 있다. 감정의 강도가 부정적이면 이를 최소화해야 한다. 그렇지 않으면 자신의 거래에서 그러한 감정들을 반복적으로 끌어들여 트레이딩을 어렵게 하고 같은 실수를 반복하게 된다. 사람의 감정은 같은 정도의 강도에 동조하기 때문이다.

① 주파수(감정의 강도)는 같은 강도의 것과 동조하는 경향이 있다.

인간의 감정 강도는 부정적이든 긍정적이든 같은 수준의 것을 좋아한다. 마음이 맞는다는 것은 상대와 같은 주파수를 갖는 것이다.

② 높은 수준의 주파수는 낮은 수준의 주파수를 지배하고 결정한다.

우리가 믿은 것은 사고하는 방식을 결정짓고, 사고는 우리의 정서를 결정지으며, 그 정서는 육체에 반응하고 행동하는 데 영향을 주고 그것은 결국 우리 자신(육체)을 형성한다.

- 감마파(γ)의 높은 주파수는 흥분을 일으켜 당황스럽고 걷잡을 수 없는 행동을 유발시켜 자신을 지배한다. 나 자신은 나의 행동과 습관, 감정, 사고, 믿음의 방식에 의하여 결정지어 진다.
- 반면 우리가 조절된 사고작용, 즉 참선이나 명상을 하게 되면 높은 감정의 주파수는 마음에서 떠나게 된다. 이때 감정적 부담은 줄어들고 정서적 · 정신적 상태는 최적화된다.

  감정적 부담(격동)에서 벗어나면 심리적 자본이 축적(기의 축적)되고 심신의 제반 기능은 효율적으로 작동되고 모든 일을 더 잘 할 수 있게 되며 트레이딩도 쉬워진다. 자신이 평화롭고 육체가 안정될수록 자신과 육체는 보다 능률적으로 운행되고 모든 것을 능숙히 처리할 수 있게 된다.

(5) 자신에게 용서를 구한다.

정신자본을 보존하는 데 중요한 것은 자신을 용서하는 훈련을 하는 것이다. 부정적 상황에서 진정한 용서를 배울 수 있다. 고통이 찾아오면 자신을 정직하게 대한다. 그러면 고통은 우리의 잘못을 알려주는 역할을 한다. 용서를 함으로써 치료의 기회가 생기고 치료의 기회를 갖는 것은 자신의 성장단계를 이끌어 인생과 트레이딩의 진보과정을 가속화시켜 줄 것이다.

➡ 다음을 음미하고 자신의 한계를 인식한다.

현재 우리는 불확실한 세상에 살고 있다. 인생에서 시간과 에너지 그리고 돈은 제한되어 있고, 때때로 모든 일을 잘할 수도 있지만 한두 번의 실패는 피할 수 없는 것이다. 실패는 주로 무지, 오만, 부주의(방심)에서 발생한다.

그러나 가끔 피할 수 없는 불행한 일도 있다. 하지만 스스로를 용서하고 계속 배우고 성장해야 한다. 과거의 짐을 갖고 다니는 것은 이롭지 않다. 과거의 실수로부터 배우고 미래에 이들을 적극적이고 건설적으로 적응시키는 것이다.

우리는 미완성의 불완전한 곳에 살고 있고, 현재에도 완성되어 있지 못하고 미래에도 그럴 것이다. 인간은 나이가 들어감에 따라 자신의 삶이 고통스럽기도 하고 좋아지기도 한다. 누구나 좋아지기를 원할 것이다. 이를 위해서는 정신적 자본을 계발하고 보존해야 한다.

6. 자신의 한계를 이해하기

변화와 통제

🏠 변화시킬 수 있는 것과 없는 것

(1) 변화시킬 수 있는 것

사랑의 예를 들어보자. 자신이 앞으로 한 사람을 사랑하고자 하면 우선 구애를 해야 하고 그러기 위해 상대의 마음(자신의 외부환경, 객관적 상황)에 들도록 우선 자신의 행동을 변경할 것이다. 물론 자신의 감정도 이미 달라져서 변해 있을 것이고, 자신은 지금까지 하지 않았던 전혀 새로운 방식으로 상대에게 접근하고 호감을 얻기 위해 최선을 다할 것이다. 자신의 새롭고 진실된 모습을 갖추었을 때 비로서 구애의 목적은 달성될 수 있는 것이다.

자신이 어떠한 것(상황)을 변화시키고자 한다면 우선 자기 자신부터 변화되어야 한다. 어떠한 상황에 대하여 단정짓기보다는 그 상황에 대하여 깊이 고찰해 볼 필요가 있다. 즉, 외부의 현실상황(시장)에 대한 자신의 주관적 인식과 사고와 정서적 반응에 대한 방법을 변경하여 새로운 믿음의 가치체계를 형성시켜야 한다. 그래야만 자신의 태도와 행동은 변경될 것이다.

많은 사람들이 자신들의 삶의 여러 모습들을 변화시키고 개선하기 위하여 서점에서 성공에 대한 책을 구입해 보거나 세미나 등을 통해 자아개선 프로그램을 경청하기도 한다. 변화는 성공으로 가는 성장의 출발선이기 때문이다. 트레이더도 자신에게 알맞은 방법을 통하여 자신을 개발하는 훈련을 해야 할 것이다. 자신에 대한 변화를 하기 위해서는 많은 시간이 걸린다는 것을 깨달아야 한다. 그러므로 스케줄을 작성하여 자신의 모습들이 어떻게 변하고 얼마나 잘 진전되고 있는가를 검토하고 평가해야 한다. 우리는 이미 프로그램화 되어 있는 자신의 믿음과 생각의 방식대로 현실을 주관적으로 본다. 물론 이러한 프로그램을 바꾼다는 것은 쉽지 않고 매우 고통스러운 일이다.

트레이딩에서 실천적 행동을 변화시키기 위하여는 자신이 주관적으로 느끼는 시장의 인식에 대한 생각이나 믿음을 바꾸어야 한다. 자신이 다른 방식으로 생각하고 정서적 태도를 달리함으로써 행동도 달라지는 것이다. 결국 자신의 변화의 관건은 믿음, 정신, 정서, 지식, 행동 등의 통합에 관한 문제이다.

변화의 목적은 자신의 습관과 행동을 새로운 모습으로 개선하고 발전시키는 것이다. 변화된 행동은 자신의 새로운 믿음, 새로운 사고, 새로운 정서에 대한 실천이다. 이것은 우선 자기수용으로부터 시작한다. 자신의 내부에 숨어있는 고집, 자만, 집착, 두려움, 욕망, 성급함, 분노, 복수심, 절망 등을 찾아내어 있는 그대로 받아들이고 인정하여 새로운 믿음의 가치체계를 세워 알맞은 방식으로 겸손하고 새롭게 반응하고 행동하며 실천하는 것이다.

자신의 변화를 통하여 시장에 대한 대응이나 적응력을 쌓아갈 수 있다. 외부환경인 시장에 적응한다는 것은 자신이 시장정보를 더 배우고 그의 특성을 이해하면서 자기자신을 변화시키는 것을 뜻한다.

(2) 변화시킬 수 없는 것

우리 주변에는 자신을 변화시키지 못하는 사람들을 종종 볼 수 있다. 이들은 자신의 개선과 발전을 이끌어내지 못하고 시장에 적응하지 못한다. 특히 장기투자자가 트레이딩을 하기 위해서는 새로운 가치체계로 새로운 행동방식의 변화 없이는 트레이딩은 어려운 것이다.

우리는 또한 자신이 변화시킬 수 없는 것을 인식하고 인정할 필요가 있다. 객관적 상황 자체를 변화시킬 수는 없다. 시장은 엄연한 현실적 상황이고 그 현실 시장은 있는 그대로 존재하며 자연의 방식을 모방한 다수 인간들의 행동방식대로 흘러간다. 다수의 사고와 행동은 한 개인이 통제하거나 변경시킬 수 없다. 즉, 시장은 개인에 의하여 좌우되지 않는 객관적 상황이다.

우리는 자연의 법칙을 역전시키거나 그 흐름을 바꾸어 놓을 수 없다. 자연의 법칙은 진리이고 영원한 것이다. 시장은 추세가 있고 추세는 대중의 힘이 작용하여 그 흐름은 방향성을 갖고 지속된다. 대중의 힘은 한 개인이 변경할 수 없는 강력한 힘을 갖는다. 이러한 추세에 역행하는 것은 자신이 변경시킬 수 없는 자연의 법칙을 위반하는 것이다. 결국 주관적인 자신의 습관과 행동을 바꿔서 객관적 상황을 다루지 않으면 안 된다.

(3) 습관의 개선

자신의 습관을 개선하는 과정을 살펴보면, 변화를 담당하는 것은 인간의 뇌로부터 발생한다. 뇌세포는 정보의 저장시스템이다. 뇌는 신체의 구조

를 만드는 것이 아니라 미래에 사용될 정보를 축적하는 뇌세포를 생성한
다. 뇌에 새로운 정보를 생성시키기 위하여 자신의 사고체계와 맞지 않는
것을 버려야 한다.

건전한 생각, 좋은 습관과 정서, 건강한 인생을 갖추려면 부적절하고 비
효율적인 정보나 패턴을 건전한 것으로 뇌세포에 형성시킴으로써 현재
의 믿음이나 사고의 체계를 변형시킬 수 있다. 비생산적이고 무의식적인
나쁜 습관을 자신으로부터 몰아내고 새로운 것으로 재프로그래밍화 하
여 좋은 습관을 만들어 낼 수 있다.

과거의 부적절하고 비효율적 패턴을 바꾸고 마음에 새롭고 적합한 방식
을 작동시키려면 많은 시간이 필요하다. 왜냐하면 마음은 자신이 현재 알
고 있는 것, 믿음의 체계와 같지 않은 것, 자신과 동조하지 않는것은 받아
들이지 않는 경향이 있다. 이 점이 트레이더가 동일한 실수를 반복하게
만드는 원인이다.

거래에서 같은 실수를 반복한다면 실수를 유발하는 잘못된 여러 요인을
찾아내야 한다.

➜ 실수의 원인이 무엇 때문인가?

• 분석적 지식정보의 부족 때문인가?

• 잘못된 정보로 그릇된 판단을 하고 있는가?

• 확실한 거래수익 기회가 없는데도 기대를 바라고 시장에 진입하고 있
  는가?

• 두렵고 불안한 감정이 자신에게서 강하게 작용하고 있기 때문인가?

• 감정의 상태가 부적절한가? 탐욕, 도취감, 과신, 기대를 갖는가?

• 시장에 대한 접근이 무모하거나 충동적이지는 않은가?

많은 왜곡된 내부적 요인들을 찾아내어 철저한 책임감을 갖고 이를 변화시키고 개선함으로써 반복된 실수의 행동을 줄일 수 있다.

2 통제와 완벽과 안전에 대한 욕구

돈을 번다는 것은 어떤 일을 잘한 결과에 대한 부산물이다. 자신이 할 수 있는 일에 최선을 다하고, 일(게임)을 전문적으로 다루고, 그것을 사랑하면 부는 자연적으로 따르게 된다.

(1) 통제

사람들은 인생에서 모든 것을 통제할 수 있다고 생각한다. 이것은 잘못된 통념이다. 예를 들면 자신의 자율신경계나 잠재의식은 육체나 행동의 90% 이상을 조절한다. 자신은 나머지 10% 정도만 조절할 수 있다. 우리는 식음료 섭취, 호흡, 외부자연환경, 정치, 경제 체계 등을 자신이 통제하지 못한다. 결국 인생에서 자신이 통제 가능한 것은 별로 없다.

우리는 모든 것을 자신이 통제하려는 것을 포기하고 자신이 책임질 수 있는 것을 하며 나머지는 신의 손에 맡겨 놓으면 된다. 그러면 통제에 대한 쓸데없는 노력을 하지 않고 보다 편안하고 만족스럽게 시장에 접근하여 성공적으로 거래할 수 있다.

분명 우리는 시장을 통제할 수 없다. 이것은 때때로 우리를 실망시키기도 한다. 또한 자신의 거래기법이 완벽한 기술도 아니다. 통제할 수도 없고 완벽한 기술이 없기 때문에 더욱 더 완벽해지려고 한다. 그러나 거래기법을 최적화하여 선택의 폭을 넓혀 우수하고 멋진 결과를 만들어 낼 수 있다. 우수성은 완벽하지는 못하지만 만족할 만한 것이다.

(2) 완벽(완전)

완벽함에 대한 대가는 매우 크고 현실적으로 도달하기 어려운 것이다. 완벽함은 흔히 주문실행을 어렵게 만들어 큰 기회손실을 가져온다. 완벽한 시간에 진입하고, 최적가격으로 주문을 실행하고, 언제나 승리해야 하고 자신이 옳아야 하는 것은 완벽주의의 한 모습이다.

시장이 어떻게 움직이더라도 만족하려고 노력하고 거래결과에 연연하지 않고 큰 기대를 바라지 않는다면 완벽함에 대한 그릇된 망상을 버릴 수 있다. 완벽하게 거래하려고 하는 것은 과거의 실수에 대한 집착이고, 이는 의사결정을 내리는 데 걱정과 망설임을 가져오게 한다.

인생에 있어서 완벽함은 건강을 해치기도 하고 불필요하고 부적절하게 돈과 시간과 노력을 소모하게 한다. 이루지 못할 것을 희망함으로써 자신의 인생을 불균형하게 만든다. 완벽은 현실적으로 실현불가능한 이상에 지나지 않는다. 인간은 불완전하고 완벽하지 못한 존재임을 인식해야 한다.

(3) 안전

트레이더는 자신에게 알맞은 시간에 시장에 진입·퇴출을 조절할 수 있고, 자금과 위기관리를 할 수 있고, 거래기법을 발전시켜 나갈 수 있으며, 자신에 대한 정신적·정서적 진행과정과 행동의 통제가 가능하다. 그러나 시장을 통제할 수는 없다. 그렇기 때문에 우리는 시장 앞에서 언제나 안전함을 느끼지 못하고 불안하고 긴장하게 되는 것이다.

트레이더는 미래의 가능성에 대하여 미지의 세계에서 불확실한 것에 모험을 걸고 자신을 던지는 것이다. 모험과 안전은 상반된다. 모험을 걸어야 하는 트레이더는 시장에서 안전욕구를 찾아 편안해지려고 하는 것은 하나의 이상적 바람에 불과하다.

개인적 인생에서 완벽하고 안전한 방식이 존재하지 않듯 주식시장은 완전함과 안전으로부터 자유로워 질 수 없다. 우리는 이것을 선택할 수 없다.

➤ 다음을 음미해 보자.

- 우리는 홀로, 불안하게, 통제할 수 없이, 아무것도 갖지 않고 미지의 세계를 맞이하면서 이 세상에 태어났다. 그리고 우리는 같은 방식으로 홀로, 불안하게, 통제할 수 없이, 아무것도 갖지 않고 미지의 세계를 맞이하면서 이 세상을 떠난다.

- 그러나 우리는 일생동안 홀로 있고 불안한 것을 회피하며, 통제하고, 무엇을 만들어 축적하고 미지의 세계를 회피하면서 살아간다. 왜 그럴까? 어리석음이다. 피할 수 없는 것을 회피하려 한다.

- 인생의 시작은 곧 종결이다. 이러한 시작과 종결의 진리를 접하면 우리는 보다 현명한 인생을 의식적으로, 동정하면서, 사려 깊고, 사랑과 신념을 갖고, 책임을 지며, 겸손하게 살아갈 수 있으며 보이지 않는 속박으로부터 벗어나 진정한 자유를 누리게 될 것이다.

7. 현재의식

대부분의 사람들은 현재 속에 살면서 현재 자신의 모습에 대하여 불만족해 한다. 그러나 사실은 과거나 미래보다도 현재가 자기인생의 중요한 부분이다. 지금 이 순간은 자신이 소유한 모든 것을 말하며 지금 이 순간이 곧 자신의 인생이다.

우리는 책임감 있게 행동하면서 아주 의식적으로 살아가려면 현재 속에서 살아야 한다. 과거는 지나간 역사이며 미래는 아직 존재하지 않고 있다. 자신은 과거 속에서도 아니고 미래 속에서도 아닌 바로 현재 속에서만 행동할 수 있다.

시장에서 거래기회를 접할 때 트레이더는 종종 자신의 과거 손실이나 잘못된 거래를 자신도 모르게 마음속에 떠올려 무의식적으로 현재와 연결지으려 한다. 과거 실패의 기억을 좇아버릴 수는 없다. 결과적으로 자신의 거래에 집중을 못하고 큰 수익의 기회를 놓칠 수 있다. 이를 경험해 보지 않은 트레이더는 없을 것이다. 이때 자신의 입장을 현재시점에 초점을 맞추면 도움이 될 것이다.

'과거는 지난 일이며 사라진 것이다. 나는 이미 과거로부터 충분히 배웠고 현재 내가 하는 행동은 미래에 일어날 일에 영향을 줄 수 있다.' 고 생각하면 될 것이다. 이렇게 하여 나의 현재의식의 수준을 최고로 끌어올리면 보다 객관적으로 행동할 수 있게 된다. 자신의 시장에 대한 인식과 판단과 의사결정은 더욱 분명해지고 결과적으로 자신의 정신적 자본 뿐만 아니라 금전적 자산을 증대시킬 수 있는 능력이 보다 향상될 것이다.

현재에 사는 것은 과거의 짐을 벗어 던져버리는 것이다. 터무니 없는 희망이나 기대, 두려움, 수치심, 죄책감, 견해에 대한 자만, 올바르고 완벽해지려는 욕심 등 모든 감정적 부담을 몰아내고 현재에 충분한 의식을 갖고 거래하면 대응력은 높아질 것이다.

정신자본을 축적하기 위한 중요한 요인 중 하나는 현재 속에서 지속적으로 의식적인 삶을 필요로 한다. 균형을 갖고, 흔들림 없이, 확실한 영역에서 사는 것이다. 이것은 이론이 아닌 현실인 것이다.

➜ 현실의식을 갖고 성공적 인생(거래)을 위해 다음의 내용을 음미해보자.

• 나는 인생에서 승리를 원한다. 내가 할 수 있는 모든 것을 성취하기를 소망한다. 그리고 망설이지 않고 벌떡 일어나 행동을 개시하고 그 결과에 책임을 진다.

• 나는 자신이 하고자 하는 바를 명확하고 확고하게 생각하고 결정한다. 그리고 인내심을 갖고 통찰력을 기르기 위하여 열심히 노력한다.

• 나는 긴급한 일이 일어난다고 혼란해 하지 않는다. 인생의 중요한 부분에 집중한다. 자신의 목표를 향해 계획대로 일을 진행시킨다. 그리고 창조의 목소리에 경청한다.

• 나는 자신과 어울리는 영혼을 가진 사람들과 자신의 내적 소망을 공유한다. 전심 전력하여 함께 일하고 일의 열정에 불을 지른다.

• 나는 내가 도움 받기 전에 타인에게 봉사한다. 그리하여 모든 사람들이

성공하게 만든다. 전체는 부분보다 위대하다. 그러면 성공의 몫은 자라나고 줄어들지 않는다.

- 나는 타인의 말에 경청한다. 겸손하고 동정심을 갖고 타인이 말할 때 자신을 내세우지 않는다. 그러면 기대하지 않는 은혜를 받게 된다.

- 나는 자신을 돌보는 데 게을리 하지 않는다. 내가 태만하면 타인도 그럴 것이다. 배우고, 성장하고, 사랑하고, 운동하며, 휴식을 한다. 그러면 내 삶의 질은 정교하게 다듬어진다.

8. 철학적·과학적 지식

트레이딩은 돈과 관련이 있고 돈을 증대시키는 수단이다. 그러나 마음속에 오로지 물질적 돈만 추구하여 자연의 법칙(시장의 흐름), 창조의 원리, 영원한 생명과 동조하지 않는 트레이더는 자신과 트레이딩 접근방식에 대하여 정서적 태도가 긍정적이고 건전해지기 어렵다.

➜ 몇몇 과학자, 철학자의 말을 살펴 본다.
• 인간의 의식은 신의 마음과 동조한다.
• 인간은 상상력을 사용하여 사물을 창조하고 그것으로 현실세계를 묘사한다.
• 수학을 만들어 내는 우리의 마음은 우주의 실체와 일치되는 것이다. 우리는 진실성에 조율되어 있다.
• 인간은 수학과 과학을 낳는 영적 진리에 조율되어 있다.

다음은 시장과 관련해서 사물 혹은 물질의 일반적 법칙, 그의 역학적 운동법칙, 파동의 법칙, 혼돈의 이론 및 수에 숨겨진 의미에 관하여 중요한 요점만 간단히 기술한 것이다.
자신에게 중요한 것은 인간이 만든 시장에 반영되는 과학적·철학적·

기술적 교훈들(시장의 법칙, 시장 흐름의 속성)을 찾아내어 이를 이해하고 시장에 유효하게 적용시키는 것이다.

🏠 만물의 존재와 작용

(1) 모든 물체는 각자 고유한 진동과 파동을 갖는다.
모든 물체는 서로 다른 파장, 일정한 주기, 진동수가 다르기 때문에 고유한 에너지(힘)를 나타낸다.
예를 들면 각 주식은 서로 다른 파동과 그 형태, 크기, 움직임을 나타내므로 다양한 모습을 갖고 있다. 즉, 각 주식은 나름대로의 고유하고 독특한 성질을 갖고 있다는 의미이다.

(2) 만물은 끊임없이 규칙적 · 불규칙적으로 운동하고 변화한다.
이를테면 각 주식은 시간의 흐름 속에서 정지해 있지 않고 끊임없이 상승, 하락, 반전을 거듭하며 또 다른 모습으로 변화를 이루게 된다.
어떠한 규칙성을 갖고 질서 정연한 파동의 모습대로 움직이기도 하고, 전혀 다른 형태와 움직임으로 예측을 아주 벗어나기도 한다.

(3) 만물은 대립하고 발전하면서 상호적으로 작용한다.
서로 유사한 파동과 성질을 갖는 것끼리는 동조가 일어나고, 각 개체는 전체에 혹은 전체는 개체에 서로 영향을 준다.

예를 들면 지수관련 주의 움직임의 특성은 서로 매우 유사하며 같은 그룹 (테마그룹)끼리의 변화와 움직임도 매우 비슷한 모습을 나타낸다. 또한 상승장에서는 대부분의 주가는 서로 영향을 미쳐 주식은 대부분 오르고, 반대로 침체 시장에서는 대부분 하락한다.

"숲을 보고 동시에 나무를 보라."는 말은 이를 함축적으로 표현한 것이다.

❷ 질서에 관한 법칙(뉴턴의 운동법칙과 엘리어트의 파동이론)

(1) 물체의 운동법칙(뉴턴의 운동법칙)

① 관성의 법칙

관성이란 물체에 힘이 작용하지 않을 때, 물체가 갖는 운동상태를 그대로 유지하려는 성질이다.

- 정지해 있던 물체는 정지한 상태를 그대로 유지하려 한다.
- 운동하던 물체는 직선 방향(같은 방향)으로 운동상태를 유지하려 한다.

예를 들면 횡보하는 주식의 변동은 미미하고 계속 횡보를 유지하려고 하고, 상승이나 하락하는 주식은 계속 상승이나 하락의 방향으로 진행하여 추세를 만든다.

② 가속도 · 감속도의 법칙

물체에 힘을 가하면 힘의 방향으로 가속도가 생긴다. 이때 생기는 가속도의 크기는 힘에 비례하고 질량에 반비례한다.

예를 들면 상승탄력(가속도)이 붙은 주가는 수요량이 증가(힘의 크기가 커짐)함에 따라 가속도가 생겨 급격히 상승한다. 그러나 반대로 매물이 많으면(질량이 크면) 속도는 감소하여 가격상승은 멈추어 버린다.

③ 작용과 반작용

두 물체 사이에서 다른 물체에 힘을 가하면 같은 크기의 힘이 반대방향으로 작용하는 원리이다.

예를 들면 주가의 급등이 크면 클수록 그에 따라 비례적으로 급락의 폭도 커지고, 상승의 폭이 작으면 하락의 폭도 작아진다. 이것이 바로 작용과 반작용의 주가 주요 속성이다.

(2) 파동의 법칙(엘리어트의 파동이론)

엘리어트 파동이론은 기술적 분석의 결정체이고, 랜덤 워크 이론과 함께 대표적인 주식이론에 속한다.

이것은 피보나치 비율(fibonnacci ratio = golden mean : 황금비율)에 기초를 두고 있으며 상승시 파동의 움직임은 자연의 법칙에 따라서 상승 5파, 하락 3파로 진행된다는 원리이다. 이는 물론 그 반대의 경우 하락시에도 적용된다.

시장에서 형성되는 파동의 수는 피보나치의 수열에 따라 전개되고, 인간의 진보는 직선적 혹은 무작위적으로 일어나는 것이 아니라, 자연이 선호하는 방식인 3단계 전진, 2단계 후퇴하는 방식으로 이루어진다.

엘리어트의 〈우주의 신비〉에서 다음의 내용이 담겨 있다.

"우리가 그 이유를 정확히는 알 수 없으나 우리를 둘러싼 우주 또는 삼라만상을 움직이는 어떤 법칙이 존재하고 있음을 경험으로 알 수 있다.

밤과 낮의 변화, 계절의 변화가 질서 있게 나타나는 것은 이러한 삼라만상을 움직이는 법칙이 없으면 불가능한 일인 것이다. 그리고 우리들의 주된 관심사가 되는 주식시장에서의 주가도 인간에 의하여 움직여지고 또한 삼라만상을 구성하는 일부분이 되므로, 당연히 우주 또는 삼라만상을 지배하는 법칙이 주식시장에도 적용될 것임은 틀림없는 사실이다."

＊피보나치 수열

피보나치 수열 원리의 핵심은 선행하는 두 숫자의 합은 다음 항의 수치가 된다는 원리이다.

예를 들면 1,2,3,4,5,8,21… 수열 구조를 갖고 앞의 숫자를 전항의 숫자로 나눈 값은 1.618로 가까워 진다.(5/3≒1.667)

이 비율이 바로 균형 잡힌 감각을 부여하는 황금비율(황금분할)이다.

황금분할은 자연과 건축 그리고 우리 인간에게도 숨겨져 있다. 예를 들어 이집트의 피라미드, 부석사의 무량수전에서도 황금비율을 볼 수 있으며, 달팽이, 곤충, 물고기, 나비, 식물의 꽃잎, 잎사귀, 솔방울, 태풍, 눈의 결정체 구조, 인간의 몸 등 이루헤아릴 수 없다.

피보나치 수열적 특성을 갖는 엘리어트 파동과 다우이론의 주가파동, 콘트라티에프의 경기 순환주기는 거의 일치하여 주가예측기법의 중요한 분석 대상이 된다.

3 무질서에 관한 이론(카오스 이론과 랜덤 워크 이론)

(1) 카오스 이론

상대성 이론, 양자역학과 함께 20세기 3대 발견 중 하나인 카오스 이론(chaos theory)은 질서(cosmos)의 상대적 개념이다.

불규칙하게 보이는 현상 속에 내재되어 있는 숨겨진 패턴, 즉 혼돈상태로부터의 질서, 혹은 불규칙성으로부터의 일정한 규칙성, 즉 자기 유사성을 찾고자 하는 이론으로 비선형성·복잡성의 특징을 갖고 있다. 주가의 변화 움직임이 카오스의 불규칙적이고 무질서한 비선형 구조를 갖고 있다면 외부 뉴스거리가 없어도 큰 폭락을 만들어 낼 수 있다(예, black monday, blood Friday).

하나의 사소한 사건이 위기의 시발점이 되어 다른 여러 요인과 복합작용하여 그 파동이 동조되어 전 세계로 퍼져나가 세계 주식시장에 영향을 줄 수 있다. 나비효과라고 불리는 이것은 주식시장에서 누구도 예측할 수 없다는 카오스 이론의 역동성을 말해준다.

다른 한편으로 관찰해 보면 카오스 구조는 주가 움직임 속에 자기 유사성을 존재하게 한다. 장기주가의 움직임을 관찰하고 그 일부분을 떼어내어 확대해 보면 단기주가의 움직임 속에 서로 비슷한 움직임, 즉 자기 유사성을 발견할 수 있다. 예를 들면 수 개월 혹은 수 년의 주가 움직임은 하루의 움직임과 아주 비슷한 모습을 갖는다.

이러한 관점에서 볼 때에 카오스 이론은 결국 외견상으로 보이는 자연의 무작위성이나 비예측성 속에서 일정한 규칙성과 새 질서(이러한 질서의 틀을 프랙탈(practal)이라함) 를 찾아준다고 볼 수 있다.

(2) 랜덤 워크 이론

주가의 움직임도 자연 현상의 일부이기 때문에 어떤 일정한 법칙을 따라 움직인다는 것이 엘리어트의 이론이다. 그러나 경우에 따라서는 주가의 움직임은 일반인들이 예측할 수 없는 우발성을 갖고 랜덤 워크(random walk)로 움직이기 때문에 주가예측을 바탕으로 투자나 트레이딩을 하기 어렵다는 이론이다.

흔히 여자의 마음과 주가의 움직임은 신도 모른다는 말이 있는 것은 바로 주가의 우발성이나 비예측성을 일컫는 것이다. 다시 말하면 주가는 순환적으로 변동하기 때문에 그 변동을 예상하는 것은 불가능에 가깝다. 따라서 투자수익을 올리기 위해서는 포트폴리오(portfolio) 방식이나 포뮬러 플랜(formula plan) 방식을 활용하게 되는 것이다. 포트폴리오 방식은 분산 투자하여 위험을 감소시키고 수익을 높이고자 하는 의사결정을 내리는 기법이다.

그리고 포뮬러 플랜 방식은 일정한 규칙(rule)에 따라 기계적으로 매매함으로써 단순한 매입보유전략보다 높은 수익률을 올리고자 하는 전략을 말한다. 이는 총투자자금 가운데 일정금액이나 일정비율을 특정한 주식 포트폴리오 또는 특정주식에 투자하는 방법이다.

이 이론은 주가의 다른 한 측면의 속성을 이해하는 데 도움이 되고 트레이딩에서도 일정 부분 이를 활용할 수 있다는 장점이 있다.

📋 4 수와 심리(2원 3각 4면 5진의 원리)

수학의 개념들은 인간이 세상을 살아가면서 경험한 사실들을 반영한다. 사물을 구분할 수 있다는 것으로부터 불연속을 인식하게 되었고, 불연속의 개념은 수의 개념으로 이어진다. 부드러운 변환이 일어나는 것으로부터 연속을 인식하게 되었고 이는 공간 속에 있다고 생각한다. 사물들이 닮은 경우가 있다는 사실로부터 유사성(유사한 패턴)을 인식하여 논리를 탄생시키고, 세계는 한계가 있다는 것을 인식하게 되어 무한의 세계를 직관적으로 인식하게 된다.

우선 0은 없음(무, 음), 1은 통일(유, 양), 2는 대립, 3은 명제, 4는 조화, 5는 진보의 원형을 나타낸다.

(1) 자연, 경제 환경에서 보는 2, 3, 4, 5의 숫자

① 2 : 0과 1 디지털 부호, 음과 양, 긍정과 부정, 수축과 팽창, 전진과 후퇴, 축적과 배분, 흐름과 멈춤, 단순과 복잡, 개체와 전체 …

② 3 : 3단 전진 2단 후퇴, 삼위일체(3박자), 삼강오륜 …

③ 4 : 탄생 · 성장 · 쇠퇴 · 소멸, 경기 순환의 4국면(팽창 회복, 정점 호황, 수축 후퇴, 저점 불황) …

④ 5 : 음양오행, 인간의 몸의 5개 가지, 장기의 5장, 지구의 5대양 …

(2) 주식과 관련한 중요한 수인 2, 3, 4, 5의 기본적 수의 개념

① 2는 2원론적 대립의 개념으로 상호작용을 통하여 진보나 퇴보를 거듭한다(2의 개념은 매매시점을 잡는데 도움이 된다).

수요와 공급, 매수와 매도, 지지와 저항, 음봉과 양봉, 상승과 하락, 저점과 고점, 신고와 신저, 움직임과 멈춤, 활동과 휴식, 연속과 불연속(반전), 규칙(질서)과 불규칙(혼돈), 축적과 배분, 수렴과 발산, 약세장과 강세장 등 금융시장에 광범위하게 존재하고 흐르는 기초적 개념이다.

이러한 기초 정보에 대한 정확한 이해는 매우 중요할 뿐만 아니라 실제 거래에 활용할 수 있는 시장에 대한 핵심적 지식 정보이다.

예를 들면 추세의 연속과 반전, 주가의 지지와 저항만 이해할 수 있어도 트레이더는 능숙히 거래의 성공을 이끌어 낼 수 있다.

② 3은 삼위일체를 이루고 정반합의 명제를 만들며 공간상의 가장 간단한 형태인 3각형을 만든다(3의 개념은 그래프에 나타난 흐름을 이해하여 미래를 예측하는데 도움이 된다).

• 주가의 주요 3추세는 대추세, 중추세, 소추세가 있다.

• 한 추세의 주요 움직임은 연속 3회가 기본적이다(충격 3파, 적삼병, 흑삼병).

• 주가 패턴의 3각 형태는 다시 상승, 하락, 이등변삼각형이 있다.

• 갭(gap)의 주요 3형태는 돌파갭, 탈주갭, 소모갭으로 되어 있다.

• 반전율은 3가지, 즉 1/3, 1/2, 1/3의 비율이 대표적이다.

③ 4는 안정, 조화, 균형을 나타낸다(4의 개념은 주식의 한 흐름을 시간의 사이클로 이해하는데 유익하다).

• 주가의 움직임은 반드시 상승, 고점, 하락, 저점의 4과정을 거친다.

• 일봉은 언제나 4개의 가격, 즉 시가, 고가, 저가, 종가로 구성된다.

• 주가의 큰 흐름은 도약단계, 고점지역, 하락단계, 저점지역으로 구분된다.

- 트레이더의 포지션에 대한 4가지 태도는 진입, 유지, 퇴출, 관망이다.

④ 5는 진보, 전진, 도약을 뜻하며 상승단계를 나타낸다.

- 엘리어트 파동은 상승시 상승 5파, 조정 3파로 구성된다.
- 각각의 충격파는 다시 5파로 세분되어 파동을 형성한다.
- 사께다 5법은 삼산, 삼천, 삼공, 삼병, 삼법으로 구성된다.
- 주가가 보통 전일 종가보다 +5% 이상 상승이 이루어져 있을 경우, 연장 상승의 특성으로 강력하게 지속 상승하려는 경향을 갖는다. 반대로 +5%이하에는 그 부근이 저항선으로 작용되어 좀처럼 상승돌파가 이루 어지지 않는 경향이 있다.

4

주가의 속성, 거래원칙과 거래전략

주가는 마음의 반영이고, 원칙은 마음의 틀이며, 전략은 마음의 도구이다

1. 주가(가격)의 속성

2. 거래원칙

3. 종목선정

4. 거래전략

언·제·나··기·본·원·칙·을···지·켜·라!

1. 주가(가격)의 속성

🔼 일반적 속성

가격(주가)의 속성(시장가격 움직임의 특성)에 대한 이해는 거래원칙을 세우고 적절한 매매타이밍을 잡기 위한 기초적 정보이다.

① 하루의 주가는 아침에 결정되고 한 해의 주가는 연초에 결정된다(시종일관의 법칙).

자연을 반영하는 인간의 심리는 관성과 가속도의 법칙이 적용되어 아침 첫 출발이 산뜻(강세)하면 관성과 가속도가 붙어 상승을 기대할 수 있고, 반면 처음 시작이 엉망(약세)이면 장이 약세의 형태로 귀결될 가능성이 크다.

수많은 고수 트레이더가 지적하는 것도 강세시장 진입인데 일반적으로 강세 시가는 강세로 전개될 확률이 크기 때문에 아침 혹은 연초의 시가는 대단히 중요한 의미를 갖는다. 많은 경우 시작이 좋으면 끝도 좋게 끝난다.

② 시세의 흐름은 3단 추세진행과 2단 조정으로 움직인다(전진과 후퇴의 진행전개).

하나의 주요 추세가 지속될 때, 예를 들면 1차 상승 → 중간 반락 → 2차 상승 → 중간 반락 → 3차 상승의 방식으로 추세가 전환될 때까지 보통 3

단계에 걸쳐서 이루어진다.

하락시는 이와 반대로 이루어진다. 이것은 다우이론의 상승 혹은 하락 3국면과 엘리어트 파동의 충격 3파의 요점이다.

③ 큰 폭의 시세(상승이든 하락이든) 뒤에는 장시간(기간)의 휴식이 오고 장시간(기간)의 휴식 뒤에는 큰 시세가 온다(응축과 팽창의 순환).

주가는 흔히 파동의 흐름으로 나타나는데, 큰 상승파동의 시세분출(팽창) 이후에 하락조정이 장기간에 걸쳐 지속적으로 이루어진다. 반대로 장기간 바닥을 다지고 횡보하던 주가는 에너지 축적과정(응축)을 거친 다음 어느 순간부터 본격적 상승의 시세분출(팽창)이 급격히 지속적으로 이루어진다.

〈천정 3일 바닥 100일〉, 〈오래 업드린 자가 큰 시세를 만든다.〉라는 말은 이를 표현한 것이다.

하루의 큰 시세분출이 끝나면 보통 하락조정이 일어나고 하루 종일 횡보하다가 어느 순간 화산 폭발하듯 가격분출이 일어나는 것을 볼 수 있다.

④ 주가가 짧은 시간에 급등하면 급락하고, 반대로 급락하면 급등한다(복원력).

주가는 재료나 군중심리에 따라서 가속도가 붙어 최대화될 때 매수 혹은 매도세가 적극 진입되어 전환점을 만든다. 이때 급등 혹은 급락에 따른 속도와 움직임의 폭에 따라서 반대 방향으로 반전하게 된다.

이것은 너무 과도한 것을 되돌려 놓아 균형을 찾으려는 인간의 자연스러운 특징의 일부인 것이다.

⑤ 한 추세가 지속되는 동안 주가는 원래 자신의 위치로 되돌아가 균형을 찾으려는 경향이 있다(작용과 반작용의 진행과 조정).

상승이 일어나면 하락이 오고 하락이 일어나면 상승이 뒤따른다. 주가가 상승하면 흔히 가장 일반적 조정인 50% 정도의 되돌림의 하락조정이 일어나고, 하락하면 50% 정도의 상승조정이 일어난다.

조정 비율은 또한 62%(≒2/3)나 38%(≒1/3)의 피보나치 비율로 나타나기도 한다.

⑥ **상대적 거래량이 많은 주가는 가격변동성이 크고, 상대적 거래량이 적으면 가격변동성이 작다(주가는 거래량의 반영).**

거래량은 주가 변동의 원동력(에너지)이므로 주가의 움직임에 영향을 준다. 따라서 수요와 공급이 많으면 일반적으로 가격 움직임은 활발해지고, 수급의 정도에 따라 변동의 폭을 달리 갖게 된다.

그러므로 거래량의 변동은 추세의 방향과 함께 트레이더가 참고해야 할 가장 중요한 지표 중 하나다.

⑦ **주가는 언젠가는 고향으로 돌아간다(구심력과 원심력).**

고향의 개념은 균형가격, 본질 가치(수익가치+자산가치), 중장기 이동평균(이평)값을 통칭한다. 주가는 시대 상황에 따라 대중이 주가에 대하여 인지하여 믿는 방식에 따라 (눈높이에 따라) 때로는 폭등할 수도 있고 폭락할 수도 있으나 결국 중장기 이동평균값으로 돌아가는 경향이 있다. 중장기 이동평균값은 주가의 구심력으로 작용한다. 그리고 또다시 그로부터 멀어지려고 하는 원심력을 가지고 있다.

⑧ **처음 상승 탄력이 붙은 주가는 점점 속도가 빨라지면서 시세분출이 일어나고, 반대로 빠른 속도로 움직이던 주가는 속도가 줄면서 멈춤 현상이 일어난다(가속도, 감속도, 등속도).**

주가가 추세를 형성하는 미미한 파동은 처음에는 서서히 움직이기 시작하고 점점 더 큰 파동으로 확대(가속원리)된다. 반대로 파동의 움직임이 최대에 이르면 점점 파동의 크기와 세기가 줄어들고 시간이 흐름에 따라 파동이 최소화(감속원리)된다.

한편 파동의 흐름이 일정한 혹은 균일한 상승(하락)파동을 나타내면 다음의 파동도 같은 정도의 크기와 강도(등속도)로 추세가 지속된다.

2 상승속성

① 시가가 강한 주식이 더 오를 수 있다.

동시호가에 의해 결정된 시가가 전일 종가보다 높다면 당일에는 강세를 보일 확률이 높다.

시가부터 강세라는 뜻은 시장의 관심이 집중되고 매수세가 강하다는 것이며, 매도자는 보유하기 때문이다.

② 상승하는 주식이 더 상승한다.

이것은 보유자가 매도하지 않기 때문이다. 왜냐하면 잘 오르고 있는데 매도할 이유가 없기 때문이다. 따라서 공급(매도세)은 줄게 되고 수요(매수세)는 증가하여 더욱더 상승하게 된다.

흔히 〈뛰는 말에 올라타라〉는 말은 이것을 잘 표현하는 말이다.

③ 어느 정도 상승한 주가는 일정한 정도(1/3, 1/2, 2/3)의 조정을 받고 재상승하는 것이 보통이다. 이때 상승은 N자 형태이고, 보통 2~3단계 상승한다.

가장 흔한 조정은 반조정인 1/2(50%)이나 1/3, 2/3 조정 후 신규 매수세의 유입으로 매수에 가담하면 보유자는 매도를 보류하게 된다. 즉, 매수세가 강해서 저항선을 돌파하여 지속 상승이 이루어진다.

④ 일정한 정도 상승한 주가가 약간의 조정을 받으면서(보통 1/3 조정) 횡보하면 추가 상승가능성이 크다.

이것은 매도세력이 크게 매도를 하지 않고 매수세력은 지속적으로 매수하기 때문이다. 이러한 경우 일정한 시점(대개는 저항선과 이동평균 수렴점)에서 재상승이 이루어지게 된다. 이것은 〈버티는 종목이 강하고 다시 상승한다.)는 이유이다.

⑤ **일정하고 균일한 속도로 약간의 조정을 반복하면서 꾸준히 오르는 주가는 지속 상승한다.**

이는 천천히 가는 주가가 오래 가고, 결국 크게 상승한다는 것을 의미한다. 지속적인 매수가 이루어지고 있는 것으로 매도세력은 지속 보유하는 생각을 하게 되기 때문이다.

⑥ **주가의 형태(모양)가 좋으면 상승하는 경향이 있다.**

기술적 분석상 널리 알려진 일반적인 주가 패턴, 다시 말해 차트 모습이 좋다고 판단되면 누구나 매수에 참여할 1차적 조건을 갖추게 된다.

주가는 과거의 모습을 반영하기 때문에 매수자는 매수를 적극 고려하고, 차트 우량주에는 추가 상승의 강한 기대를 갖게 한다. 소위 미인주는 보기에도 좋을 뿐만 아니라 수익의 기회를 가져다 주기 때문이다.

⑦ **바닥권에서 장시간(장기) 조정을 끝낸 주가의 상승은 급격히 크게 일어날 수 있다.**

바닥에서 갑자기 상승하는 주가는 일단 매도세의 매물이 줄어들었고 매물소화가 이루어져 매도가 없다는 것을 뜻한다. 이때에 매수세가 개입되면 시장참여자는 모두 크게 상승을 기대하기 때문에 상승은 매우 빨리 일어나게 된다.

⑧ **상승의 충격파마다 거래량은 커지며 조정시마다 거래량은 감소하고 마지막 상승 최고점 부근에서 거래량은 매우 크다.**

일반적으로 주가가 추세를 갖고 상승과 조정이 거듭될 때 상승시 거래량은 증가하고 조정시 거래량은 감소를 보인다. 그리고 상승을 모두 마친 종목은 시세분출이 끝나 매도세력이 더 이상 그 주식을 보유하지 않고 모두 매도하고자 하고, 뒤늦게 참여한 매수자들은 아직도 추가상승을 기대하기 때문에 거래량은 급증한다.

만일 이때 거래가 다소 줄어들면 상승추세의 하락전환이 일어나게 될 것이 예고된다.

⑨ **주가의 상승속도가 점점 빨라질수록 상승단계별로 가속도가 붙어 상승강도와 기울기가 크게 일어나고 이동평균선의 이격이 커진다. 그리고 감속도가 붙어 상승속도가 둔화되면 조정 혹은 추세전환이 일어난다.**

일반참여자들이 초기상승을 알아채는 것은 쉽지 않다. 그리하여 중반기 이후에 시장 참여자가 보다 많아져 매수에 적극 진입하기 때문에 상승속도는 많은 매도에도 불구하고 급등하는 것을 흔히 볼 수 있다.

반대로 상승속도가 약해지면 모든 참여자들은 자신의 기대수준의 실현여부와 관계없이 추세의 방향전환으로 단정하여 매도에 적극 가담할 확률이 크다.

⑩ **말이 없는 주가는 크게 상승할 수 있다.**

이는 일반인에게 재료가 알려지지 않고 감추어진 재료는 기업 가치가 높기 때문에 미리 매수한 사람들은 확신을 가지고 매수했으므로 쉽게 매도하지 않으므로 매도세가 약해지기 때문이다.

 종종 일반인의 예상을 뛰어 넘고 크게 시세분출로 일어난다. 〈시세는 시세에게 물어보라.〉는 뜻은 이를 증명하는 것이다.

❸ 하락속성

주가의 하락속성은 상승속성과 대략 반대개념이므로 간략히 서술하기로 한다. 주가의 상승속성과 비교해 보면서 하락속성도 반드시 알아두자.

① 시가가 약한 주가는 더 내릴 수 있다. 매도가 우세라 매수를 하지 않기 때문이다.

② 하락하는 주가는 계속 하락한다. 추세는 일정한 기간 동안 지속적으로 진행하기 때문에 주가의 바닥은 쉽게 단정할 수 없다.

③ 하향시에는 하향추세의 연장선에 있기 때문에 일정한 정도 하락한 후에 조정(1/2, 1/3 상승조정)을 해도 명확한 반전이 아니라면 다시 하락할 가능성이 크다. 하락의 형태는 역N자이고 보통 3단계 하락한다.

④ 일정한 혹은 상당한 하락 후 바닥권의 주요 지지선에서 횡보하다가 이것이 붕괴되면 바닥이 아니라 추가하락할 수 있다.

⑤ 천천히 지속적으로 하락하는 주식은 계속 하락하고 짧은 시간에 급격한 하락 후에는 급격한 반등이 일어날 수 있다.

⑥ 고점에서 일정기간 버티면서 상승하지 못하면 (급격히) 하락할 가능성이 크다.

⑦ 어느 상승시점에서 상승했다가 다시 원점으로 하락회귀하는 주가는 다시 추가하락할 가능성이 있다.

⑧ 상승시세분출이 끝나서 쌍봉 혹은 머리어깨를 치고 내려오는 주가는 전고점돌파가 실패되어 방향전환이 이루어져서 하락을 거듭한다.

⑨ 호재나 좋은 시황에도 상승 못하면 횡보하거나 추가하락한다. 이는 그

주가의 평균가격이 높거나 문제가 있음을 의미할 수 있다.

⑩ 말이 많은 주가는 하락한다. 이미 시중에 유포되어 말 많은 주가는 분명 어떠한 문제가 있다는 것을 의미한다. 이 주가는 최고 어디까지 간다는 가격 부풀림이 흔히 유포되는 경우가 이에 해당한다.

2. 거래원칙

거래원칙은 거래의 안팎에서 거래기법과 자신을 제어하는 기준이고 이 것을 세우고 지키는 것은 대단히 중요하다. 거래 철학은 개인적·직업적 인생에서 거래원칙과 기법을 이끌어가는 무형의 구조물인 건설적 정신 적 틀이다.

다음은 주로 긍정적 입장에서 해야 할 일들과 원칙들을 정리한 것이다.

① 이해할 수 있고 확신할 수 있는 게임에 참여할 것

〈의심 나면 진입하지 말라.〉는 말과 같다. 이해할 수 없다는 의미는 추세 확인이 불명확하므로 주가예측이 매우 어려워 이익보다 손실확률이 크 다는 것이다.

대개의 경우 의심이 날 때의 시장진입은 손실을 가져오고 확실한 느낌을 가질 때는 성공의 확률이 높다.

② 언제나 추세에 따라 거래할 것

주가는 흐름에 따라 진행되기 때문에 추세에 역행하는 것은 당연히 손실 을 불러오고 추세에 순응하면 수익이 발생한다. 〈추세는 친구인 것이다.〉 추세가 없는 시장은 좋은 친구가 될 수 없다.

③ 자신의 원칙을 정하고 지킬 것

자신의 원칙은

첫째, 심리기법 : 심리의 효율적 조절과 적용방식

둘째, 거래기법 : 시장신호에 따르는 매매원칙

셋째, 자금관리기법을 통칭한다.

이것을 정하고 지키는 것은 트레이딩의 시작이자 완성이다.

④ 이기는 게임(트레이딩)을 잘하는 것에 집중할 것

좋은 게임은 거래를 훌륭히 수행하여 멋진 결과를 만들게 한다. 게임을 적절히 잘하느냐 못하느냐에 따라서 손익이 결정되는 것이지 돈에 초점을 맞추면 게임은 어렵게 된다.

돈을 버는 것은 게임을 얼마나 잘할 수 있느냐에 달려있고 돈은 게임을 잘한 것에 대한 부산물이다.

⑤ 승리하는 게임에 적극적으로 거래할 것

자신의 거래가 승리하고 있고 승리할 수 있는 가능성이 매우 높다면 자본수익을 가장 극대화할 수 있는 방법은 적극적으로 거래하는 것이다.

이것은 이기는 시장에 거래자금의 투입을 극대화하거나 시장에 동시진입하고 혹은 여러 번 진입할 수 있는 것을 말한다.

⑥ 거래기법과 직관에 의해 거래할 것

자신의 매매체계나 거래기법에 따르는 것은 당연하다.

거래기법을 충실히 따른다면 충동, 흥분 혹은 두려움, 의심 등의 감정을 억제하는 데 도움이 된다.

두려움이나 충동보다 직관적 통찰과 이성적 의사결정이 필요한 것이다.

⑦ **거래실행에 망설이지 말 것 : 진입은 신속히, 퇴출은 과감히 할 것**

망설이면 기회의 손실, 이익의 감소를 가져오고 경우에 따라 손절매의 기회를 잃을 수 있다. 기회를 잡기 위해서 매수점에서 즉각 진입하는 것이다. 그리고 이익의 극대화를 위해서 매도점에서는 과감히 던져 버려야 한다.

특히 저항선을 상향 돌파하여 급격한 가격상승이 일어날 때에는 시장진입을 신속히 해야 한다. 이때 망설임은 커다란 수익 기회를 손실하게 된다.

⑧ **포지션을 갖든 갖지 않든 인내심을 갖출 것**

새로운 시장진입시 꾸준히 기다릴 줄 알아야 한다. 사자가 먹이를 확실히 찾을 때까지 꾹 참고 기다리는 것과 같다. 그러면 기회는 분명히 다가올 것이다.

올바른 포지션 진입이 되었을 때 흔들림 없이 끈기 있고 집요함이 있어야 좋은 수익이 창출된다.

⑨ **손실의 최소화와 이익 극대화에 목표를 둘 것**

손실을 줄이기 위해서는 손절매를 절대적으로 실행하고 이익을 극대화하기 위해서는 승리 횟수보다는 목표설정에 따른 거래수익에 초점을 맞춘다.

시장에서 궁극적으로 살아 남기 위해서는 초반기에는 특히 거래자금의 유지가 우선적으로 중요하다. 거래자본은 거래를 지속할 기초자산이며 이의 손실은 거래 자체를 불가능하게 한다.

⑩ **손실을 받아들이고 자신의 잘못을 인정할 것**

트레이딩의 손실은 사업의 비용이므로 감정적 스트레스를 받을 필요가 없다. 손실이 발생한다면 이를 과감히 인정해야 한다. 그리고 자신의 잘못을 바로잡고 다음의 거래에 임하는 것이 더욱 현명하다.

⑪ 독립적으로 사고하고 행동할 것

하나의 거래가 실패했다고 하여 이것이 또 다른 거래에 영향을 미쳐서는
안 된다. 과거의 거래는 이미 지난 것이다. 언제나 시장에는 또 다른 기회
가 주어지고 이러한 기회는 오늘 중에도 내일도 있는 것이다. 따라서 하
나의 거래에 집착(주식과의 결혼?)도 후회도 하지 말고 각 거래마다 개별
적인 것으로 간주하는 것이 중요하다.

⑫ 모든 거래내용과 자신의 사고, 정서를 기록하고 평가할 것

자신의 거래수행과정과 결과를 검토하고 재평가함으로써 미래의 보다
나은 발전을 위하여 면밀히 자신의 단점을 개선하기 위함이다.

거래내역은 물론이고 거래시 심리과정 그리고 거래결과에 따른 감정들
까지도 기록할 필요가 있다. 이것이 바로 심리기법을 터득하고 장기적 성
장을 가져오게 한다.

⑬ 스스로 배우고 또한 시장을 통해 배울 것

자신의 주위에 스승이 될만한 훌륭한 트레이더가 있다며 행운이겠지만
대부분 그렇지 못하다. 시장은 전쟁터인 동시에 가장 훌륭한 스승이다.
자신에게 교훈을 주는 시장을 사랑하고 시장에 대한 열정을 갖는 것이 필
요하다.

시장에 항상 질문하고 귀를 기울이고 시장과 대화함으로써 자기자신의
인지와 판단능력이 향상되는 것이다. 트레이딩은 남의 의견이나 뉴스가
아닌 자신의 판단에 따른 의사결정이기 때문이다.

⑭ 부동심을 갖고 자제력을 키울 것

시장에 대한 애정을 간직하면서 어떠한 시장여건, 즉 공포스럽거나 황홀

한 극단적인 상황이 발생할지라도 침착하고 냉정하며 균형된 자세를 갖는 것이 거래의 성공을 좌우하는 지렛대이다.

⑮ 감정적 부담을 줄이고 융통성을 기를 것

트레이딩의 적인 손실의 두려움, 걱정, 욕망, 망설임, 성급함은 정보에 대한 올바른 해석을 차단하여 거래를 어렵게 만든다. 그리고 시장의 변화에 적응할 수 있는 융통성은 능률적 거래를 할 수 있게 해준다.

⑯ 자기자신을 계발할 것

긍정적 사고와 태도를 유지하고 나쁜 습관을 건전한 것으로 재프로그램화 하는 것이다. 긍정적 사고는 긍정적 행동을 낳고 좋은 결과를 가져온다.

⑰ 종종 휴식을 취할 것

육체와 정신에 신선한 에너지를 재충전하기 위하여 종종 휴식과 조용한 시간이 필요하다.

개인적 혹은 직업적 인생에서 휴식은 몸과 마음을 정화시키고 조용한 시간(기도, 명상, 호흡 등)을 갖는 것은 정신적·영적인 성장에 도움이 된다.

⑱ 실천력을 기를 것

트레이더는 인간이기 때문에 거래하는데 망설이고 우왕좌왕하는 경우가 일어날 수 있다. 수익의 기회를 보고 실행하지 않으면 수익은 발생되기 어렵다. 따라서 결정하고 실천하는 것은 수익을 가져오게 하는 마지막 과정이고 그 결과에 따라서 자신의 존재이유를 확인받게 된다. 실행(실천)이 없으면 결과가 없는 것이고, 결과가 없으면 자신의 존재는 무의미한 것이다.

⑲ 신념, 자신감, 용기를 갖출 것

자신의 일에 신념을 갖고 자신 있게 거래하며, 용감하게 포지션을 취하거나 정리함으로써 보다 능률적인 거래를 할 수 있다.

⑳ 언제나 겸손하고 원칙을 지키는 데 책임을 다할 것

겸손은 거래의 미덕이다. 겸손은 자신의 거래에 대한 잘못된 환상으로부터 자신을 올바르게 안내하는 것이다. 시장에 대하여 과신을 하지 않는 것이다. 자신에 대하여 오만하지 않는 것이다. 그리고 책임감을 갖고 거래원칙을 지키고 거래철학에 위반되지 않도록 순응하는 것이다.

3. 종목선정

1 종목개발의 의의

- 종목개발은 시장에서 트레이딩의 성패를 좌우하는 1차적으로 중요한 요소이다.
- 좋은 시장의 선택은 거래를 용이하게 하고 수익창출을 극대화한다.
- 시장선택의 효율적 조합은 수익의 기회를 많게 한다.
- 좋은 시장의 선정과 개발은 가능한한 많은 시간을 투입하여 미리 예습하는 것이 좋다.

② 종목선정의 기준

종목선정의 기준은 다음의 요소에 따라 작성되는 것이 바람직하다.

(1) 현주가 수준

현주가 수준이란 현재 주가의 위치로 그 주식의 내적·물질적 가치와 과거의 가격과 대비되는 현시점에서의 가격을 말한다.

종목선정시 주가기준이 중요한 이유는 그 주가가 상승할 것인지 하락할 것인지 수익목표를 결정하는 요인이기 때문이다.

기술적 분석상 현주가 위치파악은 단순히 이동평균선을 통해서 가능하다.

이것을 통해서 상승추세에 있는지, 신고점에 있는지, 하락하는지, 바닥을 다지고 있는지 신속히 알 수 있고, 여기서 20일 이동평균선(MA20)과 5일 이동평균선(MA5)은 트레이딩의 종목선정에 있어서 매우 중요한 기준이 된다.

(2) 거래량

거래량은 주식(종목)의 유동성을 보여주는 것으로 거래량이 많으면 유동성이 풍부하여 진입·퇴출이 수월하고 거래량이 적으면 유동성이 적어 진입·퇴출이 어렵게 된다.

만일 어떤 주식이 매수가 활발하다면 그 주가는 반드시 오를 것이다. 또한 매도가 매수보다 많은 주식은 가격이 내려갈 것이다. 이와 같은 수요와 공급에 의하여 주식가격이 움직이는지를 나타내주는 것이 거래량지표이다.

거래가 많이 일어날수록 주가의 움직임이 빨라 가격변동성이 증가하고, 거래가 한산할수록 유동성이 적어 가격변동성은 약화된다.

따라서 트레이더라면 당연히 유동성이 풍부한 시장에서의 진퇴가 한결 수월할 수 있고 가격변동성이 크기 때문에 수익(혹은 손실)을 가져올 확률은 높아진다.

거래량은 시간의 흐름에 따른 매수·매도의 체결 결과이므로 흔히 차트에서 나타나는 그럴듯하게 보이는 멋있는 패턴과 같은 유혹이 아니므로 트레이더가 실체를 믿고 확인할 수 있고 그에 따라 의사결정을 내릴 수 있는 속일 수 없는 유일한 지표다.

➡ 거래량을 살펴볼 때 다음 사항을 고려한다.
- 현재와 최근의 거래량과 과거의 거래량을 비교·검토한다.
- 거래량과 가격움직임을 동시에 검토한다.

(3) 가격변동성
- 변동성은 가격이 얼마나 활발히 움직이는지를 나타내는 탄력성이다.
- 가격변동이 적은 주식은 수익의 발생이 어렵고 거래가 다소 적더라도 가격의 탄력이 높으면 수익기회가 높은 것이다.

➡ 변동성 파악은 다음을 살펴본다.
- 일반적으로 거래량이 많으면 가격변동성은 증가한다.
- 이동평균간 거리가 멀수록, 즉 이격도가 클수록 가격은 변동성이 크다.

따라서 신고가나 신저가 부근의 가격은 매우 탄력적이다.

- 아웃사이드 데이(outside day) 주식의 가격은 변동성이 크고, 반대로 인사이드 데이(inside day) 주식의 가격은 비탄력적이다.
- 종목의 고유한 특성에 따라서 가격변동성이 다를 수 있다.

(4) 주도주, 테마주, 인기주

전체 시장에서는 항상 장을 주도하면서 시황과 그 방향을 이끌어나가는 것이 있는데 이것이 주도주이고, 이것은 마치 연극에서의 주인공과 같다. 거래대상에 주도주나 차선주를 어떻게 배치할지를 결정해야 한다.

같은 업종이나 비슷한 성질의 특성을 갖는 테마주(업종군이나 인기 주목받는 그룹)의 움직임도 관찰해야 한다. 한 테마의 움직임은 아주 비슷하고 한 테마에서도 선도주가 하나의 테마군을 이끌어간다. 한 테마군의 선도적 역할은 시간의 진행에 따라 다른 테마군의 등장으로 후퇴하면서 전체의 시장 속에서 보면 순환과정을 반복한다. 특별한 주도주나 테마주가 없을 때는 개별적으로 움직이는 종목 소외 개별주들이 두각을 나타낸다.

➡ **종목선정시 고려해야 할 사항**

- 거래대상종목의 선택은 반드시 선정기준에 따라 압축한다 : 종목수를 한정하고 수익가능성이 높은 것을 골라 내일의 거래에 미리 대비한다.
- 거래대상종목의 수를 한정한다 : 가능성이 있는 종목군으로 압축한다. 이것은 거래에 집중력을 갖기 위함이다.
- 거래대상종목을 다원화시킨다 : 거래대상종목이 반드시 자신의 기대쪽으로 움직이는 것이 아니므로 거래할 종목을 서로 다른 특성을 갖는 것

을 섞어 배치하여 언제나 거래할 기회를 갖게 하는 것이다.

- 실제 거래대상종목과 관심을 갖는 관찰대상종목을 별도의 것이나 서로 다른 창으로 구분하여 종목들을 정리한다.

4. 거래전략

거래전략은 트레이더가 수익목표를 달성하기 위한 거래시장과 매매시점의 선택에 관련된 전반적 계획이다. 즉, 거래전략은 특정 시장의 선택, 입출시점의 결정, 수익과 손실목표의 측정, 거래구간의 설정, 자금규모 조절, 분할매매와 일괄매매의 조절, 분산거래의 선택 등에 대한 총체적 행동 방안이다.

이 전략은 일반 트레이딩에서도 같은 방식으로 적용되지만 여기서는 데이트레이딩의 관점에서 시간과 공간의 장의 구분과 거래전략 실행요소들을 열거한다.

🏠 거래의 준비

(1) 화면구성과 화면배치를 용이하게 한다.

① 관심종목 목록(list)

② 현재가, 호가, 시간, 체결의 변동과 주문창

③ 종목 차트(그래프)

④ 기타 창 : 지수 그래프, 시세관련창, 체결내역 등

(2) 거래대상 시장을 압축한다.

관심종목수를 거래집중과 효율성을 위하여 여러 가지로 분류 정리하고 체계화한다. 그리고 실제 거래대상 종목수를 압축하고 제한한다. 종종 트레이더가 많은 기회를 잡으려고 많은 종목을 관찰하다가 실제로는 제대로 거래를 못하는 경우가 있는 데 이를 방지하기 위함이다. 기회를 보고 관찰하는 것과 기회를 수익으로 만드는 것은 서로 다른 일이다.

② 구체적 거래실행전략

(1) 시장의 선택과 위험회피

거래대상시장의 과거 최근의 주가수준을 통하여 상승가능확률이 큰 것을 선정하고, 특히 이들의 저항과 지지, 거래량, 변동성을 면밀히 숙지한다. 일봉을 확인하여 가격수준과 상승가능성을 예측함으로써 보다 확실하게 즉각 거래에 뛰어들게 하기 위한 것이다. 거래대상 상승가능한 시장은 크게 전장 상승가능 종목군과 후장 상승가능 종목군으로 대별한다.

그리고 만일 이들이 움직이지 않거나 하락가능성이 있다면 이를 예측함으로써 이로 인한 위험을 미리 회피하게 될 수 있을 것이다. 아무리 좋은 시장이라도 언제나 위험은 발생할 수 있고 이를 대비해야 한다.

(2) 입출시점 결정과 거래기법의 적용

시장진입을 위한 매수시점을 매수신호에 의하여 결정한다. 마찬가지로 시장퇴출을 위한 매도시점을 매도신호에 의하여 결정한다. 매매신호에 따라 거래한다는 것은 매우 쉬워 보이지만 이 원칙을 지켜야 성공확률이 있다. 어느 시점의 저점이나 지지선에서 진입하고 어느 고점이나 저항선에서 매도해야 할지, 아니면 그와 반대로 해야 할지를 선택하는 것이 매우 중요한 요령일 것이다.

그리고 이러한 매매신호는 자신의 거래기법과 관련되어 있는 데 어떠한 거래기법을 적용해야 하는지를 선택한다. 돌파기법, 추세대기법, 박스권매매, 급락에 의한 급반등기법 등을 활용하여 매매신호에 의하여 거래한다.

(3) 수익목표설정과 손실범위한정

트레이더는 매거래 진입시 예상수익목표를 설정하고 손실한도의 범위를 미리 한정한다. 시장에서는 무한한 수익을 바랄 수도 없거니와 손실이 나지 않기만을 바랄 수도 없다. 따라서 이를 예측하여 한정함으로써 감정의 부담을 덜고 기대에 의한 충동적 거래를 줄일 수 있다.

이를 테면 수익을 2~3%로 잡는다든지 혹은 5% 이상으로 잡는다든지 등을 시장이 주는 기회를 그대로 활용하는 것이다. 시장흐름이 예상과 다를 때는 반드시 일정한 범위의 시점에서 손절매를 할 준비가 되어 있어야 한다. 경험해 본 트레이더는 1%의 손실도 매우 크다는 사실을 알 것이다.

(4) 거래구역의 선택과 보유시간(기간)의 결정

거래구역(영역)은 수익을 만들 수 있는 확률이 많은 추세적 구간이다. 이 추세적 구간에서만 거래할 것인지 조정시간을 포함하여 거래구간을 크게 잡을 것인지 작게 잡을 것인지를 결정한다. 거래구간의 움직임과 그 크기는 시장의 탄력성에 영향을 받는다.

그리고 이에 따라 보유시간을 짧게 잡을 것인지 길게 잡을 것인지를 정한다. 탄력이 아주 강할 경우 보통 30분에서 1시간 정도로 시세가 분출되는 것이 많다. 그러나 시장의 탄력은 서로 매우 다르게 나타나므로 그때 그때마다 보유시간을 유연하게 조절해야 한다.

➜ 참고로 시장은 다음과 같이 세분화하여 설계한다.

① 우선 시장의 장을 크게 전장, 후장으로 나누고 거래 방식을 계획한다.

- 개장직전후 : 동시호가 참여 여부, 갭돌파기법 적용 여부, 개장직후 상

승·하락시 진입·퇴출 여부 등

- 전장 : 정오까지 거래대상 선택과 진입·퇴출 여부
- 후장 : 대략 12시부터 2시 반 정도까지 거래대상 시장선택과 진입·퇴출 여부
- 종장직전후 : 종장직전 상승이나 하락시 진입·퇴출 여부, 동시호가 참여 여부 등

② **종목별 거래영역과 비거래 영역을 나누고, 수익영역에서 거래한다.**

거래영역은 수익영역에 속하고 전체영역의 대략 20~30% 정도에 해당된다. 이는 상승추세구간과 하락특정구역이 있다.

- 상승추세구간은 보통 MA20 상위에서 우측 상향지역이고
- 하락특정구역은 MA20 하위에서 우측 하향지역, 반등가능성이 있는 과매도지역이다.

비거래영역은 거래금지영역으로 손실확률이 매우 크고 전체영역의 대략 70% 정도에 해당된다.

- 수면 영역(횡보 구간)의 활동성이 없는 구간과
- 죽음 영역(하락지속구간)인 MA20 하위에서 지속 하락하는 것이 있다.

(5) 자금규모의 조절

시장에 진입시 거래자금을 크게 할 것인지 작게 할 것인지, 자신의 현금범위에서 베팅할 것인지 신용(여기서는 증거금을 뜻함)을 사용하여 2배의 주문가능금액을 활용할 것인지에 대한 결정이다. 그리고 최초의 진입금액과 추가적 진입 때의 비율을 어떻게 분할할 것인가가 확정되어야 한다.

거래자금의 증감 여부는 첫째, 거래시장의 성공에 대한 확실성과 둘째, 자기자본의 위험에 대한 감당 여유와 셋째, 자신의 거래기술능력에 따라 달라질 수 있다. 승산이 확실하고 자금 여유가 있고 거래능력이 있다면 베팅을 크게 할 수 있지만 그와 반대의 입장이면 소액의 금액으로 혹은 거래횟수를 극히 제한하여 위험을 피해야 한다.

(6) 분할매매와 일괄매매의 결정

분할매매는 보통 매수시 여러 번 하게 되는 경우가 많고 매도시에는 2번 정도나 1회로 전량의 일괄매도가 유용할 수 있다. 이는 시장의 흐름이나 성격에 따라 그리고 위험가능성에 따라, 즉 추세의 길이와 시장탄력성에 따라서 분할매매횟수를 결정할 수 있다.

시장의 추세가 길어질 가능성이 크다면 적어도 2회 이상의 진입이 필요하고 시장의 탄력이 매우 크고 상승이 매우 확실하다면 경우에 따라서는 단번에 큰 자금으로 소위 풀베팅도 가능한 것이다. 분할 진입자금조절은 균등분할이나 정 혹은 역 피라미드 방식(예, 3회 순차적 진입비율을 3:2:1의 비율로 하거나 그와 반대로)이 유효하나 진입시점과 상황에 따라 신축적으로 대응한다.

(7) 분산거래의 선택

거래대상시장의 포트폴리오를 구성할 것인가, 그렇게 한다면 어떻게 할 것인가에 대한 결정이다. 초보자에게는 비교적 수월하지 않을 수 있지만 분산거래는 분산투자와 마찬가지로 위험을 분산하고 수익을 증대시킬 수 있는 주요 수단이다. 진입시장의 수와 이들간 자금의 배분이 고려되어야 한다.

분산거래는 시장을 동시에 혹은 순차적으로 진입하여 일정 시간 보유한 후 각각의 정해진 목표에 따라 퇴출하는 것이다. 이를 테면 두 개의 시장이 상승가능성이 크다고 판단한다면 적어도 한 개의 시장은 상승가능성을 확신할 수 있다. 이때 두 시장이 모두 상승할 가능성도 있지만 만일 한 개의 시장에 진입한 것이 그 결과가 나쁘게 나올지라도 다른 하나에서 성공하여 이를 만회하고 수익을 올리게 되는 것이다.

3 거래의 평가와 개선

거래능력, 거래의 효율성이 증대되었는가? 개선책은 무엇인가?
거래의 승리는 두 가지 요인의 효율적인 결합으로 이루어진다. 즉, 시장
의 분석지식을 바탕으로 한 거래기술과 개인의 감정을 관리할 수 있는 심
리조절의 적절한 통합에 달려있다. 보다 좋은 거래를 위하여 자신의 현재
의 거래기법을 정리하고 가다듬는다.

5

위험관리와 자금관리

탐험할 만한 모험 지역에서 어디가 위험한 곳인가를 알고
무모하고 위험한 행동을 하지 않는다면 보물을 손에 넣은 것과 마찬가지다.

1. 위험관리
2. 자금관리

언·제·나··기·본·원·칙·을··지·켜·라!

1. 위험관리

1️⃣ 위험인식의 중요성

위험(danger, risk)이란 기대수익에 대하여 발생할 수 있는 모든 변동가능
성으로 자금손실가능성을 내포하는 것을 말한다. 자금손실은 곧 트레이
딩의 수익을 감소시키고 심하면 파산에 이르게 하는 결정적 요인이다.
위험인식의 중요 목적은 자금손실(손실관리, 손절매)축소, 보유자금보존
과 증대(자금관리), 심리적 안정확보, 그리고 가장 적극적 의미는 보다 많
은 수익기회와 수익창출 가능성의 증가에 있다.

➡ 다음 사항은 트레이더가 실제로 접하는 현실적 상황으로 위험의 특
성과 그에 대한 인식의 중요성을 일깨워준다.

- 모든 고수들은 위험을 철저히 대비하고 위험에 날카로운 경계심을 갖
  는다.
- 주식성공의 비결은 첫째, 손해를 보지 않는 것이 중요 원칙이고, 둘째
  이를 철저히 지키는 것이다.
- 치명적 위험손실은 자신의 금전적 · 정신적 자산을 감소시키고 결국
  자신을 파산시키기 쉽다.

- 하나의 조그마한 위험도 반복되어 악순환 될 때 그 결과는 확대되어 나타날 수 있다.
- 시장의 현실은 대부분의 위험구역과 얼마간의 수익구역으로 구성되어 있다.
- 시장은 위험으로 가득 차 있고 자신의 약점(미숙한 거래 및 심리기술)이 있을 때 이를 배가시킬 수 있다.
- 모든 보상수익의 내면에는 피할 수 없는 손실위험이 언제 어디서나 도사리고 있다.
- 모든 수익을 위한 거래행동에는 다양한 위험 요소들이 서로 중복되어 내재되어 있으며 언제라도 동시에 나타날 수 있다.
- 위험을 알고 이해한다거나 그리고 위험을 체험했다고 해서 위험 자체를 피할 수 있는 것은 아니다.
- 위험한 행위를 하지 않는 것이 위험 결과를 적극적으로 피하는 길이다.

② 위험의 특성

시장에서의 위험이나 보상은 언제나 시간의 흐름과 불확정성의 두 가지
요인으로 인하여 발생한다. 따라서 위험은 시간의 길이가 클수록, 미래의
기대수익에 대한 불확실성이 클수록 비례적으로 증가하게 된다.

시장에 대한 예측시간이 길면 길수록 불확실성이 증가하여 시장예측이
어려워져서 위험가능성은 증가한다. 반대로 시장예측시간이 짧을수록
시장예측이 보다 수월해져 위험가능성은 줄어든다.

즉, 시장의 흐름을 5분간 예측하기는 비교적 쉬워도 50분이나 더 나아가
50일은 매우 판단하기가 어려워져 그만큼 위험성은 커지게 된다. 따라서
데이트레이딩은 예측가능한 시간을 짧게 함으로써 스윙이나 장기 포지
션투자자보다 위험을 줄일 수 있다. 시장 흐름의 방향을 단정하기 어려운
불확실한 시장에서는 수익가능성이 낮아지고 패할 확률이 높아지게 되
어 위험은 증가한다.

위험손실과 보상수익의 관계는 일반적으로 서로 반비례의 결과로 나타
난다. 위험과 보상의 결과, 즉 손실이 클수록 수익결과는 줄어들고 손실
이 작을수록 수익가능성은 증가한다. 물론 시장에서 위험을 맞을 가능성
과 수익을 만들 가능성에 대한 비율은 거래자의 위험에 대한 인식과 위험
회피능력 그리고 수익창출능력에 따라 다르다. 거래규모와 위험(혹은 보
상)과의 관계는 서로 비례한다. 즉, 베팅이 클수록 위험(혹은 보상)가능성
은 증가한다. 자신의 원금보다 2배의 베팅(혹은 추가적 자금투입)은 위험
혹은 수익을 확대하므로 역추세에서 물타기의 경우처럼 손실이 발생하
는 잘못된 거래에서는 매우 치명적이다.

❸ 위험의 부류

위험은 크게 두 종류로 거래자 자신으로부터 발생하는 내부적인 회피가 능한 위험과 자신의 의사와 관계없이 발생하는 외부적인 회피불가능한 위험이 있다.

트레이더가 특정 시장을 올바로 선택하고 매매시점을 잘 잡고 자신의 감정을 통제한다면 위험을 회피할 수 있지만 거래비용 증가나 슬리피지, 통신상의 오류 등은 외부 위험으로 회피할 수 없다.

그리고 위험 사실이 발생하기 전 미래에 발생할 수 있는 잠재적 위험과 현재 위험이 발생하여 손실의 결과를 갖고 있으면서 추가적으로 갖게 될 또 다른 위험인 실제적인 부가적 위험이 있다. 잠재적 위험은 시장에 광범위하게 분포되어 있고 실제적·부가적 위험은 트레이더의 선택적 결단에 따라 증가되거나 감소될 수 있다.

수익이나 위험손실은 결과적으로 트레이더의 선택적 행위로 비롯되는데 수익의 창출에 있어서와 마찬가지로 두 가지의 주요 선택인 시장과 시점, 즉 관심대상인 거래시장의 잘못된 선택과 시간 흐름상의 매매시점의 나쁜 선택은 감정의 조절 문제와 더불어 위험을 발생시키는 가장 큰 주요 요인이다.

4 시장선택의 위험

트레이더의 성패와 그에 대한 의사결정은 시장에 대한 인식의 선택과 실행으로 이루어진다. 선택의 결정은 간단하지만 선택의 과정은 복잡한 식별력이 포함된다. 식별력은 위험을 파악해내는 능력으로 시장에 대한 지식과 경험 그리고 자신의 감정의 여과를 거치는 과정이다. 다음은 대부분의 트레이더가 초반기에 빈번하게 겪는 위험한 선택 과정이다.

① 비탄력적 약세시장의 선택

모멘텀이 약한 시장은 일반적으로 주가수준이 낮다. 보통 마이너스권 약세시장이나 보합시장은 바닥의 조정일 경우가 많고, 이때는 흔히 탄력이 매우 약하고 변동성이 적어 소폭의 등락을 거듭한다. 낮은 주가가 높은 수익을 실현할 가능성은 있지만, 이는 시장이 상승탄력을 가졌을 때이고 대부분은 휴식상태를 지속한다.

따라서 고수익의 기대를 갖고 시장이 바닥이라 판단하고 탄력성이 약한 시장에 진입한다는 것은 매우 위험할 수 있다. 〈무릎에서 사라.〉라는 것은 바닥의 위험을 피하라는 뜻이다.

② 활동이 약한 횡보시장의 선택

비추세의 조정구간으로 강세의 횡보와 약세의 횡보가 있는데 약세시장의 횡보는 ①번의 경우와 유사하다. 추세가 없는 횡보시장은 흔히 박스권이라 하는 데 이는 시장의 방향이 아직 설정되었다고 확정하기 어려워서 그만큼 위험은 증가된다. 가격변동성이 작은 시장의 횡보는 그것이 강세이든 약세이든 상당기간 지속되기 쉽고 이때의 진입은 시간비용과 심리비용이 발생한다.

그리고 횡보하던 시장은 예측이 어려워 자신의 예측과 반대로 진행될 수도 있다. 횡보시장의 흐름은 다른 전체 시장의 진행방향과 연동되기 쉬운데 만일 전체 시장이 급락한다면 이는 매우 위험한 상황에 처할 수 있다. 〈의심 나면 들어가지 말라.〉

③ 역행하는 추세의 시장선택

추세와 역행하는 데서 일어나는 위험은 하락추세시 일어난다. 하락추세가 계속 진행 중일 때 반등에 대한 기대로 성급한 시장진입은 매우 위험한 결과를 낳는다. 왜냐하면 본격적 하락추세가 일어날 경우는 반전이 이루어지기 전까지 보통 3단계로 계속된다. 하락추세시의 진입은 떨어지는 칼날을 맨손으로 잡는 행위와 같다.

우리가 시장에서 자주 보게 되는 시장의 양극화 현상, 즉 오르는 것은 계속 오르고 내려가는 것은 계속 내려가는 현상은 바로 추세의 흐름이 작용하기 때문이다. 이는 시장에 대한 대중의 관심 집중과 소외의 심화로 비롯되는 것이다. 〈추세는 친구지만 역추세는 적이다.〉

④ 시세분출 끝부분에서 진입선택

이는 상투에서 추격 매수(투매수)를 하는 것으로 최고가나 그 부근에 진입하는 경우이다. 가격꼭지는 추세의 전환을 알리는 지점으로 어떤 기대수익보다는 언제나 손실위험이 매우 크고 손절매를 할 가능성이 높아진다. 활활 타오르는 불길 속에 기름을 끼얹고 뛰어드는 격이다. 상투는 분명한 매도시점이고 이를 판단하는 요령은 주요 고점이나 저항선, 거래량의 증감, 이평간의 이격확대, 매도호가량 증가, 가격멈춤현상 등을 보면 확인 할 수 있다.

상투는 보통 중간 정도의 가격상승 랠리의 것과 마지막 초강세의 고가권

시장의 분출이 있다. 여기서 특히 중간 정도의 상승 랠리의 꼭지상투식별이 위험을 회피하는 매우 중요한 요령이다. 왜냐하면 추가상승에 대한 기대로 잘못 판단하기 쉬워 이러한 상투에 진입하는 경우가 많기 쉽다.

일반적으로 돌파된 주요 저항선이 무너지면 진정한 돌파가 아니다. 정말 돌파상승이 이루어지기 위해서는 돌파된 저항선이 반드시 지지선으로 작용해야 한다. 그렇지 않고 지지를 확인하지 않고 진입을 할 경우 이는 매우 위험해지는 경우에 해당한다. 〈아름다운 장미는 가시가 날카롭다.〉

5 시간의 위험

시장가격의 움직임은 시간의 흐름에 의해 구속되고 결정지어진다. 따라서 시간의 흐름은 곧 수익이나 위험손실을 의미하기 때문에 시간은 트레이딩의 위험 혹은 보상의 주요 관찰대상이다. 모든 경제현상에 적용되는 시간은 바로 돈이다. "시간은 위험이다."라는 말은 증권시장에 더욱 잘 들어 맞는다.

① 기회손실 가능성의 위험(시간비용과 정신비용)

투자나 거래는 현재 자금을 자신의 만족을 위해 사용하는 것이 아닌 미래의 불확실한 기대에 자금을 사용하는 것으로 경제적 희생을 치러야 하는 행위이다. 좋은 기회를 포착하지 못한 것은 물론 손실 자체는 아니다. 그러나 우리에게는 시간의 흐름 속에는 자신의 성패에 관계없이 시간비용(금융비용, 사업유지비용)이 발생한다. 기회를 획득했다는 것은 분명 좋은 결과를 갖게 하고 반대로 이러한 기회를 유효 적절하게 활용하지 못한 것은 거기에 상응하는 대가나 비용이 발생하게 된다.

기회와 위험은 반복적으로 순환하면서 나타나므로 기회가 지나가면 대부분 다음은 분명 위험이 닥쳐오는 데 만일 트레이더가 기회의 시간활용을 잘못할 경우 자주 시장에서 손실위험이 증가되는 경향으로 악순환되어 나타날 가능성은 높아진다. 바닥에서 진입하여 시세가 오르기를 기다려야 하는 심리적 갈등이나 다른 시장에서 시세분출을 보고만 있어야 하는 상대적 박탈감 등은 시간을 잘못 사용한 것이다. 이때에는 시간 비용뿐만이 아닌 갈등이나 좌절로 자신의 정신적 에너지를 소모한 심리비용도 지불해야 한다.

② 매매시점을 잘못 선택할 위험

〈주식을 사지말고 때를 사라.〉나 〈트레이딩은 타이밍의 예술이다.〉는 표현이 있는 데 이는 시점의 중요성을 말한다. 시점은 말 그대로 어느 시간에의 가격지점을 가리킨다. 모든 매매행위는 결국 이 시점의 선택과정일 뿐이고 그 선택의 결과로 승패가 달라진다. 훌륭한 매매시점은 좋은 결과를 낳고 잘못된 매매시점은 고약한 결과를 만든다.

원칙에 따른 매매시점을 못 찾는다거나 특히 매수시점에 매도하고 매도시점에 매수하는 것은 금전적 손실의 결과 뿐만이 아니라 심리적 좌절감이 크게 일어난다. 초반기의 트레이더일수록 이러한 위험을 많이 경험하게 될 것이다.

③ 비활동 구간의 위험

시장은 크게 강세활동시장과 약세의 비활동시장으로 나눌 수 있다. 약세의 비활동시장은 변동성이 좁은 구역의 범위 내에서 소폭 등락을 거듭하는 것이 대부분이고 이는 곧 위험지역이라 할 수 있다. 그리고 상승 랠리가 펼쳐지는 강세시장일지라도 실제로 추세적 활동시간(기간)은 한정적으로 제한되곤 한다.

이를테면 하루의 추세적 활발한 움직임이 한 시간 내외에서 종료된다면 시장의 주요 활동시간은 단지 전체의 약 20~30% 정도 밖에 지나지 않고 나머지 70% 정도는 물론 비활동적 비추세적 위험구간에 해당되는 것이다. 따라서 약세의 비활동시장과 강세의 비추세적 구간을 합하면 실제로 시장은 매우 위험한 지뢰밭일 뿐이다.

④ 장 시작과 종료시 위험

자신의 원칙에 맞고 적합한 거래기법이 아니고 분명한 시장이 아니라면 이 두 시간대에는 손실가능성이 매우 높다. 개장직후 얼마 동안은 시장의 확실한 방향설정, 즉 추세가 확정되지 않았기 때문에 위험성이 매우 크다고 볼 수 있다. 시장의 예측가능성이 낮은 곳에 참여한다면 이는 나쁜 결과일 가능성이 크다.

그리고 종장 직전의 얼마 동안도 같은 경우에 해당한다. 특히 포지션의 물량정리가 이 시간대에 이루어지기 때문에 급락이나 급등락이 일어날 수 있다. 시가 그 부근에서는 아마추어가 참여하고 종가 그 부근에서는 프로가 참여하는 경우가 많은데 결국 이는 세력의 시장지배적 영향을 받게 되기 때문이다.

6 감정적 거래의 위험

시장과 시점의 선택은 당연히 분석적·이성적 판단에서 이루어져야 함에도 많은 트레이더는 반대로 충동적·감정적으로 시장을 대하는 경우가 아주 많다. 감정적 거래에는 다음의 여러 위험이 도사리고 있다.

① 충동적 거래(무원칙, 무전략)

특정 시장, 매매시점의 선택과 자신의 거래원칙을 지킬 수 있는 마음, 심리, 감정의 상태는 중요한 의사결정의 요인이다. 시장에 대한 지식과 경험이 많다고 하더라도 마음의 통제력과 자제력이 없다면 이는 결코 심리게임의 속성이 강한 증권시장에서 살아남기 어렵다. 절제 안 된 감정과 관련된 어떠한 거래도 위험만 배가시키게 된다.

욕심에서 비롯되는 성급함과 두려움에서 비롯되는 망설임은 의사결정의 주요한 방해 요소다. 작은 이기적 욕심이 마음에 자리 잡아도 이는 성급한 의사결정을 할 가능성이 많은 것이 트레이더의 처지다. 시장의 움직임에 원칙 없이 너무 지나치게 과민 반응하고 성급하게 우발심으로 충동매매를 한다는 것은 위험이고 파멸이다.

② 극단적 뇌동 매매(투매수와 투매도)

상투에서 충동적으로 추격매수하는 투매수와 견딜 수 없어서 바닥에 던지는 행위인 투매도는 종종 많은 트레이더나 일반인들이 하는 비이성적 행동으로 극단적인 위험한 행동이다. 이는 〈바닥에서 사지 마라.〉, 〈현장에서 사지 마라.〉, 〈손절매하라.〉라는 원칙을 위반하는 것이다.

③ 과신에 의한 거래(과도거래)

연속적 거래에 성공한 트레이더는 시장과 자신의 능력에 대하여 종종 지나친 확신이나 자만심에 빠지기 쉽다. 트레이더가 벌어놓은 것을 잃어버리는 것은 위험에 대한 경계심을 잃고 자신의 능력에 대하여 과신한 마음에서 비롯된다.

큰 성공을 하고 나서 실패하는 경우는 겸손한 마음과 자제력을 상실한데서 비롯된다. 욕심과 과신을 갖고 거래하면 거래횟수를 늘리고 베팅 자금을 증대시켜 손실의 위험에 빠져들게 할 가능성이 매우 커진다.

④ 소심한 거래(과소거래)

너무나도 조심을 하다가 좋은 기회를 놓치는 경우는 두려워하거나 불안한 마음이 있어 겁먹은 경우로 기회비용과 심리비용이 늘어난다. 너무 불안해 하고 겁을 먹는다면 우유부단하게 되고 경우에 따라서 시장 앞에서 꼼짝도 못하는 자기무기력에 빠지게 될 수도 있다. 좋은 결정적인 기회에 망설이면 이에 대한 후회나 좌절로 심리적 상처나 스트레스를 받을 수 있게 된다.

⑤ 집착과 중독적 거래

식사도 걸러가며 화면을 지켜보지 않으면 안 되는 마음, 거래를 하지 않으면 안 된다는 강박관념, 무의식적으로 굳어진 잘못된 습관, 조그마한 기회에 너무 민감하게 반응하는 것, 돈을 버는 데 너무 집착하는 것 등은 이미 위험을 내재적으로 포함하고 있다. 이러한 상태에서의 거래는 무의미한 거래를 자주 지속적으로 하게 하여 손실 가능성만 증대시킨다.

⑥ 복수와 분노적 거래

트레이더는 하나의 좋은 기회를 놓치고 나면 이에 대한 미련으로 다른 기회를 억지로 만들려고 하는 경우가 많다. 이는 기회상실에 대한 만회를 하려고 하는 자신의 이기심이나 분개에서 비롯되기 때문에 시장에 대한 올바른 판단력을 막아 잘못을 저지르기 쉽다.

거래에서 실패하면 실패한 것에 대한 만회를 하고 싶고, 시장에서 손실을 보고 있는 상태에서는 본전을 회복하고 싶은 희망은 한편으로는 트레이더의 자연스러운 심리적 상태이다. 그러나 이러한 마음에서 거래한다는 것은 시장에 대한 무지나 분노, 자신에 대한 편견·편집으로 비이성적 모험이다. 실수에 너무 한탄하는 것, 손실을 억지로 복구하려는 것, 시장이 잘못되었다고 분개하는 것, 한 건을 크게 터트려야 한다는 생각 등은 자신의 내부에 열이 받은 상태이다.

⑦ 희망적인 거래

잘못된 거래에서 시장흐름과 반대로 처해 있음에도 결과에 대한 해석을 좌절이나 고통을 피하려는 희망적 낙관을 가질 수 있다. 이렇게 되면 손절매의 시기를 놓치게 되고, 손실은 크게 증가하고 결국에는 될 대로 되라는 자포자기의 상태, 자기파괴적 행동에 빠질 수도 있게 된다. 이는 큰 위험을 부르기 쉽다.

시장에 잘못 들어 갔을 때, 시장의 추세를 무시하려 하는 것, 반전에 대한 기대를 갖는 것, 본전을 회복하겠다고 생각하는 것 등은 많은 경우 시장에 대한 지나친 희망이나 환상이 될 수 있다.

⑧ 기대에 의한 거래

시장에서의 수익가능성은 손실가능성에 비하여 그 비율이 매우 낮다. 따라서 성공하기 위해서는 반드시 확실한 시장에서 올바른 거래시점만이 손실위험을 감소시킬 수 있다. 승산가능성이 없거나 불확실한 것, 의심이

나는 것에 조금이라도 기대하거나 불필요하게 시장의 진입·퇴출을 한다면 자신의 이기심이 내면에 자리잡은 것이다.

활동성과 변동성이 약한 시장에 가격이 낮다고 생각하고 진입하려는 것, 지지가 무너지지 않는다고 예단하는 것, 상승할 것 같다고 예정하는 것, 돌파된다고 미리 짐작하는 것 등은 미래에 대한 단순한 기대일 경우가 많다. 시장을 자기에게 유리한 방식대로 짐작하고 예정하게 되면 예단의 함정에 빠지기 쉬워진다.

⑨ 무책임한 거래

트레이더는 거래를 하다 보면 자신도 모르거나 불가피하게 여러 가지 실수를 할 수 있다. 그러나 원칙에 위반되고 피할 수 있는 실수의 거래를 되풀이한다는 것은 손실은 물론이거니와 자신에 대한 무책임한 행위이고 성실하고 진지한 자세라고 할 수 없다. 이것이 지나치면 〈될 대로 돼라.〉, 〈어디까지 가나 보자.〉하는 자기 파괴에 빠질 수도 있다.

시장의 매매신호를 확인하지 않는 행위, 손실을 방관하는 행위, 실수를 부인하는 것, 자금을 너무 크게 하여 무리하고 무모한 위험을 거는 것 등은 손실위험을 증가시키는 것이 된다.

🔼 주문의 위험

주문의 핵심은 〈얼마나 빠르고 확실하게 하는가?〉에 수익과 손실의 차이가 매우 커진다. 서두르다 보면 트레이더는 종종 다양한 주문조작의 실수를 경험하게 될 수도 있다. 신속하지 못하거나 확실한 주문이 아니거나 또 다른 주문상의 실수는 손실과 직결됨은 두말할 나위가 없다.

① 매매 타이밍 실수

가장 주요한 주문실수는 서두르거나 망설이다가 혹은 완벽히 주문하려다 타이밍을 놓치는 경우이다. 서두르다가 고점에 진입하거나 완벽히 하려고 하다 너무 저점에 주문하여 미체결되는 경우이다.

② 주문조작의 실수

그 외에 다양한 주문조작의 실수는 주문된 상태나 체결상태를 확인을 하지 않는 행위이다.

매수·매도를 혼동하여 반대로 하는 행위, 원하지 않은 매수 주문을 중복해서 반복하는 행위, 주문가격 호가를 잘못 입력하는 행위, 주문호가를 잘못 정정하는 행위, 미체결 잔량을 정정이나 취소하지 않는 행위, 다른 시장을 잘못 진입하는 행위, 주문방식을 시장가로 잘못 선택하는 행위 등이 있다.

③ 슬리피지 위험

주문과 관련된 또 하나의 보이지 않는, 쉽게 인식하지 못하는 비용이 있는데 이는 슬리피지(slippage) 위험이다.

원하는 예상가격보다 더 높거나 낮게 지불해야만 하는 말 그대로 미끄러

져서 차이가 나서 발생하는 비용이다. 유동성이 부족한 종목에서는 호가 공백이 발생하기 쉬워 거래량이 너무 적은 것은 이 위험에 빠지기 쉽다.

🎱 거래비용증가의 위험

트레이더가 거래 때마다 원천적으로 징수되는 거래세는 국가에 대한 훌륭한 납세이다. 미국에서처럼 수익이 발생할 때 내는 소득세가 아니라 수익이 나든 손실이 나든 지불해야 하는 거래비용이다. 마찬가지로 수수료는 매거래마다 수익이 나든 손실이 나든 증권사에 지불해야 하는 거래비용이다. 따라서 트레이더는 나라에 헌신하는 국민이며 증권사의 좋은 고객일 수밖에 없다.

이로 인한 두 가지 위험은 거래가 많을수록 그리고 거래액이 클수록 비용은 증가한다. 그리고 손실이 발생하는 거래에서는 그 비용은 더욱 크게 증가한다는 사실이다. 이점은 매우 심각한 외부의 위험요소이다. 연속적으로 자주 거래하는 트레이더는 이처럼 이미 정해진 피할 수 없는 위험에 매우 민감하지 않으면 안 될 것이다.

예를 들면 트레이더가 하루 1천만 원의 거래금액으로 1회 거래를 완료한다면 거래세는 매도시 0.3%이고 수수료는 매수와 매도를 합하여 대략 0.030%로 거래당 3만 3천 원의 비용이 발생한다. 하루 3회만 거래한다 해도 1일 9만 9천 원이 지출되고 이렇게 한 달이면 198만 원의 비용이 발생하게 되는 셈이다. 고액의 비용을 헌납하고 있는 것이다.

🏠9 통신 시스템상의 위험

자신의 컴퓨터 자체에 문제가 생길 수도 있고 인터넷 연결상태의 네트워크상의 문제나 증권사의 시스템 문제로 인해 위험이 종종 발생하는 경우가 있다.

특히 주문시점에서의 문제발생은 매우 곤란하게 될 수 있으므로 정기적인 컴퓨터 점검과 인터넷 상태를 확인하는 것이 좋다.

🔟 위험의 대처방안

트레이딩에서는 본질적으로 수익창출의 이면에는 이미 위험의 요소가 포함되어 있으므로 위험을 완전히 제거할 수는 없는 것이다. 따라서 어떠한 위험은 수용해야 하고 어떠한 위험은 회피해야 하는지를 제대로 알고 이를 선택할 수 있다면 이는 이미 승자의 길에 접어 들었다고 볼 수 있다. 확실한 시장에서는 위험을 감수하고 불확실한 시장에서는 위험을 철저히 피해야 할 것이다. 위험을 피할 수 있는 대처방안과 전략을 갖고 있어야 한다.

(1) 모든 잠재적 위험을 예상할 것

앞에서 열거한대로 주식은 내재적으로 위험한 게임이라는 것을 명심하고 위험에 대한 인식을 높이고 목숨을 걸 듯 진검승부의 자세로 시장을 대하여야 한다. 언제나 고도의 경계심을 갖추고 자신의 취약점을 보여서는 안 되며 지지 않는 게임을 하는 데 전력해야 할 것이다. 지지않는 게임이란 실수를 줄이고 손실을 내지 않는다면 결국 좋은 기회를 잡게 되어 이기는 게임을 하게 되고 성공 가능성은 높아지게 된다는 것이다.

(2) 기회의 순환 사이클을 잘 적응할 것

〈악수는 악수를 부른다.〉는 뜻은 불행한 일은 연속해서 일어나는 경향이 있다는 것을 의미한다. 인생에서, 거래에서 연속해서 실패하는 경우는 바로 이러한 흐름을 잘못 선택하는 경우이기 때문이다. 세상만사 좋은 일과 나쁜 일은 반복적으로 순환되면서 나타나고 일정한 흐름을 갖는다. 이러한 흐름을 인식하지 못하거나 잊어버리는 경우가 많은 데 이를 이해하고 흐름에 따라야 한다.

시장에서 기회가 오면 다음은 나쁜 위험이 올 확률이 높아진다. 한 번 거래를 잘했으면 다음에서의 거래 사이클은 잘못할 가능성이 내재되어 있다. 큰 성공 후에 겪는 실패는 바로 이러한 순환의 원리를 생각하지 못했기 때문일 것이다. 마찬가지로 큰 실패 후에는 다음의 시장에서 성공을 할 수 있는 가능성이 있다. 시장은 상승하면 하락하고, 하락하면 상승하는 일반적 흐름을 갖는 것과도 같은 것이다.

(3) 거래전략을 세울 것

① 확실한 승산이 있는 곳에 진입할 것

패할 가능성이 있는 곳은 피하고 반드시 승률이 높은 곳에 참여하는 것만이 가장 확실한 성공가능성을 갖게 한다. 그럴듯한 기회에 민감하게 반응하기 보다는 〈분명한 기회에 사자〉와 같은 기회포착의 사냥자세로 기다리고 인내하면서 결정적인 순간의 기회에는 필사적인 일격으로 전력을 다한다.

② 매매신호를 확인할 것

시장에는 많은 가짜 신호가 있다. 뉴스나 공시 등의 혼잡한 소음과 공해도 많다. 가짜 신호의 유혹은 매우 다양하고 현혹적이다. 유혹에 빠지면 대부분 처참해지기 쉽다. 진정한 움직임인가, 진정한 돌파인가, 진정한 지지인가 등의 진짜 신호인가를 확인하고 행동해야 한다. 감으로 하는 즉흥적인 매매나 선(취)매수나 선매도는 위험할 수 있다. 확인매수와 매도를 해야 한다. 〈돌다리도 두들겨라.〉

③ 분할매매를 활용할 것

시장의 상승확률이 높다 해도 조금의 패할 확률은 언제나 남아있으므로 분할매수가 유리하고 안전할 것이다. 시장이 지속적으로 추세를 유지한다면 그 시장의 흐름을 계속적으로 추적하여 매수시점마다 진입하고 매도시점에서 퇴출하는 것이 수익을 증대시킬 것이다. 목적을 이루려는 진돗개와 같은 집념의 자세로 끈질기고 집요하게 추적하여 추세를 다할 때까지 추격매수하고 매도하는 정신이 필요하다.

④ 분산거래(투자)를 시도할 것

거래기술이 숙달되면 시장을 동시에 혹은 순차적으로 진입하여 각각의 정해진 목표에 따라 퇴출하는 것이다. 예를 들면 두 개의 시장이 상승가능성이 크다면 적어도 한 개의 시장은 상승가능성을 확신할 수 있다. 한 개의 시장에 진입한 것이 그 결과가 나쁘게 나올지라도 다른 하나에서 성공하여 이를 만회하고 수익을 올리게 되는 것이다.

⑤ 적절한 손절매를 실천할 것

함정에 빠져들어가 있으면 우선 밖으로 나오는 것이 최선의 길이다. 더 이상 추가적인 손실을 보면 정신을 잃기 쉽다. 물타기를 하는 자해적 행동은 삼가고 더 이상의 손실을 줄이기 위해서 손절매하고 빠져나와야 한다. 〈병이 더 자라기전에 고름을 도려내라.〉

⑥ 자신의 취약점을 항상 관리할 것

이기적 감정을 항상 자제하고 자신의 단점·약점·취약점을 항상 개선·보완하고 강점을 계발할 것이 요구된다. 아무리 작은 자신의 약점도 시장에서는 치명적인 결과를 낳을 수 있다. 시장은 냉엄한 스승이다. 〈감정을 피하고 이성적으로 거래를 하라.〉

2. 자금관리

기술적인 측면에서 트레이더의 시장에서 성공요소는 시장(가격)예측, 거래전술(타이밍, 시점), 자금관리능력에 좌우된다. 가격예측은 어떤 시장, 거래전술은 언제, 자금관리는 얼마만큼을 어떻게 투자할 것인가를 결정하는 것이다.

자금관리는 자금의 증감에 대한 손실관리 및 수익뿐만 아니라 넓은 의미에서는 위험관리를 포함한다. 장기적 성공의 바탕은 반드시 효율적인 자금관리를 필요로 한다.

자금관리는 현재 자신의 자금상황을 고려하여 큰 그림, 즉 전체적인 계획 하에서 향후 자금의 사용계획과 보상이나 위험가능성 그에 따른 결과인 이익이나 손실을 미리 예측하여 자금을 유효 적절하게 운용하는 것을 말한다. 물론 시간과 손실위험을 반드시 고려해야 한다.

자금관리에는 시간(기간)에 따른 위험수용 정도가 포함되며, 성공적 트레이더는 거래 타이밍보다 훌륭한 자금관리가 더 중요한 것을 알고 있을 것이다. 돈을 잃고 버는 것은 결국 효율적 자금관리에 있기 때문이다.

처음 거래를 시작하면서부터 자신이 궁극적인 목표에 이르기 위해서는 초반기에 거래자금보존과 승률 최대화, 중반기는 거래규모의 조절과 수익률 확대, 성숙기에는 수익금 극대화와 재분배에 목표를 두는 것이 바람직하다.

⬆️ 자금관리목표

자금관리는 자금의 보존과 증대를 위한 것이지만 그러기 위해서는 우선 현재의 자금손실을 최대한 줄여야 하며 그럼으로써 미래에 수익 가능성은 늘어나게 된다.

(1) 살아남기

시장에서 생존하기 위한 일반원칙은 자신의 거래 초반기에는 신용자금, 즉 증거금(미수금)을 사용하지 않고 빚인 부채자금을 사용하지 않으며 가능하면 충분한 여유자금을 갖는다. 이는 물론 개인적인 상황에 따라 가변적일 수 있으나 시장에서 거래원칙을 확립 검증하고 위험에 대한 극복능력이 갖추어질 때까지 이러한 원칙은 매우 중요한 의미를 갖는다

만일 상당한 자금이 있을지라도 가능하면 적은 자금으로 거래하는 것이 손실을 줄이는 길이 된다. 누구나 시장에서 초반기에는 손실확률이 매우 크기 때문이다. 대부분의 경우 처음 1년간 시장에서 금전적으로나 심리적 파산을 맞을 가능성이 매우 높다.

거래자금 규모는 아주 초보는 500만 원 이하, 초보는 1,000만 원 정도, 중급은 1,000~2,000만 원 정도, 고수는 1억 원 이상이 적합하다고 본다.

(2) 천천히 벌기

지지않는 게임에서 성공하면 조금씩이나마 성공은 가능할 것이고 승률과 수익창출가능성은 많아지게 된다. 작은 성공, 적은 수익도 이것이 지속되면 크게 되고 이에 따른 성공에 대한 자신감은 매우 커지게 되어 홀

륭한 트레이더가 될 가능성은 높아진다.

크게 욕심내면 크게 잃을 확률은 커지고 작은 것에 만족할 줄 알면 그것이 자라나서 성장을 지속할 수 있다. 승리하는 게임에 지속적으로 집중하면서 자신의 거래능력에 맞는 수익을 갖는 것이 이상적 목표일 것이다.

(3) 크게 벌기

자신의 수익금과 수익률을 목표하는 대로 늘려서 좀더 큰 수익에 거래의 초점을 두는 거래 형태를 취한다.

❷ 기간별 자금관리

(1) 초반기(손실 최소화 시기)

처음 트레이딩의 시작에서부터 일정 기간 동안은 경험과 기술의 부족으로 손실위험가능성이 가장 높고, 수익창출가능성이 가장 낮으므로 자신의 자금 투입을 최소화하면서 손실을 가능하면 최소화하고 손익이 균형점을 이루는 손익분기점에 목표를 두고 트레이딩 기술을 늘려나가야 한다. 물론 경우에 따라 예상외로 좋은 결과가 초반기에 발생할 수 있으나 초보자가 지속적인 수익을 올리기란 결코 쉬운 일이 아닐 것이다.

자신의 기간이 만일 6개월이라면 다시 2~3단계별로 세분화시켜 손실에서 이익으로 전환되는 시점까지 최소의 자금으로 적합한 목표를 이룰 수 있도록 한다. 초기에 일별이나 월별의 손익분기점에서 수익발생시점으로 돌아서면 조금씩 트레이딩 자금을 늘려나간다.

만일 손실로 나타나면 반대로 트레이딩 자금을 손실 정도에 따라 줄여나간다. 다소 소극적인 방법인 것 같지만 초기에는 수익창출이 결코 쉽지 않기 때문이다. 즉, 손실이 크면 베팅자금을 축소하고, 수익이 나면 자금을 조금씩 확대하여 가능하면 하루에 수익을 창출하여 전체의 운영자금이 유지될 수 있게 한다. 또한 초반기에 트레이딩 자금으로 생활비를 충당하는 것은 상당한 위험이 따른다.

트레이딩 자금의 감소는 거래심리를 불안하게 하고 결국 손실을 증대시키고 수익을 어렵게 만든다. 많은 사람들이 충분한 자금으로 시작하라고 권유하는 것은 초반기 자금손실의 충격에 따른 심리적 고통이 향후 거래에 영향을 줄 수 있기 때문이다.

(2) 중반기(손익교차시기)

이 기간동안 트레이더는 항상 거래에 성공하지는 못하지만 성공하는 날과 실패하는 날이 지속되는 기간으로 이때는 손실도 어느 정도 발생하지만 때로는 상당한 수익을 올리기도 한다. 따라서 심리적으로 희비가 크게 교차되는 시기이다.

경우에 따라서는 연속적인 성공 이후 자신감을 갖고 거래하다가 크게 실패하는 경우가 종종 발생한다. 이러한 경우 거래자금 규모를 다시 조정한다거나 지나친 자신감을 조절하여 실패를 극복해야 한다.

중반기에는 전반적인 손실위험은 다소 감소했으나 아직도 손실위험 가능성이 있고(흔히 롤러코스터를 탄다고 함), 때로는 손실이 매우 크기도 하므로 자신의 자금사정과 거래능력향상에 따라서 자금의 증감여부를 점진적으로 결정짓는다.

(3) 성숙기(수익발생 및 축적시기)

초반, 중반기의 과정을 겪은 트레이더는 거래능력이 향상되어 성공확률이 실패확률보다 훨씬 크고 수익(률)이 안정적이기 때문에 베팅자금을 과감하게 투입할 수 있을 것이다.

최소손실과 최대수익가능성이 크기 때문에 적극적이고 합리적인 자금운용이 필요하다.

목표달성이 이루어지면 종종 거래원금을 인출하여 일정한 자금으로 일관된 거래를 한다. 그리고 새로운 목표의 설정에 따라 전체 자금운용을 신축적으로 관리한다.

성공적 트레이더의 일반적 자금흐름도

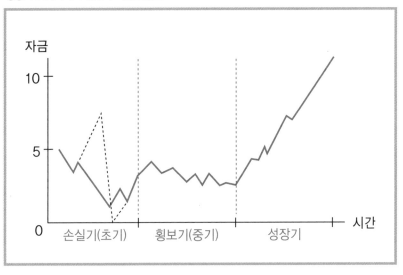

3️⃣ 자금관리방법

개인의 자금은 구좌에 없는 자산과 구좌자금을 합할 수 있는 데 여기서는 거래구좌의 관점으로만 한정한다.

(1) 거래자금관리

거래자금을 현금구좌로 할 것인가 마진구좌로 할 것인가를 결정하고, 시장당 거래자금, 거래당 거래자금, 거래당 위험수용비율 등을 결정한다.

- 손실을 줄이고 수익을 늘리기 위한 전략적 자금운용방식을 택한다.
- 승률(=승리횟수/총거래횟수)이 높고 익손율(=수익총액/손실총액)이 커야 한다.

예를 들면 고수라면 하루 혹은 기간당 승률이 60~70% 이상 되어야 할 것이고, 익손율은 2.0 포인트가 넘어야 할 것이다.

(2) 손실관리

손실관리의 목적은 손실비용을 축소하여 거래의 안정을 도모하기 위함이다. 다음의 손실 2%, 수익 3%의 규칙은 현실적으로 매우 합리적인 자금관리 원칙이라고 할 수 있다.

① 손실관리원칙(2% 규칙)

- N% 규칙(거래당 손실규칙) : 한 거래당 2% 이상 손실하지 말 것
- T% 규칙(총손실규칙) : 1일 2% 이상 손실하지 말 것

② 손실 자르기(손절매)와 물타기

- 손절매(stop loss) : 어떤 거래에서도 위험한도, 즉 손실의 폭을 정하는 것이 중요하다. 시장에 진입한 이후 생각과는 반대방향으로 시장의 진행이 확실하다고 판단될 때 추가적 손실이 예측되므로 반드시 손실을 줄여 전체 자금손실을 최소화해야 한다.

➜ 손절매의 판단기준은 시장진입 후 주가상승이
- 반락되었을 때
- 지지선이 무너졌을 때
- 추세판단을 잘못하여 진입했을 경우이다.

손절매 타이밍(시점)은 초기에 즉시할 수 있고, 아니면 하락 이후 반등시점에서 할 수 있을 것이다. 그리고 손절매의 폭은 일정액으로 정하든지, 몇 %로 정하면 될 것이다.

③ 손실을 줄일 때가 언제인지를 알 것

거래가 잘 되지 않을 때 손실을 줄여야 한다. 많은 투자자가 자신들이 잘 안될 때 손실을 만회할 희망을 갖고 강하게 몰아치다 큰 펀치를 얻어 맞는다. 종종 복수심 때문에 트레이더는 파멸할 수 있다.

- 출혈을 멈출 것 : 잃는 거래에서 빠져나갈 것
- 한 걸음 물러설 것 : 계속해서 잘못하고 있는 경우 거래를 중지할 것
- 기본으로 돌아갈 것 : 한 걸음씩 나아갈 것, 원칙을 지킬 것, 잘될 때 밀고 안 될 때 줄일 것, 전체 자금상황을 고려할 것 등이다.

④ 물타기 금지(잃는 포지션에서 추가손실을 금할 것)

잃고 있는 포지션에서의 거래는 반드시 위험 한도를 다시 정해야 한다. 이를 테면 상승추세인 줄 알고 진입했을 때 하향으로 방향전환하여 하락

하다가 잠시 멈춘 뒤 반등하면 이것이 바닥이라고 판단되어 다시 진입했는 데(흔히 물타기라 함), 사실은 바닥이 아닌 하락의 연속선상일 경우 이때 커다란 손실을 입게 된다. 그러면 손실은 두 배로 늘어나고 자멸의 가능성은 매우 커지게 된다. 물타기는 본전에 대한 허영된 기대감으로 가장 치명적 자금 출혈을 가져온다.

(3) 수익관리
수익관리의 목적은 수익을 굳히고 다음 단계로 도약하기 위함이다.

① 수익관리원칙(3%규칙)
- N% 규칙(거래당 수익) : 한 거래당 3% 정도 수익을 창출할 것
- T% 규칙(총 수익) : 1일 3% 이상 수익을 창출할 것

② 수익 굳히기(이익실현)와 불타기
손실관리와 반대의 입장에서 생각해 볼 것

- 이익실현(수익을 반드시 굳힐 것) : 거래 이익은 반드시 굳히고 목표가 달성되면 위험을 최소화하면서 겸허하게 다음 목표에 도달한다. 이익을 지속적으로 일관되게 창출하고 동시에 이를 굳힐 때 다음의 목표달성은 한결 수월해진다.

  여기서 중요한 것은 벌어 놓은 공든탑을 허물지 말라는 것이다. 많은 트레이더는 한 번 혹은 전장에 이룩한 좋은 수익을 다음번 혹은 오후에 바람과 함께 날려버리거나, 여러 번에 걸쳐 지속적으로 축적한 수익을 한 번의 큰 손실로 자금의 전체적 상황을 악화시키는 경우가 많다.

- 수익을 늘릴 때가 언제인가를 알 것(기회를 적극 포착할 것) : 거래 경험과 기술의 성숙도에 따라 천천히 거래규모를 늘려나간다. 당일 매매

시에 어느 종목이 언제, 어느 정도 상승할 수 있는지를 정확히 예측할 수 있는 확신을 가지면 거래규모를 최대화할 수 있을 것이다.

성공적 결과는 전체의 수익을 크게 상승시킬 수 있다. 어느 특정한 날의 훌륭한 거래가 큰 성공이 가능하다면 며칠간의 수익을 종합한 것보다 클 수도 있다. 이날은 분명 잘 나가는 날이므로 과감히 거래한다.

• 불타기를 활용할 것 : 승리하는 포지션에서 추가수익을 만들 것

물타기와 반대로 이기는 거래에서는 불타기하여 수익을 늘려야 할 것이다. 물의 속성은 아래로 흐르고 불의 속성은 위로 상승한다는 것을 명심하자.

③ 수익목표 달성(목표를 세울 것)

목표관리는 우선 거래별, 일별, 주별, 월별 목표를 세우고 그 목표를 달성하기 위해서 전략을 세우는 것이 중요하다.

예를 들면 하루 목표로 거래별 10만 원, 100만 원 혹은, 1%, 3% 한다든가 하여 하루의 목표를 달성하는 데 초점을 맞추므로 성취욕구를 충족할 수 있다.

대부분의 사람들은 편하게 느끼는 수입의 수준이 있다. 그것은 자신이 무의식적으로 인정하는 편한 정도의 수준이다. 그러나 자신의 수준이 한단계 높고 목표치가 설정되었을 때는 기대수준에 맞추려고 최선을 다할 것이고, 그것으로 자신이 바라는 결과를 달성하였을 때 성취감을 느낄 수 있게 되고 심리적 만족을 얻게 된다.

수익이 창출되는 단계로부터의 거래에서는 보다 용이하게 목표를 달성할 수 있을 것이다. 점진적인 방식의 성장목표를 설정하고 기간별로 일간에서부터 월간, 분기, 연간의 목표가 달성되도록 한다.

단계별 성장 목표 세우기			
구　분	1단계	2단계	3단계
기술 수준	semipro	pro	master
수익률 목표	일평균 수익 1~2%	일평균 수익 3%	자유수익 5% 이상 × %
수익목표 1,000만 원 거래당	20만	30만	50만 ~

6

기술적 분석과 거래기법

인간의 심리 형태의 해석인 기술적 분석은 트레이딩의 기본정보이다
분석의 목적은 심리행동의 단편적 조각 모습(정보)을 정리하여
체계화하고 통합하여 이를 예측하는데 있다

1. 기술적 분석

2. 기술적 분석의 중요 요소와 매매전략

3. 상승과 돌파

4. 10가지 중요 과제

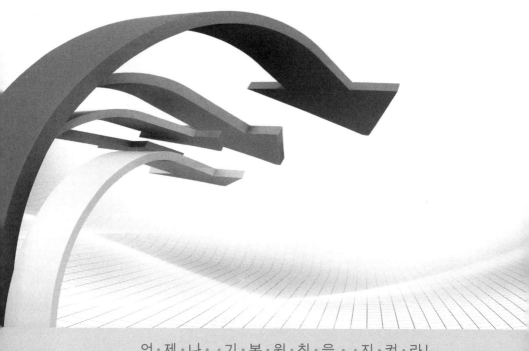

언·제·나··기·본·원·칙·을···지·켜·라!

1. 기술적 분석

기술적 분석의 각종 분석지표들은 인간의 심리행동과정을 도표나 수치로 나타내어 정형화하는 것이다. 따라서 모든 기술적 지표는 그 내면에 인간의 심리형태를 담고 있다.

기술적 분석의 내용은 방대하므로 여기서는 트레이딩에서 반드시 알아야 하고 터득해야 할 필수적인 분석요소의 주요 특징과 거래에서 필수적으로 중요하고 유용한 것들에 관해서만 간결히 정리한다.

⬆ 기술적 분석의 중요성

기술적 분석의 중요성은 다음의 3가지로 요약할 수 있다.

① 시장 선택의 폭이 크고 자유롭다.

어떠한 시장에서도 어느 시간에도 자신의 거래기법을 적용할 수 있으므로 자신이 원하는 시장을 원하는 시간에 기본적 분석의 접근보다 보다 자유롭게 선택할 수 있다.

② 시장에 대하여 큰 그림을 가질 수 있다.

개별시장은 물론 전체시황과 전반적인 시장의 흐름을 분석하고 어떻게 적용할 것인지에 대하여 연구하기 때문에 좁은 시각을 피할 수 있다.

③ 목표수익에 대한 예측이 보다 분명하다.

이것은 기술적 분석의 핵심이다. 예상목표를 시장의 추세를 바탕으로 적용하기 때문에 추세의 변화를 통하여 수익목표에 대한 의사결정을 보다 명확히 할 수 있다.

🔼 기술적 분석의 기본원리

기술적 분석의 전제조건이며 기술적 분석의 개념, 원리는 다음 3가지 중요 요소를 토대로 한다.

① 수급의 법칙

시장의 가격과 그 움직임은 수요와 공급의 세기에 따라 이루어진다. 이것은 물론 경제의 기본원리이다.

② 목적 방향성

한 시장의 움직임은 일정한 방향, 즉 추세를 형성하면서 진행된다. 움직임의 현상은 목적을 이루기 위한 것이다.

③ 순환의 원리

과거의 주가의 형태(군중의 행동패턴)는 미래에도 나타날 가능성이 있다. 따라서 예측이 가능하다. 역사는 유사하게 반복 순환된다.

❸ 기술적 분석과 다양한 거래기법

(1) 거래기법(기술)의 중요성

거래기법(기술)은 거래원칙이나 매매원칙과 동일한 의미로 사용되는데 저자는 거래기법을 일정한 매매원칙 아래서 효율적으로 정리되고 체계화된 시스템, 방식 혹은 기술이라 정의한다.

트레이딩의 성패 여부는 앞에서 언급한 것처럼 80%는 심리기법, 20%는 거래기법에 있다고 했는데, 거래기법은 전체 비중으로 보면 성패의 결과를 만들어내는 비중이 적다고 할 수 있지만 중요도가 적은 것은 아니다. 거래기법은 심리기술(기법)의 토대를 형성해 준다는 측면에서 우선적으로 개발하고 익혀야 한다.

가능하면 많은 분석정보를 축적하고 정립, 적용, 검증을 하여 거래기법은 어느 정도 완성될 수 있고, 이 기법에서 정한 각각의 모든 세부적 원칙들은 반드시 거래의 성패에 직접적 영향을 준다.

간단히 말하면 심리기법은 전체 트레이딩의 궁극적 성패를 좌우하고, 거래기법은 매매타이밍을 기준으로 설정되었으므로 승률과 수익률에 영향을 준다. 따라서 트레이더는 자신의 거래기법을 세우고 그것을 다양한 시장에서 지속적으로 테스트(검증)함으로써 훌륭한 기법이 탄생되는 것이다.

(2) 거래기법 세우기(확립)

① 주가와 분석 요소들의 속성과 특성을 이해하고 중요한 원칙, 즉 매수
원칙과 매도원칙을 세운다.

② 모든 분석적 정보와 함께 여러 중요한 원칙을 통합하고 조율하여 자신
의 것으로 체계화시킨다.

③ 시장에 적용할 거래기법은 가능하면 단순화시킨다. 단순함은 간단 명
료함을 뜻하며 복잡한 것보다 의사결정을 쉽게 해주기 때문이다.

✳ 매수원칙과 매도원칙을 정하는 요령

트레이더는 다음의 기술적 분석을 바탕으로 부분적으로나 포괄적으로 체계화하여 매수원
칙과 매도원칙을 간결히 세울 수 있을 것이다.

▶ **변동성**
가격 움직임의 폭을 나타내며 폭이 클수록 수익이 증대될 확률이 커진다. 가격의 움직임
은 거래량이 많을수록 움직임의 강도와 폭, 즉 상승과 하락의 탄력성이 커진다.

▶ **거래량**
이평과 관련해서 상승시에 수렴할 때에는 거래량이 감소할 때 매수하고 발산 때에는 거래
량이 크게 증가할 때 매도한다. 하락시에는 이와 정반대이다. 중장기간 조정을 보일 때에
는 거래량은 한산해진다.

▶ **강세와 추세**
한 시장은 추세를 형성하게 되고 추세는 가격움직임의 진행방향을 예측하게 해준다. 강세
라는 의미는 수요자인 매수세가 월등히 강하다는 것을 나타낸다.

▶ **체결강도와 호가의 증감(수급의 불균형)**
일반적으로 매수체결이 강할수록 상승탄력, 즉 강도와 속도가 높아진다. 그리고 저항선(지
지선)이 통과되면서 체결 및 호가 변동이 크게 일어난다.

▶ 이평과 이격(수렴과 발산)

이평이 모아지면서 가격이 조정되고 다시 벌어지면서 가격확대가 일어난다. 단기적으로 가격확대(최대상승, 최대하락)가 최대일 때 최대의 이격이 발생한다.

▶ 반전율과 시간주기

되돌림(반전)은 작용에 대한 반작용으로 일반적으로 일정한 비율의 조정과정을 거친다. 추세가 활발히 지속될 때 보통 조정률이 적을수록 짧은 시간이 소요된다. 반대의 경우도 그러하다.

▶ 가격패턴(조정형태)과 가격수준(위치)

가격패턴에서는 미래의 예상수익을 목표수익으로 잡을 수가 있다. 여러 가지 삼각형 형태와 전저점들 간의 상승이나 전고점들 간의 하락관계를 주시한다.

▶ 지지와 저항의 돌파

저항선(지지선)이 뚫리면 강력상승(하락)이 일어난다. 일반적으로 저항선을 돌파할 때는 매수시점이 되고 지지선을 돌파할 때는 새로운 지지선이 매수시점이 된다.

▶ 주도세력의 의도

주도세력의 의도를 알아낼 수 있다면 예상목표를 잡는데 도움이 된다. 분석적 관찰을 통한 일봉의 연속적 모습(시세의 큰 흐름)과 함께 큰 그림을 잡기에 유용하다.

▶ 전체 시황의 흐름

매일 장의 움직임은 개개인이 모여진 집단의 심리행동의 결과로 이루어진다. 그리고 전체 시장은 개별시장에 영향을 미친다. 특히 시황 급락시 잘 반영된다.

＊차트상의 일반적 매수/ 매도 신호

차트상의 일반적이며 기본적인 매매신호(추세형 기준)는 다음과 같다.

▶ **매수신호 : (대)추세가 유지되고 조정형태가 완료되는 지점**
  · 가격형태 : 보통 이동평균이 수렴되는 점으로 파동(이격)이 최소화되는 지점
  · 가격위치 : 일정한 조정 이후 전저점보다 높은 저점 혹은 저항선 돌파지점
  · 거래량 : 거래량이 상당히 감소되는 시점 혹은 상당히 증가되는 시점

▶ **매도신호 : 시세분출 마지막 지점**
  · 가격형태 : 이동평균이 발산되어 이격이 최대화 되는 지점
  · 가격위치 : 마지막 주요 저항선 지점이나 전고점이 위치한 지역
  · 거래량 : 과매수로 거래량의 폭발 이후 일정한 지점에서 잠시 멈추는 시점

(3) 거래기법 최적화하기(적응과 검증)

효과적이고 유익한 거래기법을 만들기 위해서는 다음 사항이 반드시 포함되어야 거래기법으로서의 가치를 발휘한다.

① 거래기법은 가능한 최대의 승률과 수익을 낼 수 있는 유용성이 있어야 한다.

② 하나의 거래기법은 가능하면 모든 다른 시장에서도 일관되고 보편적으로 적용되어야 한다.

③ 거래기법은 기법간 상호 관련성이 있어야 한다. 하나의 거래기법은 다른 기법과 함께 고려될 때 더욱 신뢰도가 높아져야 한다.

④ 거래기법은 시장의 상황에 따라 신축적으로 운영·보완되어야 한다. 즉, 거래기법은 점진적으로 개선되고 효율성이 증대되어야 한다.

(4) 거래기법 적용에 주의해야 할 두 시장

① 하향추세

하락하면 오르겠지 하는 막연한 희망으로 초보자는 이러한 시장에 몸을 맡긴다. 그러나 추세는 지속된다. 반등의 기대로 물타기를 하지만 추세는 연속되고 손실은 더욱 크게 되는 것이다.

② 횡보

계속 횡보하니까 이제는 약간의 움직임이 보이므로 크게 상승하겠다는 일종의 기대를 걸고 시장에 진입한다. 그러나 분명한 움직임이 일어나지 않는 한 횡보는 지속되는 경향이 강하다.

(5) 여러 거래기법

시장에는 거래에서 승리할 수 있는 많은 다양한 거래기법이 존재한다. 그들 중 주요한 것은 돌파기법, 파동기법, 추세대기법, 이평기법, 과매도반등기법 등이 있다. 이외에도 갭기법, 반전율기법, 반전일거래기법, 시가종가를 이용하는 기법, 오버나잇거래 등과 각종 분석지표를 활용하는 다양한 방식이 있다.

중요한 점은 자신의 개인적 특성에 맞게 기존의 혹은 새로운 기법들을 재구성하여 자신의 것으로 만들어야 한다. 많은 기법을 아는 것이 중요한 것이 아니라 한 두 가지라도 실질적으로 활용할 수 있는 훌륭한 거래기술이 필요하다. 데이트레이딩에서의 거래기법은 스윙이나 포지션트레이딩에서도 유사한 방식이 적용될 수 있다.

2. 기술적 분석의 중요 요소와 매매전략

분석의 핵심 요소는 시간과 가격이다. 지지와 저항은 가격의 통로이고, 추세는 가격의 일정한 방향이고, 이평은 일정기간 동안 가격의 평균이고, 패턴은 가격의 형태이고, 탄력은 가격의 속도이고, 변동은 가격의 고저이고, 갭은 가격의 이탈이다. 그리고 거래량은 가격을 움직이게 한다. 이 모든 것은 시간의 틀 속에서 가격의 공간적 위치의 이동인 흐름과 변화를 갖는다.

여기서는 많은 분석내용 중 트레이더나 투자자가 필히 숙지해야 할 사항만 열거한다.

⬆ 가격(주가)

(1) 가격과 가격수준

한 종목의 주가(p)는 주가의 가치(x)와 주가에 대한 정보해석방식(y), 그리고 그에 대한 인간의 심리(z)에 의해서 결정된다. 즉, 주가는 p=f(xyz)이다.

가치는 과거의 자산가치, 현재의 수익가치, 미래의 성장가치를 포함하며, 해석은 정보의 질에 대한 해석이고 표현이며, 심리는 거래자나 투자자의 감정적 태도나 반응이다. 시장분석이란 곧 가격과 관련된 여러 요인을 파악하고자 하는 가격분석행위이다.

그런데 시장의 가격은 본질적으로 수요와 공급의 상호작용에 의하여 결정된다. 그리고 트레이더에게 현재의 주가는 가장 중요한 분석대상이며, 이러한 현재의 주가수준을 토대로 향후의 예측을 언제나 고려하게 되는 것은 당연한 일이다.

현재의 주가수준은 과거나 미래의 비교시점의 가격수준을 바탕으로 한 비교가격을 의미한다. 여기서 트레이더는 현주가수준을 바탕으로 미래의 수익에 대한 기대치(믿음의 기준)를 갖고 나름대로 해석하고 행동방식을 정하게 된다. 좋은 주식, 좋은 가격이란 미래의 기대를 트레이더나 투자자에게 만족시킬 수 있는 것을 의미한다.

(2) 가격의 심리

① 가격은 수요와 공급의 교차점이다.
② 가격은 매수자와 매도자의 마음이나 기대수준이 만나는 일치된 점이다.

③ 가격은 시장참여자의 가치에 대한 갈등이 해결되고 합의되는 점이다.

④ 가격은 사람들이 만들지만 군중을 움직이게 하고 선도하는 것은 가격이다.

⑤ 가격의 형태는 사람들의 집합인 군중의 심리형태를 반영한다.

시장분석이란 결국 가격의 흐름에 대한 사람의 행동형태를 분석하는 것이다. 가격은 시작도 끝도 없이 지속적으로 변화하며 움직인다.

(3) 가격움직임과 전략(활동 시장에서 거래)

가격의 움직임은 시가에서 시작하여 저가(고가)를 거쳐 종가로 귀결되는 동안 활동과 휴식활동을 번갈아 진행한다. 여기서 휴식이란 가격의 변동성이 매우 좁고 거래량이 상당히 미약한 비교적 장시간의 구간으로 가격이 횡보나 하락의 쉬는 상태로 거래수익가능성이 낮은 것을 의미한다. 반면 활동이란 매수와 매도가 활발히 이루어져 거래량이 증가되어 가격의 변동성이 크고 추세가 형성되어 모멘텀이 일어나는 것을 뜻한다.

따라서 거래를 하기 위한 유리한 곳은 당연히 활동구간이라 할 수 있고 그 활동구간에서 전략을 세워야 승산가능성이 높아진다.

> **＊참고**
>
> 주가수준을 파악하기 위해서는 단순히 이동평균 MA20을 중심으로 촛대의 현재 위치를 보고 파악할 수 있다. 가격지표는 이평선, 삼선전환, P&F, 역시계곡선, 이격도, RSI 등이 있다. 그리고 가격의 변동성과 탄력성을 보여주는 여러 지표를 활용할 수도 있다. 스토캐스틱(stochastics), RSI, DMI, LRS, P, SAR, R-Squared, Bollinger, Bands, Envelopes, Standard Dev/Err 등이 있다.

2 지지와 저항

지지(support)와 저항(resistance)은 많은 트레이더들이 매매시점을 결정하여 성패의 확률을 계산하는 데 사용하는 가장 기본적이며 중요한 분석 도구이다.

(1) 지지선과 저항선의 일반적 특징

① 지지선(더 이상 가격의 하락이 머무는 가격선)과 저항선(더 이상 가격의 상승이 멈추는 가격선)은 거래자가 믿음의 기대가 실현되기를 바라는 임의의 가상선(기준선)이다. 사람들은 주가 수준에 관련하여 일종의 선입견(믿음)을 갖는데, 이러한 선입견 혹은 기대수준의 대립이 저항과 지지로 작용하게 된다.

② 차트상에서 지지와 저항은 우선적으로 주로 정수를 이루고 이평의 위치도 지지나 저항의 역할을 한다. 그리고 보다 중요한 주요 지지나 저항은 보다 덜 중요한 다른 지지나 저항보다 강력한 힘을 갖는다.

③ 저항선이란 공급이 수요보다 많아 주가가 더 이상 상승하지 못하는 선이다. 지지선은 수요가 공급보다 많아 주가가 더 이상 하락하지 못하는 선이다. 수요공급의 힘의 균형이 깨져 저항선이나 지지선을 돌파하는 것은 사람들의 기대수준을 뚫고 그들의 기대치를 새롭게 바꾸는 것이다.

④ 지지선과 저항선은 좌우로 늘어나기도 하고(장기화 됨) 상하로 움직이기도 한다(뚫리거나 막힘). 시장 가격은 지지나 저항에서 수급이 팽팽한 균형을 이룰 때 상당기간 동안 그 부근에서 균형상태가 지속될 수 있다. 그리고 지지나 저항이 뚫려 돌파되는 것처럼 보이다 다시 막혀 원래

의 자리로 돌아가기도 한다.

⑤ 보다 큰 지지와 저항은 보다 큰 매수대와 매물대로 작용한다.

⑥ 상승시장에서는 지지 매수대의 신뢰도가 높고 저항 매물대의 신뢰가 낮게 나타나고, 반대로 하락시장에서는 저항 매물대의 신뢰도가 더 높다.

⑦ 다음에 다가올 지지와 저항으로 수익목표와 손실한도를 예측할 수 있다.

⑧ 가격 채널링이란 지지와 저항의 범위에서 등락을 반복하는 것이다.

(2) 지지선과 저항선의 주요 역할

① 지지나 저항이 길면 길수록, 즉 지지나 저항에서 시간이 길어질수록 그것은 보다 강력하다.

② 지지나 저항 지역의 범위가 크면 클수록, 즉 정수에서 〈0자〉가 많을수록 그것은 보다 강력하다.

③ 지지나 저항에서 거래량이 클수록 그것은 강력하다.

(3) 지지와 저항의 변화

일반적으로 저항선이 돌파되면 지지선으로 작용하고 지지선이 돌파되면 저항선으로 작용한다.

상승지속시(상승추세 중)에 저항선 돌파는 비교적 쉽게 이루어지고 돌파 이후 강력한 지지로 작용한다.

하락지속시(하락추세 중)에 지지선 돌파는 비교적 쉽게 이루어지고 돌파 이후 강력한 저항으로 작용한다.

(4) 돌파

지지와 저항의 돌파(breakout)는 추세의 지속이나 강화를 나타내는 주요 가격정보이다. 지지와 저항의 돌파에 실패할 경우는 조정의 지속이나 추세의 전환이 일어날 가능성이 높다.

진정한 돌파 가능의 판단여부는 차트와 함께 호가와 체결창에서 시장참여자나 세력들의 움직임을 보고 파악할 수 있다.

① 상향돌파

주가는 저항선에서 더 이상 상승하지 않으려는 경향이 있으나 일단 저항선이 뚫리면 매수자들의 적극 참여로 상향돌파되어 눌려있던 압력이 분출되듯 급상승한다. 적극적 매수시점이 된다.

② 하향돌파

주가가 지지선에 도달하면 더 이상 내려가지 않으려는 경향이 있다.

일단 지지선이 무너져 하향돌파되면 시장참여자들의 기대도 무너져 매도압력이 가속되고 주가는 급락하게 된다. 포지션을 가진 경우 손절매시점이 된다.

(5) 거래 전략(저항선 돌파기법, 지지저항의 거래범위를 활용한 거래기법)

① 추세가 있는 시장은 상승추세이든 하향추세이든 돌파가 쉽게 일어난다. 주요 저항이나 전고점의 진정한 상승 돌파는 추세의 시작을 의미하므로 시장진입을 적극적이고 신속히 결정한다.

② 주의할 점은 트레이딩 범위(당일 혹은 최근일의 최고점과 최저점의 거리)가 약세시장에서는 돌파가 어렵거나 거짓 돌파가 많다. 이때는 저점과 고점의 범위 내에서 거래하고 고점 돌파에는 조심스럽게 접근한다.

지지나 저항은 매물대(VAP) 지표나 이평선 그리고 주요 정수를 확인하면 보다 용이하게 판별이 가능하다. 그리고 저항과 지지를 세분해서 중요, 매우 중요, 대단히 중요로 나누어 개념을 정리해 두고 거래에 임한다.

3 추세

(1) 추세의 일반적 특징

① 추세(trend)는 주가의 진행방향을 나타내고 3추세, 즉 상승추세, 하락추세, 비추세인 평행(횡보)이 있다.

② 상승추세선은 저점간의 가상의 연장선이고 지지선으로 작용한다. 이것은 매수시점을 잡는 데 중요한 의미를 갖는다.

③ 하락추세선은 고점간의 가상의 연장선이고 저항선으로 작용한다. 매도시점을 잡는 데 중요한 의미를 갖는다.

④ 추세의 형성은 정해진 진행방향으로 계속 움직이려는 관성의 법칙이 작용하기 때문이다.

⑤ 트레이더에게 있어서 추세의 판단은 분석지표상 시장의 흐름을 이해하는 데 우선적으로 가장 중요하다. 추세에 순응하면 이익이 발생하고, 역행하면 손실이 발생될 확률이 크다.

⑥ 추세의 전환은 추세선을 이탈할 때이며 되돌림현상이 일어나면서 방향전환이 일어난다.

(2) 추세선의 주요 역할

① 시간의 범위가 길면 길수록 추세선의 의미는 중요하다.

② 추세선이 길면 길수록 추세선은 중요하다.

③ 가격이 추세선에 접촉하는 횟수가 많을수록 추세선은 중요하다.

④ 추세선과 수평축의 각도는 군중의 우세적인 강도를 반영한다.

⑤ 거래량은 저항선을 돌파할 때 늘어나고 주요 추세선(이평20)으로 되

돌아오면서 줄어든다.

(3) 추세의 전환과정(부채의 원리)

추세의 전환은 부채꼴(fan) 모양으로 서서히 진행되는 원리이다.

추세선을 이탈한 주가는 보통 되돌림현상이 발생하면서 원래의 추세선으로 재진입하려고 하다 실패하고 다시 추세이탈을 하게 되어 새로운 추세를 만들면서 부채꼴을 형성한다. 추세선의 확실한 이탈은 기존 추세의 반전을 나타낸다.

(4) 추세선의 기울기(상승시)

① 급격 추세선 기울기(약 75° 이상) : 짧은 시간에 급격한 가격상승이 일어난다.

② 균형적 추세선 기울기(45° 내외) : 가격의 상승이 시간과 균형을 이룬다.

③ 완만 추세선 기울기(약 25° 이하) : 추세선이 약하여 상승추세의 신뢰도가 떨어진다.

(5) 경로선

기존 추세선과 가장 멀리 떨어져 평행을 이루는 선으로 상승추세에서는 저항선으로 작용한다. 이때 경로선의 돌파는 상승추세의 강화(가속)를 뜻하며 경로선까지의 접근실패는 기존 추세의 변화(반전)를 예고한다.

⑹ 반전율(상승선)

반전은 직전 추세에 대한 조정을 나타내며 반전비율로는 매수 타이밍을 잡는 데 유용하다.

① 최소 반전율

• 약 33%(1/3) : 초 강세시장일수록 조정률이 적게 나타난다.

② 보통 반전율

• 약 50%(1/2) : 매우 흔한 반전으로 일반적 강세시장에 적용된다.

③ 최대 반전율

• 약 66%(1/3) : 덜 강한 강세시장에서는 반전율이 보다 크다.

⑺ 거래전략(반전율과 경로선을 이용한 거래기법)

일반적인 거래기준은 상승추세가 진행 중일 경우 반전 후에 지지선에서 진입하고 경로선의 저항선에서 퇴출한다. 다만 경로선이 돌파되어 추세가 강화되면 보다 더 오래 보유하고 경로선 접근이 어려우면 퇴출을 고려한다.

> **＊참 고**
>
> 추세는 이평(MA)의 이해로부터 출발하고 MACD도 중요한 추세지표 중 하나이고 양자는 많은 트레이더들이 활용하는 대표적 지표이다. 추세의 힘을 보여주는 DMS(Directional Movement System : +DI, -DI, ADX)와 추세의 힘과 방향을 알려주는 CCI(Commodity Channel Index), 기타 Momentum, Price ROC, TRIX, SONAR 등도 분석도구로 활용 가능하다.

4 이동평균

이평(Moving Average (MA 5, 20, 60 …))의 이해는 실전에서 중요하고 효용성이 많다. 데이나 스윙 트레이딩에서 보통 이평 5는 단기선, 이평 20은 중기선, 이평 60은 장기선으로 활용할 수 있다. 그리고 이평은 추세적 국면에 잘 맞고 횡보국면에서는 오실레이터를 활용하는 것이 현명하다.
데이트레이딩에서는 분차트상의 이평을 적용하여 사용하고, 스윙트레이딩에서는 일차트상의 이평을 활용한다. 여기서 이평 20의 흐름은 추세판단의 기준이 되고 종목선정의 기준으로 활용될 수 있을 뿐만 아니라 매매의 주요 척도로도 사용된다.

(1) 이동평균선(이평선)은 주가의 흐름을 한눈에 판별하기에 좋다.
① 이평선은 종종 추세를 나타내므로 추세, 즉 배열도(정배열, 역배열)를 보여준다.
② 현재 주가와 이평선과의 이격도로 가격움직임의 폭을 판별할 수 있다.
③ 교차점(GC : Golden Cross와 DC : Dead Cross)을 분석하여 추세가 상승할 것인지 하락할 것인지를 예측할 수 있다.
④ 이평선은 흔히 지지와 저항의 역할을 한다.

(2) 이평의 수렴 · 발산과 교차
추세가 진행될 때에 주가는 이평선과 서로 가까워지면(수렴) 멀어지고(발산), 멀어지면 다시 가까워진다(MACD : Moving Average Convergence Divergence). 추세가 발전될 때에는 단기 이평이 아래에서 위로 장기 이평을 뚫고 올라가 교차하면 매수신호이고 그와 반대이면 매도신호이다.

(3) 이동평균선의 특징(MA5와 MA20을 기준으로)

이평선은 주가에 후행하므로 거래량, 지지저항선, 이격 정도와 함께 비교하여 매매시점을 파악한다.

① 상승시

- MA5와 MA20이 정배열로 MA20은 지지선으로 작용하고, MA5와 MA20은 수렴과 발산을 계속한다,
- 초기상승시 이평간의 이격이 작고 상승함에 따라 이격이 점점 크게 벌어진다.
- 이평간 수렴하면(매수점) 주가는 상승하고, 발산하여 이격이 가장 크면(매도점) 주가는 하락한다.
- MA20이 하향으로 꺾이면 주가는 역배열로 반전되어 하락으로 접어든다.

② 하락시(상승시의 반대이다)

- MA5와 MA20은 역배열로 MA20은 저항선으로 작용하고 이평선은 서로 수렴과 발산을 계속한다.
- 상승에서 하향전환의 초기하락시에 이평간의 이격이 크고 하락시 점점 줄어든다.
- 이평간(MA5와 MA20) 수렴 후에 주가는 하락하고, 발산 후에 주가는 상승한다.
- MA20이 상향으로 반등하면 주가는 정배열로 접어든다.

③ 횡보시

- MA20의 흐름이 거의 평행선을 이루고, MA5가 MA20 상하로 등락할 때에 주가는 미미한 변동성을 갖는다.
- 주가바닥권에서 MA5와 MA20의 수렴이 장기화될수록 폭등을 예고한다. 주가 고점권에서 MA5와 MA20의 수렴이 장기화될수록 폭락을 예고한다.

(4) 거래전략(이평의 등락, 수렴과 발산을 이용한 거래기법)

상승추세시 MA5가 MA20(MA60)과 모이거나 근접하면 그 이평의 수렴시점을 매수의 기회로 잡고, 이평간의 거리가 가장 멀어질 때, 즉 발산되어 이격이 클 때를 매도의 기회로 잡는다. 일반적으로 이평들이 모이면서 거래량은 줄어들고 멀어지면서 거래량은 늘어난다.

추세의 전환은 보통 이평들이 정배열이든 역배열이든 등거리간격이고 이격이 클 때 일어난다. 따라서 이평이 정배열일 때 이평이 등거리이면서 간격이 크면 상투를 나타내므로 매도시점이 될 가능성이 아주 크다. 역배열의 경우는 이와 반대이다.

> **＊참 고**
>
> 주가의 움직임을 분석하는 보조지표로는 MAC(Mocing Average Channel), 볼린저 벤드(bollinger band), 엔빌로프(envelope)를 사용할 수도 있다.

5 주가패턴

주가패턴(price patterns)의 중요성은 주가의 흐름은 반복되는 경향이 강하기 때문에 이를 토대로 미래의 주가방향과 변동폭(기대수익예상치)을 예측할 수 있는 것에 있다. 가격패턴은 지속형과 반전형으로 크게 구분되고, 이들은 각각 다시 상승형과 하락형으로 나누어진다.

- 상승지속형은 크게 삼각형, 사각형, 파도형(스윙무브)이 있다. 상승 삼각형은 다시 상승(직각)삼각형, 이등변삼각형, 페넌트형, 하락쐐기형이 있다. 상승사각형은 직사각형, 하락깃발형, 다이아몬드형이 있다. 하락지속형은 이와 반대의 경우이다.
- 반전형은 크게 두 가지 천정반전형과 바닥반전형으로 나누어지고, 이들은 각각 다시 삼중, 이중, 단일, 원형, 선형의 5가지 형태가 있다.

(1) 추세지속형(상승추세를 중심으로)

① 삼각형

삼각형은 중요한 지속형의 형태이고 조정기간이 비교적 길다.

- 상승삼각형 : 고점이 저항선으로 작용하고, 저점은 높아지며, 삼각형 수렴점(apex) 부근에서 상향돌파가 일어난다.
- 대칭삼각형 : 빈번히 나타나는 연속 패턴이다. 상승형은 기존 추세는 상승을 이룬다.

저점과 고점이 대칭을 이루고 축소 수렴된다. 돌파의 방향은 삼각형이 형성 이전의 주가의 흐름을 보고 판단한다. 즉, 상승추세 중의 대칭삼각형은 다시 상승하고 하락추세 중의 대칭삼각형은 다시 하락한다.

- 페넌트형 : 일반적으로 가격이 수직에 가까울 정도로 급등할 때 흔히 일어나는 작은 삼각의 페넌트 형태가 이루어진다. 이것은 조정시 하락 사각깃발형태와 거래량과 측정기준이 사각깃발형과 비슷하다.

  주요 특징은 짧은 시간(기간)의 휴식 후 재상승에 대한 신뢰도가 크고 좀처럼 추세반전이 일어나지 않는다. 패턴 완성 이후의 움직임은 직전의 가격 움직임과 비슷한 정도이다.

- 하락쐐기형 : 형태와 조정기간이 대칭삼각형과 유사하다. 하락쐐기형은 하락깃발형처럼 상승추세에서 일어나고 상승쐐기형은 하락추세에서 일어난다. 하락 쐐기형은 고점과 저점이 동시에 상당한 하향기울기를 갖는다.

  주의할 것은 한 시장의 최고점이나 최저점 부근에서 하락삼각형과 마찬가지로 쐐기형은 반전의 신호가 된다.

② 사각형

- 직사각형과 다이아몬드형 : 기존 추세는 상승을 이루고 조정의 모양은 플랫(박스형)이나 마름모를 형성하면서 삼각형 형태와 유사한 정도의 조정기간을 갖는다.

- 하락깃발형 : 일반적으로 가격이 수직에 가까운 정도로 급등할 때에 흔히 일어나는 형태로 조정기에는 하락사각깃발형태나 이등변삼각형의 페넌트 형태가 이루어진다.

③ 파도형 / 스윙무브

지속적 상승을 나타낼 때의 S자가 경사로 누은 형태로 일정한 조정을 받고 전과 같이 비슷한 균일한 상승이 이루어진다. 이 형태는 일정한 움직임을 갖기 때문에 비교적 균등한 파동의 흐름(폭과 크기)과 지속적 거래량을 갖는다.

➡ 지속형의 주요 특징

① 지속형은 가격형태가 이루어진 다음 직전 추세가 다시 시작된다.

② 반전형은 추세변화를 형성하는 데 많은 시간을 필요로 하나, 지속형은 보다 짧은 시간주기를 나타낸다.

③ 깃발형이나 페넌트형의 형성시간은 삼각형과 쐐기형, 사각형보다 가장 짧게 이루어진다.

④ 거래량은 가격 패턴이 완성됨(가격 변동폭이 좁아짐)에 따라 감소하고 기존 추세가 재개됨에 따라 증가한다.

⑤ 목표가격의 결정은 직전상승폭의 길이와 유사한 길이다.

(2) 반전형(바닥형이 상향 반전을 중심으로)

① VVV자형, 역머리어깨형과 삼중바닥형(삼천형)

역머리어깨형은 대표적인 반전 형태이고 자주 나타나는 형태로 반전하는 동안 시간이 많이 걸린다.

② W자형, 쌍바닥형

역머리어깨형의 변형으로 볼 수 있고 흔한 형태의 상향 반전이다.

③ V자형, 단일바닥형(스파이크형)

짧은 시간 동안 급락한 이후 급격히 상승이 일어나는 반전형태이다.

④ U자형, 원형바닥형(접시형)

장시간 동안 완만한 곡선을 그리면서 바닥을 형성한 후 어느 시점(주로 고점돌파 시점)에서 급상승이 일어나는 형태이다.

⑤ 」형, 선형

상당 시간 동안 횡보하는 형태로 저항선을 큰 거래량을 동반하면서 상향
돌파하는 유형이다. 종종 폭발적인 상승이 일어난다.

＊확장형

삼각형의 거울이미지로 시장의 천정권에서 흔히 발생하는 형태로 종종 나타난다. 통제되
지 않은 감정적 시장을 의미하며 약세전환을 예고한다. 추세반전 신호이다.

➜ 반전형의 주요 특징

① 직전 추세의 돌파·이탈이 일어난다.

② 바닥반전형은 천정반전형보다 가격범위가 좁다. 그리고 스파이크형
을 제외하면 패턴 형성기간이 보다 길어 반전시간이 많이 걸린다.

③ 현재의 가격형태의 크기에 따라서 미래의 가격움직임이 예측된다. 즉,
가격 패턴의 크기가 클수록 가격움직임이 커진다.

④ 바닥형에서 추세의 확실한 상향반전을 하기 위해서는 상당한 거래량
의 증가가 있어야 한다.

⑤ 목표가격의 결정(최소치나 최대치)은 반전의 형태와 위치에 따라서
다른 요인들과 함께 고려되어야 한다.

(3) 거래전략(반전율이나 저항의 돌파, 과매도를 이용하는 거래기법)

추세나 반전, 조정의 비율, 시간 사이클, 이평의 흐름 등을 이해해야 가격
패턴을 인식하고 판단할 수 있는 능력이 생긴다. 즉, 다른 기술적 요인들
을 부가적으로 알고 이를 적용해야 할 것이다. 가격패턴은 다양하게 나타

나므로 각각의 패턴마다 다른 거래기법이 적용될 수 있다.

예를 들면 지속형의 삼각형태나 그와 유사한 패턴인 패넌트나 쐐기형에는 반전율, 추세, 이평, 돌파를 이용한 거래기법이 적용될 수 있다.

반전형의 삼중바닥형이나 쌍바닥형의 거래는 이평의 교차분석기법, 스파이크형은 과매도 반등기법, 선형이나 원형바닥형은 상승돌파기법을 각각 적용할 수 있을 것이다.

6 갭과 시가

(1) 갭

갭(gap)은 전일 최고가보다 당일 시가나 저가가 상승하면 상승갭으로, 전일 최저가보다 당일 시가나 고가가 하락하여 시작하면 하락갭을 이룬다. 상승갭은 투자자들의 지나친 낙관이 원인으로 일어나고, 반대로 하락갭은 투자자들의 공포감에 의한 하락 지속을 의미하므로 중요한 가격정보를 담고 있다. 또한 갭은 주가의 연속성을 내포하므로 추세판별의 주요 신호이다. 다음은 상승시장에서의 주요 3가지 갭을 요약한다.

① 돌파갭(이탈갭)

기존 추세의 마감이나 추세의 강화로 새로운 상승의 시작을 알리는 신호이다. 일정한 가격패턴을 완성한 후 저항선에서 돌파가 일어난다. 이때 거래량이 폭증하고 갭은 종종 채워지지 않는다.

② 탈주갭(분출갭)

상승추세의 중간에서 일어나므로 상승의 지속을 알린다. 적은 거래량에도 시장은 흔들리지 않고 지속될 수 있다.

③ 소멸갭(소모갭)

보통 상승추세의 마지막 부근에서 일어난다. 갭 이하로 가격이 떨어지면 하락추세 반전을 의미한다.

(2) 시가

한 시장의 시가(opening price)가 전일 종가에 비하여 높게 시작되면 강세, 낮게 시작되면 약세로 출발하며 금일 추세에 영향을 준다. 즉, 강세로 출발하면 상승추세 유지의 확률이 높고 약세로 시작하면 하락추세의 확률이 높다. 따라서 강세 시작이나 갭 상승 종목은 트레이딩에서 중요한 관찰대상이다.

주의할 점은 갭 상승이나 강세 시작이 반드시 상승추세를 알리는 신호인가는 고려해야 할 사항이 있다. 시가에서 저항선의 돌파여부, 추세의 방향, 지지선의 돌파나 지지여부 등을 확인해야 한다.

(3) 거래전략(전일 상한가 거래기법, 시가 갭 돌파를 활용하는 거래기법)

전일 고점이 주요 저항선이고 이를 갭으로 돌파하면 추세의 시작이나 연속이므로 보통 장이 시작하자마자 가격은 강하게 상승이 일어난다. 이때는 갭이 채워지기도 하지만 일단 갭돌파 상승이 시작되면 시가가 저가로 되고 시가가 높은 경우 하락조정을 받더라도 시가가 지지로 형성되어 재상승이 일어난다.

예를 들면 전일 상한가의 시가상승이나 혼잡구역의 박스권을 벗어나 시가가 갭상승이 일어난 종목은 강력한 상승이 일어나곤 한다. 따라서 장의 시작과 동시에 매우 빠른 시간에 시장의 진입이 요구된다. 여기서 주의점은 갭돌파가 의미 있는 주요 저항선이어야 한다. 돌파 이후 지지선의 붕괴는 오히려 강한 하락을 시작할 수 있다.

7 거래량

기술적 분석의 가장 중요한 대상은 주가와 그 변동에 있지만 이 주가를 움직이게 하는 원동력은 거래량이다. 거래량(trading volume)은 거래의 체결을 통하여 주가의 움직이는 모든 상황들을 반영한다.

트레이더는 거래량 변화를 통하여 첫째, 수요와 공급에 관한 서로의 강도를 읽어 주가의 방향을 이해하고, 둘째 거래량 증감을 통하여 매매시점을 실시간으로 파악·확인하게 되고 의사결정을 즉각 내릴 수 있게 된다.

거래량은 주가의 바로미터이며, 다른 지표는 대부분 주가에 후행성을 나타내지만 거래량은 주가에 대하여 선행성을 띤다. 즉, 속일 수 없는 정직한 지표이며 수급의 비밀과 주도세력의 동태를 쉽게 파악할 수 있다.

(1) 거래량과 주가와의 관계

① 상승추세시

- 주가가 저점권에서 장기횡보 이후 거래량과 변동성이 적은 주식이 거래량이 점점 늘거나 급등할 때 상승가능성이 크다.
- 상승 초반기에는 거래량은 점진적으로 주가 움직임과 유사하게 증가한다.
- 주가가 저항선이나 전고점을 돌파하는 시점에서는 거래량은 급증한다. 보통 전 최고거래량을 상회한다.
- 한 단계 상승할 때 거래량은 크게 늘어나고 그 후 조정시에는 거래량은 현저히 검소한다.
- 주가가 상승 후 거래량이 감소해도 주가가 떨어지지 않으면 재상승할

가능성이 있다.

- 보통 상승추세가 진행되면서 상승단계별로 전 최고거래량을 상회하고 상승추세 후반에 전 최고거래량을 하회하면 추세전환을 예고한다.
- 거래량이 최대에 이를 때 주가는 대개 최고점이나 그 부근에 도달한다.

② 하락추세시

- 주가가 최고점 부근에서 하락추세로 전환될 때는 상당한 거래량을 수반한다.
- 주가가 하락시 거래량은 감소하지만 지지선에서 거래량은 상당이 늘어난다.
- 하락추세가 점진적 형태로 오래 지속되면 거래량은 점점 감소하지만 주요 지지선인 바닥권에서는 점점 증가한다.
- 주가의 바닥권(장기횡보나 장기하락 후)에서는 매물이 줄어 거래량도 바닥을 나타낸다.
- 주가가 짧은 시간 동안 상당한 폭으로 연속하여 급락할 때 저점권 지지선에서 거래량은 폭증한다.
- 주가의 바닥권에서 거래량의 증가는 상승을 예고한다.

③ 횡보시

- 횡보하는 시장은 보통 휴식을 의미하므로 거래량이 가장 적다.
- 횡보하는 시장은 가격의 폭이 적을수록 거래량은 더욱 줄어든다.
- 횡보하는 시장의 갑작스러운 거래량 증가는 추세의 강력한 신호이다.

(2) 거래전략(거래량의 증감ㆍ변화를 통한 거래기법)

- 상승추세가 진행될 때 단계별 상승시 거래량은 늘어나고 조정시에는

거래량은 현저히 감소한다. 조정시 매수하고 폭발시 매도한다.

• 하향추세에서는 주가가 짧은 시간 동안 상당한 폭으로 급락할 때 저점권 지지선에서 거래량은 폭증한다. 이때는 매수점이고 거래량 감소 때 매도점이다.

• 횡보하는 시장의 갑작스런 거래량 증가는 추세의 강력한 신호이다. 이는 보통 반전의 신호이므로 적극 매수의 시점이다.

＊참 고

거래량 지표는 거래량 이평(VMA)이 많이 사용되고, 기타 OBV(On Balance Volume), 패(Volume Oscillator), VR(Volume Ratio), Vol-ROC, CO, ADL(Accumulation Distribution Line), MFI, 거래량 회전율(Turnover Ratio) 등도 보조지표로 활용할 수도 있으나 가장 중요한 것은 거래량 막대그래프의 전후관계를 상대적으로 해석하는 것이 보다 유용할 수 있다.

🎱 시간과 주기

⑴ 시간의 원리

주가는 필연적으로 시간의 흐름 속에 변동한다. 시세라는 의미는 결국 주가의 변동이 시간을 빼놓고는 일어날 수 없다는 뜻에서 붙여진 이름이다. 〈가격은 시간에 의해 결정되는 것이고 주가는 결과적으로 따라오는 것이다.〉

시간의 중요성은 주가변동의 순환주기가 가격 패턴에 따라 변화시점이나 변화될 점을 예측할 수 있다는 데 있다. 그러므로 시간이 진행됨에 따라 시장에 진입·퇴출할 수 있는 시점을 찾아 의사결정을 내릴 수 있다.

주가는 주가파동을 바탕으로 크기와 기간을 차트상에 보여주면서 가격의 패턴을 형성한다. 시간의 여러 원리 중 중요한 두 가지만 약술한다.

① 비례의 원리

파동의 시간은 골(저점)과 골 사이의 기간으로 다음 파동의 기간도 전과 비슷한 정도의 기간을 갖는다. 예를 들면 상승하락의 1파동이 30분이었다면 다음의 파동 시간 길이도 대략 30분 정도가 된다.

따라서 보다 큰 기간을 갖는 주가는 보다 큰 주기의 크기를 갖는다. 긴 기간 동안 상승하락이 이루어지면 저점과 저점의 시간 크기는 길게 된다.

② 동시성의 원리

시간 주기는 서로 다른 시장에서 저점을 형성할 때 그 저점의 형성시기는 서로 다른 각각의 시장에서 같은 시간대에 일어나는 성향이 강하다.

예를 들면 시황이 저점일 때, 한 시장의 가격이 그것이 강세이든 약세이든 동일한 시간대에 저점을 형성하게 되는 경우가 많다. 특히 지수 관련

주, 동일 테마군이나 서로 유사한 특징을 갖는 그룹은 이러한 성향이 강하다.

단, 일정한 가격패턴을 형성하는 시장은 그 패턴의 흐름에 영향을 받아 다른 시장과의 시간동시성보다 개별적 흐름을 갖게 될 수 있다.

(2) 거래전략(시간 사이클을 이용한 거래기법)

한 사이클의 순환은 저점 상승, 고점 하락의 4과정을 반복하므로 이러한 시간을 측정한다면 하락 다음에는 저점이므로 이를 매수의 기회로 잡고 상승한 다음은 전체 시간 사이클의 반정도가 고점이므로 이를 매도의 기회로 삼는다.

시간 사이클을 이용한 거래는 어느 정도 일정한 파동을 갖는 시장이 있어야 하고 추세적 구간에서는 추세의 진행속도에 따라서 다소 입출시점이 조정될 수 있다. 상승이 진행 중일 때 시간주기를 판단하여 충분히 상승을 마칠 때까지 보유하는 전략도 필요하다.

9 변동성과 일봉

(1) 변동성과 시장

트레이딩에서 탄력성과 변동성(volitility)이 큰 활동성 있는 것을 찾아내는 것이 매우 중요하다는 것을 우리는 잘 안다. 변동성과 탄력성(단위기간 당 가격 움직임의 길이로 기울기로 표시하고 기울기가 크면 탄력성이 좋다.)을 갖는 일봉은 특정 시점에서 나타난다.

그리고 거래대상 시장의 변동의 폭(일정구간의 저점과 고점의 길이)과 일봉들의 연속적 흐름을 이해하는 것은 스윙트레이딩은 물론 데이트레이딩에 있어서 수익극대화를 위하여 매우 중요하다.

① 상승일

적삼병, 전일 상한가 등 전일 종가보다 금일 종가가 상승으로 이루어지는 날

② 상승돌파일

팽창형, 관통형 등 갭 돌파나 장중 돌파로 일정한 저항선을 통과하여 전일의 고점보다 당일 종가가 높은 날

③ 이탈일

장악형 등 저점과 고점이 전일의 것보다 큰 날

④ 반전일

석별형, 샛별형, 망치형, 교수형, 집게형, 신고가, 신저가 등은 상향 반전이든 하향 반전이든 변동 가능성이 크다. 상향반전은 주요 지지선이나 그 부근에서 보다 강력히 일어난다.

⑤ 변동성이 없는 일봉의 유형

• 연속 급등락하는 상·하한가의 한일자(一)형

- 잉태형(인사이드 데이)
- 십자형(휴식일, 추세전환 전일)

(2) 거래전략(활동일을 이용하는 거래기법)

주가란 휴식과 활동을 반복하면서 움직임을 갖기 때문에 바로 이러한 움직임 중 활동구간에서 거래하는 것이 트레이딩 수익률의 중요한 요체이다. 일봉도 이러한 활동구역에 있는 날을 선택하여 거래한다면 하루나 이틀 사이에서도 상당한 수익률을 올릴 가능성이 매우 높아진다.

> **✱참 고**
>
> 표준편차는 변동성을 측정하는 지표이다. 분석하고자 하는 주가가 큰 폭으로 변할 때 높은 값을 나타내며, 주가가 큰 변화 없이 안정적일 때는 낮은 값을 나타낸다. 표준편차의 값이 작으면 주가가 횡보상태를 유지하였으므로 조만간 주가의 이탈을 예상할 수 있다. ATR(Average True Range)은 가격의 변동성을 측정해준다. 그리고 스토캐스틱(stochastics)은 가격의 탄력성지표이다.

🔟 엘리어트 파동이론과 거래 응용

(1) 파동이론의 중요성

엘리어트 파동이론은 주식, 선물시장에서 기본적이며 중요한 기술적 분석지표이고 스윙트레이딩과 데이트레이딩의 전략에 모두 유용하다. 이 이론의 핵심은 곧 시장방향, 수익목표를 용이하게 예측하고 판단하게 하는 거래의 기본적 지침이다. 이는 마치 바다 가운데에 있는 항해사에게 반드시 필요한 나침반과 같은 역할을 한다.

매 거래에 법칙을 적용할 때는 시장의 움직임에 따른 해석, 파동 매김을 정확히 해야 한다. 트레이더의 파동에 대한 인식과 해석능력에 따라서 의사결정에 영향을 미치기 때문이다.

(2) 파동의 기본 구성

시장이 한 추세로 상승하면서 흘러 갈 때 5개 상승파(3개의 충격파(1, 3, 5)와 2개의 조정파(2, 4))와 되돌릴 때의 하락 3파(a,b,c)로 8개의 파로 이루어진다.

여기서 1파는 초기 미약상승파, 3파는 본격적 강력상승파, 5파는 마무리 상승파이고 하락 a,b,c파는 전 추세에 대한 되돌림이다.

(3) 파동의 3대 불변의 법칙

① 제 1법칙 : 2번 파동은 1번 파동의 저점을 하회하지 못한다.

2번 조정 파동은 1번 파동의 출발점 이하로 내려가서는 안 된다. 대개 1번 파동의 피보나치 숫자인 38.2%나 61.8% 정도 되돌린다.

② 제 2법칙 : 3번 파동은 상승충격파 중 가장 짧은 파동이 될 수 없다.

상승국면의 충격파동 중 3번은 가장 강력한(긴) 파동일 경우가 많고 약한 파동일 수는 없다.

③ 제 3법칙 : 4번 파동은 1번 파동과 겹칠 수 없다.

조정파동인 4번 파동은 결코 1번 파동과 중복되어서는 안 된다. 일반적으로는 4번 파동은 3번 파동의 38.2%를 되돌리는 특성을 가진다.

(4) 파동 변화, 연장의 법칙

이는 파동의 상호관계에 대한 법칙으로 각 파동은 그 형태가 변화할 수 있다.

① 충격 파동

변화는 바로 어느 충격 파동이 연장되는 현상이다. 만일 3번 파동이 연장되면 상승폭이 크고 5번 파동은 비교적 상승폭이 작다. 반대로 3번 파동이 연장되지 않았다면 5번 파동은 길어질 수 있다.

② 조정 파동

조정의 2번 파동과 4번 파동에서 두 파동의 형태와 구성·조합이 서로 다르게 나타난다. 즉, 상승추세에서 2번 파동이 간단한 형태의 단순조정을 보였다면 4번 파동은 복잡한 형태의 복잡조정을 보이고 그와 반대로 해당된다. 이는 또한 가격형태 뿐만이 아니라 시간의 길이도 같이 적용된다.

③ 연장 파동

상승 5파 이후 하락 3파 조정이 끝난 다음 다시 파동이 연장되면 파동을 새로이 매겨야 하는 데 이것도 잘 살펴야 하며, 연장 파동 역시 5개의 상승파동으로 구분될 수 있다. 이는 초강세의 연장상승에서 흔히 나타난다.

(5) 파동 균등의 법칙

충격 파동인 1, 3, 5번 파동 중 2개의 파동은 일반적으로 균등하다. 이 법칙은 N자 형태의 파동이 형성될 때 잘 나타나는 현상이다. 경험적으로 1번 파동의 길이가 비교적 작을 때 3파와 5파의 N자 형태가 가장 빈번히 나타난다.

만약 상승 3파 중 하나의 파동이 짧거나 연장되었다면 나머지 2파동의 길이와 시간은 균등할 가능성이 많다. 강력한 3번 파동이 연장되었다면 5번과 1번 파동의 길이는 비슷하게 나타난다.

(6) 파동을 통한 파도타기 거래기법

여기서 파동은 이평상 MA3, 5를 나타내고 MA20을 주요 추세로 볼 수 있다.

① 상승추세의 상승시(전략적 적극 매매)

- 1번 파동(주의 집중) : 1번 파동은 매우 미미하므로 파동이 5개의 파동으로 완성될지 예측하기가 어려워 보통 매수하기가 쉽지 않다. 따라서 1번 파동은 파동이 시작될 수 있다는 관점에서 주의와 관찰이 요구된다. 거래량은 소폭으로 증가한다.
- 2번 파동(매수 관점) : 매입시점은 1번 파동의 1/3과 2/3사이이다. 거래량은 줄어든다. 3번 파동이 크다면 4번 파동 초기에는 매도기회로 잡고 4번 파동의 바닥수준에서 매입을 생각하는 것이 보다 적극적인 전략이다.

  보통 3번 파동의 38% 조정을 받으므로 이때의 수준이 매입시점이 될 수 있다.

- 5번 파동(적극 매도) : 5번 파동은 상승의 마지막 장이므로 이 기회가 마지막이다. 5번 파동에서 주가는 상승하지만 거래량이 점점 줄어들면 조정을 예고하고, 거래량이 상당히 지속되면 상승을 좀 더 할 수 있게 된다.

  보통 5번 파동의 길이는 3번 파동의 길이와 유사하거나 약간 짧은 경향이 있다.

② 추세의 조정기(포지션 정리와 주의집중)

조정기에는 주가의 변동성이 미약하므로 가능하면 거래를 자제하고, 단지 강세 주가가 변동성을 가질 때에만 시장에 진입한다.

a, b, c 파동의 조정 강세는 그 형태에 따라 지그재그, 플랫, 불규칙 조정, 삼각형으로 이루어진다.

- a 파동 : a 파동 초기에 매도 이후 타이밍을 놓치면 기다렸다가 b 파동 반등 상단에서 매도하면 된다.

- b 파동 : b 파동은 5번 파동에서, a 파동에서 처분하지 못하고 기다리고 있던 주식을 매도할 마지막 기회이다.

- c 파동 : c 파동은 하락 일변도로 주가가 강력하고 급격하게 진행되어 움직이게 되며, 주식시장의 분위기는 돌변하여 모든 사람들이 〈팔자〉를 외치게 된다.

  c 파동 바닥시점에서 원래의 추세로 파동이 연장될 가능성이 있으므로 대추세의 방향과 추가상승 가능성 여부에 따라 시장에 신규 혹은 재진입을 고려할 수 있다.

3. 상승과 돌파

.

거래의 상당부분은 상승시 이루어지므로 상승과 돌파에 관하여 좀 더 설명하고자 한다.

⬆️ 상승의 여러 유형

상승형태는 우선 크게 연속형의 추세적 돌파상승과 반전형의 회복상승으로 두 가지로 구분 가능하다.

추세적 상승은 다시 상승속도에 따라 속도가 느리고 기울기가 낮은 점진상승과 속도가 빠르고 기울기가 가파른 급격상승(급등 분출)으로, 조정여부에 따라 조정이 거의 없는 수직식 연속(지속)상승과 상승 랠리마다 단계별 조정을 받고 저점을 높이는 계단식 조정상승, 추가상승 혹은 재상승(2차 상승) 유무에 따라 연장상승과 단일상승이 있다. 그리고 상승시기나 파동의 구간에 따라 초기상승과 후기상승, 상승 높이에 따라 대폭상승과 소폭상승, 주요 상승횟수에 따라 1차상승, 2차상승, 3차상승, 장의 전후에 따라 전장상승과 후장상승 등으로 구분할 수도 있다.

(1) 연장상승과 거래전략

① 의미와 형태

연장상승형은 당일 1차적으로 시세를 분출하고 강세를 유지하여 비교적 짧은 기간 동안 소폭하락의 조정을 받고 다시 전고점을 돌파하여 도달할 수 있는 새로운 최고점까지 지속적으로 상승하는 종목의 패턴이다. 연장 상승의 전형적 형태는 1차 랠리 충격파1, 3, 5파 다음에 하락 a, b, c파의 조정을 받고 다시 2차 상승랠리를 하는 경우이다.

② 1차 상승랠리

연장 상승 전에 보통 충격3파(종종 갭 돌파)의 1차 상승랠리가 크게 일어 난다. 이때는 매수·매도 타이밍이다.

- 1차 상승랠리 이후는 어느 정도 일정한 조정을 받는다 : 매수 타이밍이 고 데이트레이딩일 경우 5분 차트 적용이 편리하다.
- 조정의 형태는 조정 2파가 대표적이고 조정폭은 일반적으로 약 2~3% 하락조정을 받는 경우가 많다. 경우에 따라서 강세형태의 횡보조정 1% 내외 매수가 크게 유지될 때의 횡보나 이등변삼각형태의 강세유지조 정이 있다.
- 조정의 시간과 기간은 가격의 패턴에 영향을 받는다.

③ 2차 상승랠리(재 상승랠리)

2차 상승랠리(재 상승랠리)가 전 상승랠리만큼 일어난다. 랠리 정점을 매 도 타이밍으로 한다. 조정에서 일정지점에서 지지가 유지되면 2차 상승 랠리가 다시 이루어진다. 2차 상승은 1차 랠리의 전고점을 돌파하여 고점 을 높이고 마지막 최고점은 보통 상한가나 그 부근이다.

④ 연장상승의 종류(지속적 연장상승과 조정식 연장상승)

지속적 연장상승은 단기적 조정 후에 바로 추가연장상승되는 것이고, 조정식 연장은 보통 전장에 상승을 마치고 조정 후에 후장에서 재상승하는 것이 대표적 형태로 하루 거래기간 중일 경우 상당기간 동안 중장기적 (2~3시간)하락이나 횡보의 조정을 받고 일정한 시점, 지지선에서 점진적으로 혹은 강력하게 추가적으로 재상승하는 형태이다. 물론 연장상승의 확실한 판단이 가능하면 적극적 매수이다.

(2) 급격상승과 수직식 연속상승

1분 차트 적용이 편리하다. 추가상승이 연속적으로 고점의 저항선을 돌파하면서 일어나고 조정이 매우 짧아 반전하락이 쉽게 일어나지 않는다. 의미 있는 진정한 상승이 일어나야 한다.

(3) 점진상승과 조정식 계단상승

2분 차트 적용이 편리하다. 2~3시간 정도 상승이 지속되므로 추세유지에 따른 보유능력이 중요하다. 반전율, 이평의 등락, 경로선 거래, 파도타기 기법 등을 적용하여 탄력적 거래를 할 수 있다.

(4) 회복 · 반전상승

하락조정 이후 보통 고점까지 상승하여 회복상승의 뜻이 된다. 보통 연장 상승은 반되돌림비율이 적지만 회복상승은 많은 조정을 받고 추세가 전환되어 재상승한다. 이는 크게 상승 〉 하락 〉 반전 상승형과 하락 〉 반전 상승형이 있다.

2 돌파의 유형, 특성, 거래전략

(1) 저항과 돌파

① 저항의 종류와 특성

저항은 주요, 보통, 전고점, 이평 저항으로 크게 나눌 수 있고, 주요 저항선은 숫자에 0자가 많거나 주요 매물대의 전고점으로 작용한 지점이거나 이평의 어느 한 주요 시점을 나타낸다.

저항의 강도는 저항선이 길면 길수록, 즉 저항에서 시간이 길어질수록 보다 강력하고, 저항지역의 범위(높이)가 클수록 보다 강력하고, 저항에서 거래량이 클수록 강력하다. 그리고 저항선은 신축적 특성을 갖고 있어 상하로 뚫리기도 채워지기도 하고 좌우로 길어져 늘어나기도 한다. 저항선 돌파 이후 저항선이 지지되면 언제나 추가상승한다.

② 주요 저항과 신규 저항

일반적으로 주요 저항선이 돌파되면 새로운 추세를 시작하는 역할을 하기 때문에 많은 매수자가 참여하여 폭발적인 강력한 시세분출을 만든다. 그리고 각각의 신규 저항선(주요 저항 이외의 저항)은 약해지고 저항의 의미를 잃어 지속적으로 돌파되는 경향이 크고 조정을 받더라도 조정폭과 조정시간이 매우 짧다.

그러나 신규 주요 저항선에서는 조정을 어느 정도 받을 수 있다. 추가적인 저항선의 돌파는 주가수준과 가격탄력에 따라 달라진다.

(2) 이평 20의 지지 및 저항

이평 20은 매우 중요한 주요 지지 및 저항선이다. 이평 20의 지지는 추세의 지속을 의미한다. 하향이탈(무너짐)은 추세의 하락전환으로 급락하려는 경향이 있고 재돌파가 힘들고, 상향이탈(올라탐)은 다음 단계로 추세의 새로운 시작을 의미하고 강력상승하려는 경향이 있다.

① 이평 20 빠지기와 올라타기

일봉의 상승초기나 중기에서 상승하던 것이 이평 20이하로 급락했을 때, 며칠간 조정이 완료되고 이평20의 저항을 시가 갭으로 장중 돌파하면(올라타면) 추세회복의 의미로 본격적 상승이 이루어지게 된다. 이때 이평 20이 지지로 작용되면 재상승의 토대를 마련한다.

② 이평 20 뒤튀기

이평 20 상위에서 조정을 받으면서 이것이 중요한 지지선으로 작용하여 가격이 이에 가까워질 때 튀겨나가듯이 반발력을 갖고 상승방향으로 움직여 반전상승이 이루어지는 것을 말한다.

(3) 돌파와 돌파형태

돌파되기 전 보통 일봉상의 저점이 지속적으로 단계별로 상승한다. 일봉이 저점에서 반전 후 상승시에 저항선 아래에서 1일에서 3일 이상 조정받으면서 바닥 확인 후에 하락이나 횡보의 조정을 하다가 돌파가 되는 경우가 많다.

당일 돌파는 크게 두 가지로 시가의 갭돌파와 장중돌파가 있고 당일의 장중돌파의 형태는 저점을 높이면서 돌파하는 점진적 상승형과 단시간에 저항선이나 고점을 돌파하는 급등 분출형으로 나누어 볼 수 있다.

① 갭돌파는 시가가 전일 혹은 최근일 고점을 돌파하여 빠른 가격상승이 일어난다.

- 근일 주요저항선 갭돌파 : 근일 갭돌파는 가장 강력한 초반 상승탄력을 갖는다.
- 전일 주요저항선을 갭돌파 후 매물이 많아서 횡보할 수 있고 고점이 돌파되면 다시 강력한 상승이 일어난다.

② 장중돌파

점진 상승형은 주로 상승 혹은 이등변삼각조정의 형태가 전고점까지 저점들이 서서히 높아지는 경우이고 일정한 조정시간을 갖는다.

상승삼각형의 경우 고점까지 상승하더라도 그 지점에서 지속적으로 수차례 저항을 받고, 그러면서 가격변동의 파동이 고점부근에서 꼭지점을 만들 때 가장 줄어든다. 이등변삼각형은 삼각형 꼭지점의 저점에서 고점까지 어느 정도의 상승탄력을 갖고 상승한다. 이등변삼각형은 꼭지점의 저점이 시가보다 높고 추가상승여력이 있을 경우 돌파가 잘 일어난다. 종종 급등분출로 전환하기도 한다.

급등분출형은 하락이나 횡보의 일정시간 경과 후에 주요 지지선에서 전고점까지 일직선에 가까울 정도로 급격한 가격분출이 일어난다. 가격분출은 전고점 상위와 전고점의 시점이 있는 데 어느 경우이든지 전고점이 바로 붕괴되면 상승하지 못할 수 있다. 가격분출은 저점 부근에서 고점까지는 3~5% 정도가 흔하다. 이때에 상승분출이 빠르고 높게 일어날수록 상승탄력이 매우 강력해진다. 주의할 점은 약세가 저점에서 고점까지가 5% 이상이면 고점이 돌파되지 않을 수 있고, 강세가 이미 상승이 있은 후에 다시 급등분출은 전고점이나 상위의 신고점이 돌파되지 않을 수 있다.

(4) 기간별 돌파

일봉상의 주요 저항선(최고점)은 당일의 것, 전일의 것, 최근 일의 것, 신고일의 것이 있어 이 저항의 고점을 통과하는 데는 기일에 따라 당고돌파, 전고돌파, 근고돌파, 신고돌파가 있다. 특히 최근일 돌파주는 혼잡구간에서 조정이 완료되고 상승추세의 연장이므로 상승탄력이 강력하여 조정을 받더라도 끝까지 상승하는 경향이 있다.

(5) 돌파와 눌림의 지지(적극 매수시점)

일반적으로 주요 저항선이 돌파되면 가격상승에 대한 반대급부의 하락 복원력이 작용하는 데 이때의 단기 하락조정의 되돌림이 눌림목이다. 눌림의 폭은 상승의 높이에 따라 비례적으로 달라져 늘어나는 데 보통 상승폭이 크면 2%(전체 상승의 2/5) 정도 작으면 1%(직전 상승의 1/3) 정도 될수 있다.

눌림목에서는 매도세가 강하고 가격의 멈춤과 같은 현상이 벌어지지만 가격은 저항선(신규 지지선)으로 내려오지 않는 경향이 있고 돌파된 저항선이 무너지지 않으면 지지선으로 작용하여 돌파가 확실히 이루어지기 때문에 재상승한다.

(6) 돌파와 상승(폭)

분차트 상에서 돌파 전에는 상승과 하락의 흐름이 아주 작게 반복되다가 돌파 이후에는 가격의 움직임이 일반적으로 매우 탄력적으로 변한다. 그러나 경우에 따라 저점을 단계별로 높이는 탄력이 적은 점진상승이 이루어지더라도 지속 상승하는 경우가 많아 매수했다면 수익률을 극대화하기 위하여 보유를 할 필요가 있다.

보통 주요 저항선이 돌파되면 5~10% 이상 상승여력이 있다. 분명한 돌파는 늦더라도 매수에 동참하고 이때는 빠른 매도보다는 포지션을 추가, 즉 매수를 지속하여(불타기) 보유를 최대화한다. 완전 상승가능과 불가능은 주가 수준에 따라 서로 달리 나타난다. 돌파 이후에는 다음의 상승이 나타난다.

① 불완전 상승은 신규 주요 저항선이 있는 경우이고

② 완전 상승은 일봉상의 추세시작 초기나 초기 추세의 연장시 나타난다. 상한가 확률이 높다.

(7) 전일 상한가와 돌파

전일 상한가는 전일 종가가 무너지지 않으면 확실한 돌파가 이루어진 것으로 간주된다. 즉, 지지되면 조정 이후 재상승한다. 이평20 상위에서 벗어나 있는 전일 첫 상한가는 보통 당일까지 큰 폭으로 상승할 가능성이 크므로 장시작 급등주에 해당한다. 반면 이평20에 가까운 전일 상한가는 당일 조정가능성이 크고 이때에 조정 후에는 전일 종가나 강세권에서 지지가 유지되면 상승가능성을 고려해야 한다.

(8) 돌파의 주의와 거래전략

① 확실한 돌파

시장진입은 언제나 돌파가 분명히 이루어진 경우, 즉 완전히 돌파에 진입하여야 한다. 돌파된 저항선이 지지되면 진정한 돌파로 상승하고 저항선이 지지되지 못하고 다시 무너지면 불완전 돌파되어 하락한다. 강세종목일수록 확실한 돌파가능성이 크고 약세일수록 돌파가능성은 낮아진다.

② 지지선 확인 (진짜 돌파)

일반적으로 완전 돌파된 다음에는 저항선이 지지되고 이후의 상승탄력은 매우 강력해진다. 저항선 부근에 매물이 많으면 다소 상승탄력이 둔화되나 지지선이 분명히 유지되면 매물소화 이후에 급상승한다. 특히 저항선과 그 상단에 단계별로 매물이 많을 경우 잠시 상승이 주춤하는 데 지지선이 분명히 유지되는 한 매물소화과정의 시간이 다소간 걸린다. 상승탄력이 크면 지지유지시간은 짧아 수분 정도 걸리고 탄력이 약하면 지지시간이 연장되어 수시간 지속될 수도 있다.

③ 돌파의 전환(가짜 돌파)

일봉 고가권 부근에 있거나 이평 부근의 혼잡권에서 때때로 명확히 돌파가 이루어져도 그 주가 수준이 매물대에 진입되어 있고 매도물량이 다량일 때 상승탄력이 약하여 지지선이 무너지면 하락할 수 있다. 이 경우는 당일 주가가 보통 약강세를 나타내는 데 돌파되고도 지지선이 무너지면 상승방향이 하락 전환된다.

④ 돌파 불가능 · 가능(주가수준과 가격탄력성)

일봉 혼잡 구간에서 근일의 고점이 있고 이것이 주요 저항선으로 강력히 작용할 때에 돌파가 어렵다. 당일 돌파되기 어려운 주가는 대개 약세, 약강세나 중강세(보통 5% 이하)로 유지되는 경우이고 인사이드데이가 되기 쉽다. 그러나 당일과 근일의 저점들이 점진적으로 상승되어 왔거나 가격 상승이 매우 탄력적으로 주요 저항선까지 빠르게 도달하면 돌파가능성이 매우 높아진다.

⑤ 거래범위의 매매(박스권 매매)

당일 약강세나 중강세로 유지되는 경우에는 당일 저점과 최근일의 고점이 상당한 거리에 있을 때에는 당일의 주요 지지선의 저점과 근일의 주요 저항선의 고점간 근일간 거래범위구역을 만들게 된다. 당일의 저가가 지지선으로 분명하고 이때 상승탄력을 받으면 당일 낮은 고가나 전일 고가를 돌파하면서 근일 고가까지 상승을 하는 경우가 많다. 당일 중 거래구역은 근일간 거래구역보다 좁은 거래범위에 해당한다.

⑥ 신규저항의 추가돌파

현주가수준이 비교적 높을 경우 주요 저항선의 돌파가 이루어져 있어도 또 다른 새로운 주요 저항선에서 매물이 많으면 상승강도가 약화되고 당일 고점이 형성될 수 있으며 일정시간 조정을 받는다. 처음 돌파된 주요 저항선이 지지선으로 작용하고 저점이 상승하면 당일 신규고점이 다시 추가적으로 돌파되어 강력한 상승이 일어난다. 이때는 적극 매수점이다.

⑦ 돌파의 우선순위는 근접시간순

고점의 돌파는 시간이 가까운 날의 돌파일수록 보다 중요하다. 당일 고점이 있을 경우 당일돌파가 전일과 근일의 돌파보다 우선 중요하고 당일의 돌파 없이는 전일과 근일의 돌파가 일어나지 못하기 때문이다. 즉, 당일의 움직임이 최우선적 의미를 갖고 근일의 고점 돌파는 강력하고 지속적 상승의 조건이 될 수 있다.

⑧ 매물에 따른 저항의 강도

저항의 크기는 매물과 주가 수준에 따라 다르고 주가 수준이 높다고 해서 저항이 큰 것은 아니고 오히려 주가 수준이 낮을수록 저항이 크다. 신고가 일수록 고점 돌파가능성이 커서 저항의 세기가 떨어져 쉽게 돌파가 가능하다. 반면에 이평20 근접 상위나 하위에서는 저항이 강하여 돌파가 쉽지 않은 경향이 있다. 즉, 매물이 없는 가격대가 저항이 적다.

4. 10가지 중요 과제

다음은 거래를 용이하고 효율적으로 할 수 있게 해주는 주요 기술적 인식 요소의 세부적 내용이다. 첫 항은 위에서 대략 언급했고 나머지 항은 독자 스스로 실제로 거래를 경험하면서 이러한 요소들의 특성을 보다 상세히 파악하여 거래에 적용할 것을 권한다.

➜ 〈나에게서 구하라〉 그것이 값진 것이다.

① 상향돌파와 상승, 하향돌파와 하락

② 지지와 반등, 저항과 반락

③ 상향, 하향 반전형의 유형과 특성

④ 신고가의 유형과 특성

⑤ 신저가의 유형과 특성

⑥ 강세시장의 여러 유형과 특성

⑦ 약세시장의 상승, 강세 시장의 하락

⑧ 분봉의 연장 상승형과 특성

⑨ 일봉의 연속적 흐름의 형태와 특성

⑩ 전일 상한가, 전일 하한가

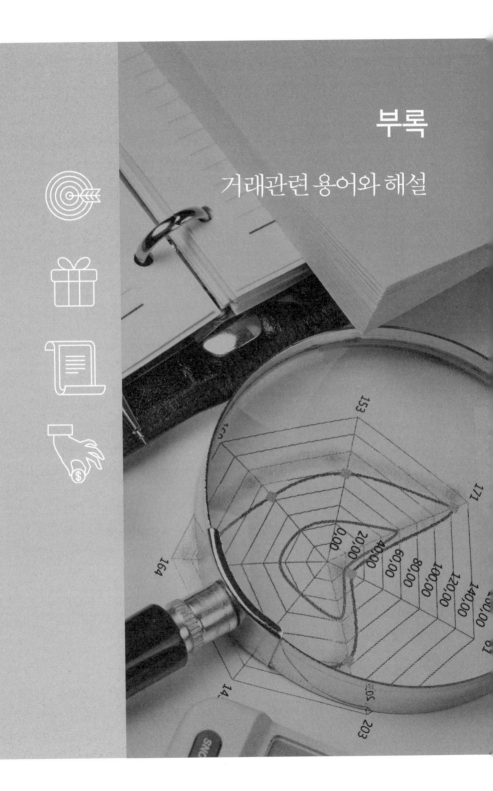

부록

거래관련 용어와 해설

✽데이트레이더(daytrader)

하루 동안 시장의 변동성을 바탕으로 거래수익을 얻고자 거래하는 투자자.

✽스캘퍼, 모멘텀 트레이더, 트렌드 트레이더

하루 동안 적은 수익을 수십 회에 걸쳐 거래하는 데이트레이더를 스캘퍼, 추세에 따라 포지션을 길게 잡고 좀더 높은 수익률을 올리고자 하는 데이트레이더를 모멘텀 트레이더, 추세가 완전히 전환될 때까지 보다 긴 시간동안 포지션을 유지하며 몇 번만을 거래하는 데이트레이더를 트렌드 트레이더라 한다.

✽오버나잇트레이더(overnight trader)

전일 종가와 다음날 시가의 가격 차이나 갭을 이용하여 수익을 얻고자 거래하는 투자자.

✽펀드 매니저(equity/bond portfolio manager)

고객의 금융 자산을 운용 관리하는 사람으로 전문지식과 경험이 있고 거래에 참여한다.

✽주도세력(major/dominant player, 큰손)

프로는 프로페셔널 트레이더(professional trader)를 의미하고 기관(institution, 마켓 메이커(market makers), 스페셜리스트(specialists), 포트폴리오 매니저(portfolio managers), 헤지펀드(hedge funds) 들이 포함된다. 이들은 대규모 물량공세를 펴며 주가에 강한 영향을 끼친다.

✽헤저(hedger)

일반적으로 선물, 환율, 이자율, 주가지수, 기타 상품의 가격변동에 대한 위험을 피하려는 사람을 통칭한다. 선물거래를 통하여 위험을 회피하는 행위의 헤지거래를 하는 투자자는 보유하고 있는 주식의 포트폴리오의 수익을 고정시키거나 손실을 제한하고 싶을 때 행하는 거래이다.

✽모험투자가(speculator)

주식시장의 전망을 바탕으로 상승을 예상할 경우 매수포지션(선물매수, 콜 매수, 풋 매도), 하락을 예상할 경우 매도포지션(선물매도, 콜 매도, 풋 매수)을 취하는 거래자를 말한다. 선물 옵션 모두 주식 투자보다는 투기성이 한층 높은 거래로 거래자의 성향에 따라 스캘퍼, 데이트레이더, 포지션 트레이더 등으로 나눌 수 있다.

✽시스템 트레이딩(system trading)

주가에 영향을 주는 모든 요인은 가격과 거래량에 미리 반영된다는 기술적 분석을 바탕으로 자신이 원하는 거래 규칙을 컴퓨터 시스템에 입력하여 개인의 감정을 배제하고 기계적으로 매매하는 것을 말한다. 시스템을 최적화할 수 있느냐가 성패가 달려있다.

＊사이버 트레이딩(cyber trading)

컴퓨터의 사이버공간에서 이루어지는 트레이딩으로 이는 온라인 상태에서 거래가 진행되므로 온라인 트레이딩이라 한다. 인터넷을 사용하기 때문에 인터넷트레이딩, 홈트레이딩, 웹트레이딩이라 부르기도 한다.

＊모의 트레이딩과 페이퍼 트레이딩

모의 트레이딩은 시뮬레이션을 이용하여 실제거래와 같은 방식으로 하는 거래를 말하며, 페이퍼 트레이딩은 거래자의 매매 의사결정이 마음속 즉, 페이퍼상으로 이루어지는 매매를 뜻한다. 이들은 초보자에게 트레이딩의 현실을 실제적으로 체험하게 하여 도움을 줄 수 있다.

＊트레이딩 레인지(trading range)

특정한 지역의 거래범위를 가리킨다. 보통 지지와 저항 사이에서 일정한 폭을 그린다. 트레이딩 레인지가 파괴되면 지금까지의 트렌드가 끝나고, 새로운 트렌드가 생김을 의미한다.

＊트레이딩 볼륨, 트레이딩 사이즈

이들은 각각 거래량과 거래규모(베팅금액)를 의미한다.

＊강세시장(bull market)

주가가 오르고 내리는 것을 황소와 곰의 싸움으로 표현하는 데, 황소는 싸움을 할 때 머리에 달린 뿔로 올려치받고, 곰은 앞발로 상대를 내리치면서 싸우는 모양에 비유한 표현이다. 황소는 매수자, 곰은 매도자를 의미한다. 황소의 힘이 우세하여 가격이 상승하는 시장을 강세시장이라 한다. 대략 전일 종가보다 +2~+3% 이상이면 강세, 8% 정도 이상이면 초강세라 할 수 있다.

＊약세시장(bear market)

곰은 시장에서 가격이 내릴 것이라고 믿는 사람을 의미하고 곰의 힘이 우세하여 하락하는 시장을 약세시장이라 한다. 대략 전일 종가 보다 −2~−3% 이하이면 약세라 할 수 있고 −8% 정도 이하이면 최약세라 할 수 있다.

＊횡보시장(sideway market)

황소와 곰의 힘이 비슷하여 소강을 이루는 상태의 시장으로 힘의 균형이 이루어져 활동성과 변동성이 적은 것이 특징이다. 대략 가격은 보합권 부근에서 소폭의 등락을 이루게 된다.

＊활동시장(active market)

거래량이 많고 탄력성과 변동성이 많아서 활발하게 가격이 움직이는 시장을 말한다.

＊선호주(dears)와 혐오주(sickenings)

특정한 주식을 어떤 이유로 좋아하거나 싫어하는 주식을 말한다.

＊주도주(leaders)와 후발주(followers)

시장의 그룹을 주도하거나 뒤 따르는 주식이다. 주도주 거래가 일반적으로 유리하나 경우에 따라서는 차선주의 변동성이 더 클 수도 있다.

＊지수주(index related)와 개별주

코스피 100의 종목처럼 주요 지수에 편입되어 있는 주식이나 그렇지 않은 주식이다. 지수 편입 종목은 우량주이거나 업종 대표주가 많아 가격이 안정적 흐름을 갖지만 변동성은 다소 떨어진다.

＊대형주(large cap), 중형주(mid cap), 소형주(small cap)

대형주는 유동주식수가 많고 주식 분포가 고르며, 기관투자가들이 많이 보유하고 있어 주가변동폭이 중·소형주에 비해 비교적 작은 편이다. 주식의 변동성은 중·소형주가 좋고 유동성이라는 측면에서는 대형주가 좋다.

＊핵심주(core stocks)와 비핵심주(miscellaneous)

주요 거래대상 종목이거나 주변주를 말한다.

＊인기주(beauty queens)와 소외주(shadowed, wallpapers)

누구나 갖고 싶어하는 특정한 주식이거나 관심을 끌지 못하고 관심에서 멀어져 있는 주식을 말한다.

＊고가주(high priced)와 고평가주(high valued)

고가주는 절대주가가 매우 큰 주식을 말하고, 고평가주는 현재의 주가 수준이 기준 시점에 비해 매우 높은 가격의 주식을 의미한다.

＊저가주, 잡주(pennies, junks)

기업 가치가 낮고 절대주가가 매우 낮은 주식으로 경우에 따라서 주가 변동성이 매우 크게 일어나기도 하여 소위 대박주의 가능성을 갖기도 한다.

＊블루칩, 옐로우칩, 레드칩

블루칩은 기업규모가 크고 실적이 우수하며 성장성도 밝은 기업의 우량주로 주가의 움직임은 비교적 안정적 흐름을 갖는다. 옐로우칩은 중저가 우량주이고, 레드칩은 중국계 홍콩주식을 말한다.

＊주요금융상품

주식(stock), 채권(bond), 통화(currency), 외환(foreign exchange) 등을 말한다.

＊파생금융상품(financial derivatives)

파생금융상품은 위험관리수단이자 투기적 거래수단 옵션, 선물 등이 대표적인 상품이고 환율,

금리변동 등에 따른 금융위험을 피하기 위해 고안된 것이다.

*선물(futures)

금융선물(financial futures)이란 거래소에서 통화, 금리, 주가지수 등을 대상으로 표준화된 조건에 따라 계약을 체결한 후 일정 시간이 흐른 후에 계약된 가격으로 그 상품을 매매하는 거래를 말한다.

*옵션(options)

옵션이란 미래의 특정 시점이나 일정 기간 내에 미리 정해진 가격으로 주식 등 유가증권을 사거나 팔 수 있는 권리를 말한다. 옵션계약에서 매도자는 매입자에게 주식 등을 미리 정해진 가격(권리행사가격)으로 매입 또는 매도할 수 있는 권리를 부여하면서 그 대가로 프리미엄을 받는다.

*스왑(swap)

외환시장에서 거래 두 당사자가 같거나 서로 다른 두 통화를 대상으로 현물환거래와 선물환거래를 동시에 체결하고 미래의 일정시점에 양국 통화간의 금리 차에 해당하는 이자지급 또는 원금을 상호 교환하는 거래를 의미한다.

*선도(forward)

선도거래는 거래기간, 금액 등 거래방법을 자유롭게 정할 수 있는 주문자 생산형태이다. 거래 당사자가 상대방과 계약하는 은행 간의 외국환 거래, 상품시장의 원유가격 등이 대표적인 사례이며 장외거래라고 부른다.

*가격움직임(price move)

가격은 다양하게 움직임을 갖고 급격한 경우는 일련의 가격상승(rally), 가격 분출 급등(price surge), 점진적인 경우 고점 상승(higher highs), 저점 상승(higher lows), 고점 하락(lower highs), 저점 하락(lower lows) 등이 있다.

*모멘텀(momentum)

주가는 시가, 저가, 고가, 종가를 갖고 상승과 하락을 반복 순환하며 움직임이 둔화되어 휴식을 갖기도 하고 활동성이 증가되어 강한 모멘텀을 갖기도 한다. 즉, 모멘텀은 가격의 움직이는 현상으로 거래량이 활동성을 일으키고 여기서 가격 모멘텀이 일어나게 된다. 그리고 모멘텀 지수는 과열과 침체를 알려주는 지표로 (0)보다 크면 과열 작으면 침체를 나타낸다.

*탄력성(elasticity)

탄력성은 일정 기간의 가격 움직임의 크기로 도표상에서는 속도나 기울기로 표시할 수 있다. 따라서 탄력성이 큰 주가는 빠른 움직임을 갖고 상승이나 하락을 하게 된다. 기울기가 75° 이상이면 매우 탄력적이라 할 수 있다.

*변동성(volatility)

변동성은 주가 사이클에서 저가와 고가의 높이를 말하며, 변동성이 큰 것은 수익 손실 가능성이 크게 된다. 베타 계수는 가격의 변동성 지표로 1보다 크면 시황보다 변동성이 크다는 것을 의미한다.

*방향성(directional)

가격 움직임의 진행 방향을 말하고 추세가 방향성을 가리킨다.

*돌파(breakout)

가격이 저항이나 지지를 벗어나는 것으로 돌파는 상향돌파(upside bo) 하향돌파(downside bo)가 있고 기간별로는 당일돌파, 전일돌파, 근일돌파 등이 있다.

*눌림목/되돌림(pullback, dip, retracement)

눌림목이란 말 그대로 눌러서 들어간 곳으로 시장은 일정한 추세가 진행하는 동안 보통 되돌림을 갖는데 바로 이러한 특정한 지역이나 그 형태를 뜻한다. 이는 매수의 주요 포인트이기 때문에 매우 주요한 트레이더의 관찰 요인이다. 눌림목 매매 공략이라 함은 눌림목의 중요성을 말하는 것이다.

*가격 변동(price change)

도표상에서 가격 변동은 단순 숫자의 변동인 포인트나 백분율의 퍼센트로 표시된다. 가격 변동의 방향전환은 바닥을 치거나(bottom out), 천장에서 눌리거나(top down), 지지에서 뒤 튀기(bounce back) 하면서 일어난다.

*틱(tick)

틱은 주식가격의 움직임이 짧은 기간(폭)을 의미한다. 틱에는 업틱(uptick)과 다운틱(downtick)이 있어 순간적으로 올라가면 업틱을 뜻하게 되며, 내려가면 다운틱을 뜻하게 된다.

*밀집지역, 박스권(congestion, consolidation area)

가격 패턴 상에서의 조정 구간을 의미하며 주가의 움직임이 제한적으로 일정범위로 밀집되며 가격 변동이 작고 방향성이 모호하며 거래량이 줄어드는 것이 주요 특징이다.

*자본(capital), 트레이딩 자본

자본이란 소유주/주주 지분이라고 말하는 것으로 자산에서 부채를 차감한 잔여지분이다. 자본은 자본금, 잉여금으로 구성된다. 여기서 트레이딩 자본은 단순히 거래 원금이나 자금을 의미한다.

＊펀드(fund)

투자 기금이나 회사를 말하며 이에는 뮤추얼펀드, 벌처펀드, 스폿펀드, 역외펀드, 인덱스펀드, 헤지펀드 등이 있다.

＊증거금(requirement money)

증거금은 주식이나 선물 등의 거래의 위험을 담보하기 위하여 증권사가 부여하는 일종의 예치금(deposit)이다. 이에는 개시, 위탁, 유지 증거금이 있다.

＊신용(margin)

마진이란 예탁금에 대하여 사용 가능한 신용금액을 뜻한다. 마진 비율에 따라서 구매력이 결정된다. 주식시장에서 한국은 약 2배, 미국은 4배까지 마진을 준다.

＊구매력(buying power)

신용계좌에는 투자자금에 따라 본인이 투자할 수 있는 한도액이 있는 데 이를 구매력이라고 부른다. 이 신용 구매력은 레버리지를 결정한다. 즉, 신용 구매력이 높을수록 레버리지 효과가 크다.

＊큰 수익/대박/한 건(large gains, home run)과 한방 맞음/먹음

거래나 투자로 벌어들인 커다란 수익을 말한다. 반대로 큰 손실(large loss)은 "한방 맞았다(big shots)."고 표현한다.

＊겁먹은 돈(scared money)

자금의 크기에 관계없이 돈에 너무 집착하거나 시장을 무서워할 경우의 자금을 말한다. 이 돈으로 돈 벌기가 어려울 것이다. 겁먹은 돈은 자금감소(drawdown)를 가져오기 쉽고 용감한 돈은 자금증가(capital gain)를 가져올 가능성이 크다.

＊안전자금(safe money from danger, cushion)과 모험자본(risk capital)

안전자금은 여유 자금을 의미한다. 이는 자신이 자금을 다룰 때 거래능력에 맞는 정도 이상의 자금이 되고 시장에서 모험을 걸만한 자금일 수도 있다.

＊시장가 주문(market order)

매수 또한 매도할 주식의 가격을 지정하지 않고 현재 거래되는 가격으로 즉시 체결하는 주문 방식을 말한다.

＊지정가 주문(limit order)

매매하고자 하는 희망가격을 미리 정하여 주문을 내는 가장 보편적인 방식으로 이 주문 방식의 특징은 지정된 가격 또는 지정된 가격보다 유리한 가격으로만 주문이 체결된다는 점이다.

*매수호가(bid)

매수호가 비드는 비드 프라이스(bid price)를 의미하며, 사고자 하는 호가에 해당한다. 호가는 취소나 변경, 추가할 수 있다. 매수 방식은 최고 매수호가를 내어 사는 방식과 공격적으로 가격을 높여 매도호가로 사는 방식이 있다.

*매도호가(ask, offer)

매도호가 에스크는 에스크 프라이스(ask price)를 의미하며 팔고자 하는 호가를 의미한다. 매도 방식은 최고 매도호가를 내어 파는 방식과 공격적으로 가격을 낮게 매수 호가로 파는 방식이 있다.

*손절매(stop loss)

주가가 하락할 때 어느 지점에 도달하게 되면 더 이상의 손해를 방지하기 위해 주식을 처분하는 것을 손절매라고 한다.

*슬리피지(slippage, skid)

마켓 오더를 넣었을 때, 오더를 넣은 시점의 가격으로 체결되지 않고 더 나쁜 가격으로 체결되는 것을 슬리피지라 한다. 트레이더들은 슬리피지를 방지하기 위하여 대부분의 경우 지정가 주문을 사용한다.

*스프레드(spread)

스프레드는 최고 매수호가와 최저 매도호가와의 가격 차이를 의미한다. 유동성이 적은 주식은 스프레드가 크다. 스프레드가 크면 클수록 지정가 주문의 위력은 커진다.

*롱 포지션(long position)

long은 buy(매입, 매수, 산다)의 의미이고 롱 포지션은 주식을 산 후 가격이 오르면 파는 방식이다. 주가가 쌀 때 사고 비쌀 때 파는(buy low sell high) 방식이며, 대부분의 간접투자상품들은 주가가 올라갈 때 수익을 올리는 롱 포지션 방식이다.

*쇼트 포지션(short position)

short는 sell(매도, 판다)을 의미한다. 먼저 주식을 팔고 주가가 내려가면 사는 방식이다. 한국 증권 용어로는 대주에 해당하고 한국에서는 일반 투자자들에게 허용하지 않으며 선물 시장에서 허용된다. Short sale은 공매를 말하며 이를 다시 사들이면(buy to cover) 환매수한다고 말한다.

*증권의 신규 보유(open position), 처분(close position), 지속 보유(hold position)

이는 각각 계좌에 없는 증권상품을 처음으로 보유, 있는 것을 청산, 있는 것을 유보하는 행위이다.

＊주문의 테크닉

주문은 과감히 하는 경우와 조심스럽게 하는 경우가 있다. 조심스럽게 하는 것을 슬슬 들어간다/나온다(fade in/out)라고 한다. 주문을 피라미드식으로 추가하면 피라미딩(pyramiding)이라 하고 하향추세에 추가하면 물타기(average up) 상향추세에 추가하면 불타기(average down)라고 한다. 주문을 한 번에 전량 하거나 여러 번 분할하여 거래할 수 있고 시장을 분산하거나 포괄적으로 할 수도 있다.

＊잉태일(inside day)과 이탈일(outside day)

전일의 저가와 고가 이내에서 당일의 주가 흐름을 갖는 날을 인사이드 데이라 하고 일봉은 잉태형이 된다. 아웃사이드 데이는 이와 반대이고 이 일봉은 장악형이라 하고 트레이딩 날이다.

＊돌파일(breakout day)

가격이 저항이나 지지를 돌파하는 날로 트레이딩 데이다.

＊반전일(reversal day, key reversal day)

추세의 반전이 일어나는 날로 트레이딩 데이다.

＊상승일(ascending day)과 하락일(descending day)

상승일은 가격이 저점을 계속 높여가는 날이고 트레이딩하기 유리하다. 반면에 고점을 낮추어 진행하면 하락일이 된다. 양자는 모두 연속 일의 종가를 기준으로 해도 같은 의미가 된다.

＊더블 위칭(double-witching)

더블 위칭이란 선물, 스탁옵션의 만기일(expiration)이 겹치는 날을 의미한다.

＊트리플 위칭(triple witching)

트리플 위칭이란 선물, 인덱스 옵션, 스탁 옵션의 만기일이 겹치는 날을 의미한다. 이 날은 마법이 작용하듯이 주식 거래량이 늘어남과 동시에 주가의 변화폭이 커지는 것이 일반적인 현상이다.

＊폭등/폭락 일

소위 빅뉴스나 사건이 일어날 때의 날이다. 또한 시장의 과열이나 침체가 일정기간 지속된 이후에도 시장 자체의 조정을 받을 경우 이러한 폭등, 폭락의 현상은 나타난다.

＊나이스(NYSE), 아멕스(AMEX), 머크(Merc)

나이스는 뉴욕 증권거래소(New York Stock Exchange)를 말하고 아멕스는 American Stock Exchange를 뜻한다. 머크는 시카고 선물 거래소(Chicago Merchantile Exchange)를 줄여 부르는 슬랭어이다.

주식, 심리기법을 알면 이긴다

지은이 l 정홍기
펴낸이 l 최병섭　　펴낸곳 l 이가출판사
개정판 1쇄 발행 l 2021년 1월 5일
출판등록 l 1987년 11월 23일
주소 l 서울시 영등포구 도신로 51길 4
대표전화 l 716-3767　　팩시밀리 l 716-3768
E-mail l ega11@hanmail.net
정가 l 18,000원
ISBN l 978-89-7547-125-4 (13320)